汽车技术精品著作系列

汽车整车性能主观评价
方法与实践

贾文博　李　森　解小诗　黑远飞

甘　涛　张继友　陈广彦　苏海洋　著

机械工业出版社

本书主要介绍基于用户需求的汽车整车性能主观评价方法。本书分为7章，第1章介绍主观评价的思维方式和逻辑、主观评价在项目中的应用、提升主观评价能力的途径，第2~7章分别介绍每种汽车性能主观评价的具体方法。不同属性之间会有评价条目的交叉，但侧重点各有不同。本书在介绍评价方法时，着重介绍用户期望、操作方法、评价时关注的要点，重点阐述如何理解每条评价条目，并配以大量的图片和注解，以减少理解上的偏差。

　　本书所介绍的汽车整车性能评价结合用户期望并侧重工程开发评价，适合整车企业、设计公司、一级供应商等单位的研发人员阅读参考，主要包括整车集成/底盘调校/标定调校/NVH等各个属性开发工程师以及质量管理/质量改进、项目管理、发动机/底盘/内外饰/电气等设计开发、产品策划等产品研发、生产、质量管理领域岗位人员。

图书在版编目（CIP）数据

汽车整车性能主观评价方法与实践 / 贾文博等著 . —北京：机械工业出版社，2020.8（2022.7 重印）
（汽车技术精品著作系列）
ISBN 978-7-111-66157-3

Ⅰ . ①汽…　Ⅱ . ①贾…　Ⅲ . ①汽车 – 性能检测 – 评价　Ⅳ . ① U472.9

中国版本图书馆 CIP 数据核字（2020）第 132419 号

机械工业出版社（北京市百万庄大街 22 号　邮政编码 100037）
策划编辑：赵海青　责任编辑：赵海青　刘　煊
责任校对：张　力　封面设计：马精明
责任印制：郜　敏
北京盛通商印快线网络科技有限公司印刷
2022 年 7 月第 1 版第 2 次印刷
184mm×260mm · 16.5 印张 · 416 千字
标准书号：ISBN 978-7-111-66157-3
定价：129.00 元

电话服务　　　　　　　　　网络服务
客服电话：010-88361066　　机 工 官 网：www.cmpbook.com
　　　　　010-88379833　　机 工 官 博：weibo.com/cmp1952
　　　　　010-68326294　　金 书 网：www.golden-book.com
封底无防伪标均为盗版　机工教育服务网：www.cmpedu.com

前言
PREFACE

自 2009 年以来，中国已经连续 10 余年成为世界上最大的汽车产销国。可以预见，随着未来的经济发展，中国汽车市场潜力仍然巨大。但从目前发展趋势来看，中国汽车市场已经从增量市场步入存量市场。在这种情况下，企业具备竞争优势的方式有两个，一是扩大生产规模，取得成本上的优势；另一个是提高产品力，使产品更人性化，贴近用户使用场景，打动消费者的心。

在技术日新月异、市场增速变缓、竞争日趋加剧的情况下，品牌向上、高质量发展已经是中国汽车产业的必由之路，产品力提升将是未来几年各大汽车公司的主旋律。

汽车产品力提升是一个复杂的系统工程，涵盖品牌、服务、造型、性能、配置、价格等方面，需要在汽车开发过程中使汽车各类性能达到最优，产品开发不仅是配置的堆砌，而且要将配置的性能充分发挥出来。此过程离不开专业人员详细的分工以及协同合作，以便深入地研究每个零件、系统的性能，使各系统合理匹配而减少甚至避免冲突，并在发生冲突时能平衡整车各种属性。

产品力提升的效果需要市场去检验，需要用户去判别，在产品投放市场一段时间之后才能有全面的评判，有一定的滞后性。为避免后知后觉带来的口碑、市场、时间和成本损失，各大汽车公司使用主观评价的方法，从用户角度出发，在整个开发过程中对产品的属性进行评价，并根据评价结果进行应对，以达到开发前期精准定位市场、目标设定围绕卖点、过程设计成熟稳健、生产质量全面把控的目标，切实地提高产品力。可以说，主观评价是在产品开发协同合作的过程中，以用户需求为出发点去判断匹配的优劣、权衡取舍属性的冲突中最重要的手段。

随着行业内人才流动、知识分享，各大汽车公司使用的主观评价方法日趋一致。但由于主观评价要求的知识面广，能力建设时间较长，评价团队中人员之间表现出的能力水平参差不齐。并且在主观评价能力建立过程中，我们发现整车性能主观评价方面的书籍和学习资料匮乏，尤其是针对主观评价细节内容的解读很少，给工程技术人员学习带来一定的障碍，为此，作者根据以往二十多年的工作经验，联合众多业内知名车企主观评价专家，共同编写了此书。

本书分为 7 章，第 1 章介绍主观评价的思维方式和逻辑、主观评价在项目中的应用、提升主观评价能力的途径，第 2～7 章分别介绍每种汽车属性主观评价的具体方法。不同属性之间会有评价条目的交叉，但侧重点各有不同。本书在介绍评价方法时，会着重介绍用户期望、操作方法、评价时关注的要点，重点阐述如何理解每条评价条目，并配以大量的图片和注解，以减少理解上的偏差。

在本书编撰过程中，以下编写思路一直贯穿始终，这也是我们编写本书的目的：

1）对于初学者，理解主观评价的内容，建立发展主观评价能力的方法和路径，可以自行制订日常工作中提升自身评价能力的训练计划。

2）对于应用水平主观评价工程师，澄清模棱两可的概念，系统深入地掌握每种属性的评价方法，深入理解、解决在以往评价过程中遇到的问题，使主观评价能力系统化。

3）对于资深主观评价工程师，系统地掌握主观评价思维逻辑，深入挖掘每种属性评价的细节，提升个人能力，对初学者进行技术指导，辅助专家建立完整的主观评价体系，初步建立创造评价方法的能力。

4）对于主观评价专家，可以根据市场定位、用户需求和项目的实际情况正确地权衡取舍，从方向上指导属性的优化，根据工作需要开创针对性的评价方法，搭建完整的评价体系，对主观评价相关的工程师进行培训。

感谢以下人员在本书编写过程中给予的大力支持和帮助：苏征、王琪、赵利伟、李正、陈雨、郝亮、刘彦君。

书中很多内容引用和参考了同行、专家和学者的文献著作，在此对他们表示感谢。由于作者知识水平所限，本书中未能加入造型相关的内容。汽车技术、消费趋势日新月异，书中疏漏在所难免，欢迎广大同行、专家和学者们批评指正。

作 者

2020 年 1 月 15 日北京

扫码看彩色插图

目录
CONTENTS

第1章

主观评价的 5W3H

1.1 什么是主观评价（What）

1.1.1 主观评价的定义

主观评价是以人的主观判断为基础，站在用户的立场，基于用户的日常使用场景，在指定的评价环境下（工况、天气、路面、交通等），按照每种属性的评价方法观察、操作，感受车辆的性能，并给出评分和评语。其中观察、操作的方式即评价方法，在本书的各个章节中将重点阐述；感受来自于观察、操作过程中的视觉、听觉、触觉、嗅觉（图 1.1.1）的反馈。本章按照5W3H 的方式对主观评价进行整体介绍。

图 1.1.1　主观评价的视觉、触觉、听觉、嗅觉应用举例

从用户需求的角度出发对车辆的属性进行评价，通常分为动态评价和静态评价两大类，主要通过虚拟、实物两种方式来评价。很多时候评价需要动静态结合，如座椅评价不仅要静态感受造型、材质、舒适性等，也需要动态地长时间感受其舒适性、支撑性等。

主观评价是一种有效的工程方法，用以对产品力进行判断，同时也是用户语言和工程师语言之间重要的纽带，帮助工程师将 VOC（Voice of Customer）转换到 VOE（Voice of Engineer）。

主观评价还是一种思考逻辑，与用户的期望对比，与市场竞品对比，从本质来看，主观评价是一种对比的方法。

为满足用户需求，提高用户满意度，汽车企业在预研阶段就会进行充分对标，并根据技术发展趋势、市场发展趋势设定新车型的目标。在开发过程中参考、制定各种企业标准和规范，以确保开发、制造中的产品能够符合既定的目标。随着各种新技术的开发应用，以及各种新功能的使用，汽车已经逐渐变成了一个十分复杂的系统，各种标准规范也因此不断更新。在制造过程中，生产工艺调整、人员培训变更、设备改造更新标定、检验方法改变等，都会导致产品质量一致性发生变化。在以上的各个环节中，CAE 分析、客观测试和主观评价都是解决问题非常有效的方法。本书着重讲解在整车开发的过程中，如何使用主观评价方法，对整车的各种属性进行评价。

各大汽车公司都非常重视主观评价的作用，主观评价在整个产品的生命周期内代表用户进行评价，主要包括产品目标设定、开发过程中矛盾权衡、技术问题解决、阀点验收等。通常情况下，研发、生产、质量部门都会有主观评价团队，同时主观评价团队之外的设计工程师也需要具备评价的基础知识，才能确保在项目的整个开发过程中围绕用户的需求展开工作。

除评价团队之外，属性开发工程师在整个产品的开发期间内，也要利用主观评价的方法调校、优化产品的属性。整车开发需要考虑的属性很多，有的公司甚至有 60 条以上。但不是所有的属性都适用于主观评价，如重量、法规、回收等，主观评价只适用于那些用户可以直接感受的属性。

1.1.2　用户的定义

用户需求是在产品或服务的购买及使用过程中，表现出的期望或一种心理诉求，具有阶段性、变化性、趋势性。用户希望拥有喜欢的、性价比高的产品，不同用户群体对此有着不同的期望。而汽车生产厂家需要找准市场定位、科学策划，平衡用户需求和成本，才能创造出满足用户需求的产品。不同定位的产品，用户群体需求、性能目标不同，从而进行主观评价依据的标准也不同。主观评价人员在主观评价过程中始终需要具备这样的意识：

谁是我们的用户，用户期望是什么?

对于不同类型的产品，目标用户是不同的。比如，帝豪 GL 和沃尔沃 XC90 的潜在用户，对于产品的配置、价格、性能及体验会有截然不同的需求。了解目标用户群体真正的需求，结合平台自身的特点和局限，围绕打动用户的亮点展开工作，这一指导思想应该贯穿整个开发过程。

1. 项目预研阶段

项目预研阶段，需要定义产品所处的细分市场，并且对用户进行"画像"。基本的方式包括：

（1）产品细分市场定位（A 级 SUV 举例如图 1.1.2 所示）

第一步，要将现有的市场按一定的标准进行合理细分。进行市场细分的方法很多，常用的方法是基于竞争关系和车型级别来划分。基于竞争关系就是按照各个车型间的购买对比关系来确定，购买对比越多的两个产品，竞争关系越强，则在竞争热力图上的位置就越靠近，从而可以通过位置关系进行细分。通过车型级别划分，就是按尺寸和售价来划分。

第二步，在进行市场细分后，要分析哪个细分市场存在市场机会，通过市场机会最终确定进入哪一个细分市场，即完成产品定位。

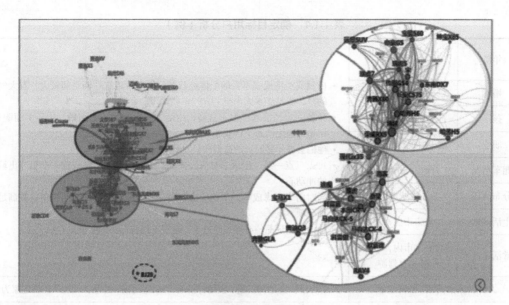

a) A级SUV市场竞争热力图

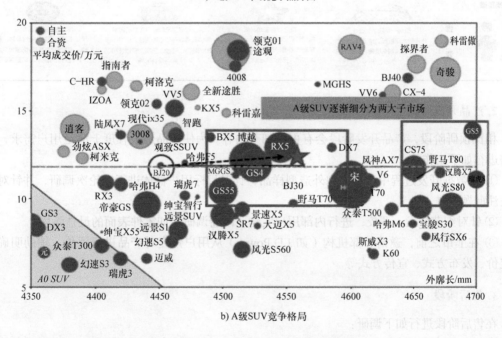

b) A级SUV竞争格局

图 1.1.2 A级 SUV 细分市场定位（例）

（2）用户画像（举例见表 1.1.1）

在完成产品市场定位后，要基于市场调研来进一步确定产品的核心目标人群。在确定用户画像过程中，需要研究人口学特征（性别、年龄、家庭、住址等）、信用属性（职业、学历、收入等）、消费特征（有车族、有房族、购物类型、购买周期、品牌偏好等）、兴趣爱好、社交圈、使用场景，以精准定位目标市场用户。目标用户的描述越精准、越细致，越能够帮助产品进行精准定义。

表 1.1.1　确定目标用户分析（例）

年龄	26~35 岁，平均 30 岁左右	· 白领或经济规模不大的个体经营者。他们希望有一辆空间较大、有大气感的车，满足 2~5 人出行 · 具备一定经济基础但不富裕，生活方式有改变（如结婚、生子）而购车，用途考虑生活和工作兼顾 · 他们会被年轻时尚的造型和科技感的内饰吸引眼球 · 每天三点一线，生活节奏快、单调，工作压力大，隐藏着一个想冲出城市的冲动心 · 同时由于考虑成本，车辆价格和用车成本经济性也是他们期望能被满足的加分项 · 他们对生活品位有较高的追求，希望车代表自己的定位，有品质感
婚姻	已婚约占 60%~70%	
孩子	有小孩约占 50%	
职业	城市白领 / 私营业主	
拥车情况	首购占 50% 左右	
分布区域	2~5 线城市为主	
生活区域	城市市区为主	
日常活动区域	日常在本市内，节假日外出自驾游	

人群：城市白领 / 私营业主	人生阶段：适婚和已婚 / 职场打拼期	家庭规模 / 类型：两口 / 三口之家为主

我是谁　我想要

眼前一亮的造型设计
用户的人生阶段决定了他们需要时尚新颖、朝气蓬勃、动感前卫的造型设计

高品质的感知品质
他们对自己有较高追求，希望车能代表他们这样的心态，追求精致、品质感较强的内外饰

满足日常使用和短途旅游的需求
车辆具有较强的功能属性，日常出行时的动力、操控、空间、舒适性和便利性没有短板

丰富的前沿科技配置
年轻也意味着期待新鲜事物，新功能、丰富的前沿科技配置也能让用户在朋友和同事面前更有面子

2. 产品开发阶段

相比预研阶段，产品开发阶段会有更多细节内容。为使产品最大程度上满足用户需求，往往需进行如下工作：

① 在数据开发过程中会制作内外造型样品，针对目标用户群体进行多轮次调研，并针对用户关注问题改进。

② 针对细节开发、调校，进行内部用户实物、问卷调研，如零件表面的最佳弧度。

③ 在上市之前，邀请外部机构（如 J.D.Power）从用户角度对产品进行评价，辅助明确产品定价、发布方式、宣传方式等。

3. 售后阶段

在售后阶段进行如下调研：

① 针对用户抱怨率较高的问题，调查用户抱怨点、问题原因，以期在生产过程中快速解决。

② 当销量未满足预期时，调查用户拒绝购买的原因，采取系列措施在改款、换代车型中解决。

1.1.3　正视用户的需求

正视用户需求是满足用户需求的前提。针对不同的用户需求，不同的 OEM 会有不同的应对（图 1.1.3）。迫于成本、时间等压力，很多车企在汽车的开发过程中做了大量的妥协让步，从而导致产品竞争力不足。只有真正地将用户作为上帝，不断地改进提升自身的能力，才能与时俱进，打造符合用户期望的产品。

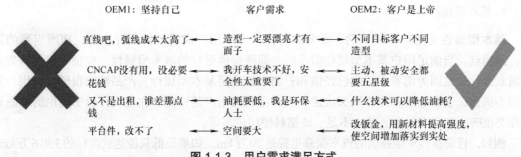

图 1.1.3　用户需求满足方式

不同的市场、不同时代的用户需求也会有很大的区别。如图 1.1.4 所示，用户的生活习惯、技术发展、自然环境、生活方式的区别都会导致需求的不同，通过深入的用户调研而不仅是单纯的竞品对标，根据用户需求进行针对性的设计，才能创造出用户喜欢的产品。

图 1.1.4　不同市场、时代需求

1.1.4　卡诺模型

狩野纪昭（Noriaki Kano）是日本的一位品质管理方面的领袖。他在所著的一本书中，提出了将品质效果划分为三部分属性的思想：基本型属性、期望型属性、兴奋型属性，即卡诺模型（Kano Model）。在实践中，使用者在现有基础上对此模型进行了改进，增加了反向型属性（图 1.1.5），甚至更多内容。在评价过程中对产品打分，评价产品的缺陷、优劣、亮点，可以按照此种方式思考。

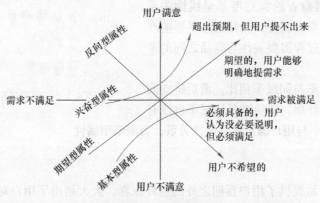

图 1.1.5　卡诺模型

1. 基本型属性

基本型属性是用户所期望的、必要的特性，无须用户说明但必须存在的、理所当然的需求，即痛点。当满足用户基本型属性需求时，即便提供更好的基本型属性，也很难提高消费者的满意度，这是因为消费者需求已经饱和；当不能满足基本型属性，产品性能很低时，用户就会很不满意，会影响潜在用户购买决定，或者已购买用户的口碑。在主观评价中提出的问题属于此类范畴，如噪声过大、动力不足、硬塑料使用过多等。

例如，目前很多车企提供的汽车保修里程是20万km，如果最低只能达到国标的3年6万km，超出此范围故障频繁，不仅影响使用也影响交易，用户无法满意。如果从20万km提高到50万km，用户满意度并不会显著增加，主要是由于智能网联技术发展迅速、造型设计不断推陈出新、内饰材料持续升级，市场上新产品换代迅猛，老气的车辆不受欢迎且影响交易。

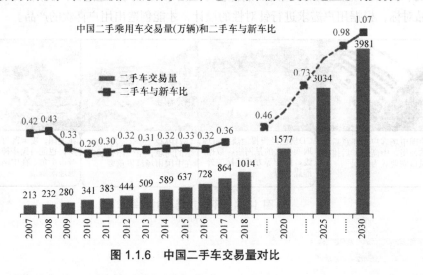

图 1.1.6　中国二手车交易量对比

2. 期望型属性

期望型属性是与用户满意度成正相关的需求，业内称为用户需求的痒点。当需求被满足时，用户会感到很满意；当不被满足时，用户会相对不满意，产品的性能品质和消费者的满意度是呈线性关系的。此类属性通常为常见属性，其性能水平影响产品的性价比，在评价过程需要关注与竞品之间的差异性。

例如：某款热销车与同级车相比，前后排空间非常大，乘坐时身体舒展，即使满员情况下也没有空间局促感。空间大小与用户满意度呈线性关系，为期望型属性。

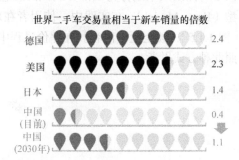

图 1.1.7　世界二手车交易量对比

3. 兴奋型属性

兴奋型属性是产品提供了用户预期之外的意外惊喜，大大超出了用户对产品本来的期望，使得用户的满意度急剧上升，因此即使表现得不太完善，用户的满意程度也非常高。兴奋型属性也是产品的亮点，销量好的车型必然会有明显的亮点，在竞品对标、主观评价和目标设定时需要明确地指出兴奋型属性。

例如，某款混合动力汽车0—100km/h加速时间仅为4.5s，远超绝大多数同级别竞品，吸引了大量用户。当然随着时间推移与技术发展，有些惊喜也会逐渐变得普通和常见，如大液晶显示屏、换档旋钮、驾驶辅助功能等。

4. 反向型属性

反向型属性刚好与用户的满意度呈反向相关，用户根本没有此项需求，当满足该需求时，反而会使用户的满意度下降。此类需求往往与法规等强制性要求相关。

例如，多数用户不喜欢自动启停功能，但是每次点火之后就会激活此功能，无法永久关闭，在短暂停车（如等信号灯）时频繁启动熄火，使驾驶感受变差。

1.1.5 主观评价方法在产品开发中的实际应用

根据不同企业的产品开发流程和侧重点，在实际应用中会开发、使用很多种主观评价方法，其中最典型的主观评价方法见表1.1.2，本书内容侧重阐述商品性评价、属性调校、验收几个方向。

表 1.1.2 主观评价方法在产品开发中的实际应用

种类	细分	评价内容	说明
内部评价方式：阀点评价	商品性评价	整车属性目标达成	各个阀点评审交付物之一，满足市场定位，满足用户需求，与竞品比是否有竞争力。评价结果包括各属性与竞品、目标对比的蜘蛛图及问题清单。日本企业常用商品性评价作为阀点交付物
	感知质量评价	整车属性目标达成	各个阀点评审交付物之一，对车辆品质的体验，包括产品设计、静态感知、动态感觉、多功能性、安全感、使用成本。美国企业常用感知质量评价作为阀点交付物
	Audit评审	特定属性目标达成	实车阶段全属性评价，重点关注制造质量问题，尤其是漆面、钣金、内外饰。有明确、详细的扣分原则，在项目开发投产阶段每个阀点有具体分数要求
内部评价方式：属性开发评价	属性调校、验收	特定属性深入研究	根据用户需求、企业标准等要求，进行深入、细致的开发调校，如轮胎的几次选型、标定开发、悬架调校、悬置参数匹配等
	用户体验（User Experience）	场景模拟细节评价	模拟特定用户的各种使用场景进行评价，可以是单一属性，也可以是多属性综合表现，评价满足用户需求的程度
	保安防灾	使用安全评价	评估产品生命周期之内出现管线路、零部件问题，导致火灾、功能失效等重大安全事故的潜在风险，在设计开发阶段排查。也可以作为阀点评审项目

（续）

种类	细分	评价内容	说明
外部评价方式	J.D Power APEAL	魅力指数评价	按照特定问卷，对用户进行调查，反馈产品对用户的吸引力。满分1000分，分值越高表现越佳。可以由J.D.Power或者内部人员按照此种方式进行评价，对产品表现进行预估
	J.D Power IQS	新车质量研究	按照特定问卷，对用户进行调查，反馈用户在使用过程中遇到的问题。用PP100表示，分数越低表明问题越少。可以由J.D.Power或者内部人员按照此种方式进行评价，对产品表现进行预估
	TGW 等	质量及满意度	某些车企按照特定问卷，对用户进行调查，评价用户在使用过程中抱怨的问题和满意程度
	汽车之家口碑	用户满意度	用户按照特定的分类进行点评
	VOCF 等	用户日常使用问题	实车阶段，车企雇用经验丰富的驾驶员对开发中的产品进行评价。里程长、使用场景多、使用地点多

阀点评价时间短，评价层级较浅。评价团队作为独立的组织，不需负责项目属性、零件和系统的开发，具备独立性且不被项目进度、成本影响，作为"第三方"，可以更客观地评价产品的真实状态。例如，评价中发现的问题是否需要改进由管理层审核把关，并由设计开发部门执行完成，改进之后由主观评价团队验收。非"第三方"的身份可能会导致避重就轻，强调完成项目进度而造成下列影响：

① 问题严重程度认识不够深刻，解决不够彻底。
② 掩盖问题而使产品失去竞争力。
③ 替管理层做了不解决问题的决策。
④ 管理层对项目的整体水平没有正确的认识。

阀点评价时很多公司都会组织管理层评价，主要作用是将阀点评价的结果呈现给管理层，使管理层可以对问题进行取舍，同时管理层也可以通过评价提出更多问题。因此，管理层评价也可以归类为阀点评价。

属性开发评价时间长，评价层级深。在整个项目开发的不同阶段，属性开发工程师需要按照企业标准的要求进行各种主客观试验。每种属性都会受到很多零部件的影响，同一时间各零件的成熟度不同、开发过程中往往需要反复调试匹配，因此在整个过程中会频繁地使用主观评价方法。如NVH工程师在评价中发现高频路噪声大，则需要寻找影响空气传播的泄露点、传播路径、薄壁等，设计声学包、寻找设计与生产中的缺陷，然后通过反复地改进、主观评价来改善路噪。

1.2 为什么需要主观评价（Why）

在汽车的开发过程中，需要满足大量的标准规范，这些标准规范都是根据内部、外部用户的需求逐渐建立起来的，而这些标准往往通过主观评价和客观测试来检验。在开发过程中工程师通过客观标准（影响用户需求的关键因素）来控制产品的品质，将这些关键因素通过指标明确下来，工程师可以在整个开发过程中判断产品开发是否满足要求。客观测试通过仪器实现，具有精度高、重复性和再现性好等诸多优点，那么是否可以用客观测试替代主观评价呢？如同绝大多数人所能理解的那样，客观测试与主观评价不能互相替换，主要从以下各方面考虑。

1.2.1　客观测试和主观评价各有侧重

客观测试侧重于量化指标，主观评价侧重于用户感受，二者的作用不能互相替换。

客观测试的参数，往往是用户能够体验的最有代表性的一些参数，但不是用户感受的全部，用客观测试方法可能会忽略了次要参数，而这些次要参数同样影响用户感受。例如，客观测量制动距离很短，紧急制动安全性表现很好，但制动减速度波动很大，用户控制制动踏板费力，不容易平稳停车，而且日常驾驶很少使用紧急制动，因此主观评价用户体验很差。

1.2.2　客观测试与主观评价相辅相成

在车辆某种属性对标时，通过主观评价在目标设定过程中锁定开发产品需要达到的目标，在主观评价分数上明确属性的整体要求。同时根据竞品车的客观测试进行对标，进而制定本品的客观目标，与主观评价分数呼应。

在进行问题调查时，通过主观评价判断问题的范围和性质，根据客观测试锁定零部件或系统匹配问题。例如 NVH 阶次测试判断具体的零部件问题，在有了解决措施之后，通过主观评价验证问题的改进效果，并通过客观测试对改进的效果进行量化。

1.2.3　主观评价效率高

由于仪器调试、安装、天气限制、场地限制等，客观测试需要的时间通常远远大于主观评价的时间。如表 1.2.1 所示，加速 NVH 客观测试和主观评价对比，需要的时间甚至会相差十倍以上。

表 1.2.1　加速 NVH 测试客观测试与主观评价对比

	环境条件	设备安装用时	过程用时	优劣对比
客观测试	风速小于 5m/s	50min	40min	准备和测试时间长，环境变化需要重新测试
主观评价	风速可更高	无	5min	同一环境下快速完成对比评价

1.2.4　主观评价更容易衡量对用户的影响

客观测试更精准，更容易体现具体差距，但是无法衡量对用户的影响有多大。如制动踏板空行程从 15mm 增加到 40mm，能够得知用户会对过大的空行程有抱怨，但是抱怨的程度有多大则无法得出结论。如图 1.2.1 所示，面板功能丰富，但是按键布置太集中，且按键过小，难以盲操，用户体验很差。另如图 1.2.2 所示，后排座椅可以放倒，储物空间增加很多，但是不够平整，实用性变差。

图 1.2.1　按键很多但使用不方便　　　　　图 1.2.2　座椅放倒后的空间实用性不足

在主观评价中，可以通过打分的方式，在评价中判断问题或抱怨是属于所有用户、普通用户、挑剔用户、受过专业培训的用户可察觉的那一类来打分，通过具体分数来衡量用户的满意度，以及支持管理层确定解决问题需要的代价是否值得。

1.2.5　主观评价的一致性可以提高

受感觉敏感性不同、情绪不稳定、认知程度差异的影响，有时会出现不同的人评价的结果不同、同一个人不同时间评价的结果有差异、同一组人评价结果无法达成一致等情况，给人造成主观评价不可靠的印象。造成这种问题的原因是主观评价的训练不够系统、深入，通过对评价方法的深入掌握、操作方法的肌肉记忆、感觉器官的敏感性训练，可以很大程度上提高主观评价的一致性。

1.2.6　用户语言（VOC）与工程师语言（VOE）的转换

对于多数用户来说，汽车只是交通工具，他们对汽车的了解并不多，因此很多时候用户语言也是模糊不清、模棱两可的，甚至是和工程师的理解相反。尽管用户的表达方式难以被工程师理解，但把握他们的语言对我们提高产品力很重要。如图 1.2.3 所示，主观评价是将用户需求转换为工程解决方案的桥梁，可以将用户模糊的需求转换成具体方法、指标、参数，在开发过程得到保证，从而满足用户需求。

对于车企的市场宣传策划，同样需要将工程师语言转换为用户语言，将产品的亮点展示给用户，此过程同样可以使用主观评价的方法。

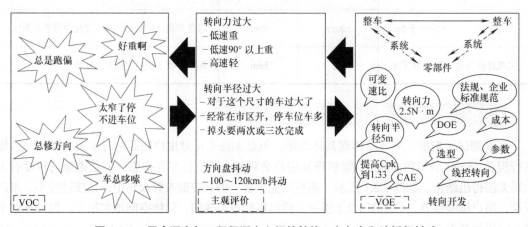

图 1.2.3　用户语言与工程师语言之间的转换 - 方向盘和地板都抖动

1.3 如何使用主观评价（How）

1.3.1 人体的感知和反应

亚里士多德将人体感觉分为视觉、听觉、味觉、嗅觉、触觉，此种说法一直被后世的人们认可和使用。感觉器官将感受到的外界刺激，如物理、化学特性，输入给神经系统，再输入给大脑，从而形成对外部世界的认知。当接收了上述五种感觉输入时，人们常常按照自己的经验和习惯做出反应，这种反应称为确定式反应。在这种反应过程中，人的神经中枢动作比较简单，只要感觉到刺激，不必过多考虑和选择，就能立即做出决定。人体感官种类、刺激来源、感受器官、反应时间等见表1.3.1。当同时有多个感觉输入时，人体的反应时间会明显增加。

在评价过程中，工程师利用视觉、触觉、听觉、嗅觉，按照用户日常使用的方式来评价车辆。

表 1.3.1　人体感觉分类

感觉的种类		刺激来源	感受器官	反应时间 /s
视觉		色彩、明暗、形状、大小、位置	视网膜的视细胞	0.188～0.206
听觉		强弱、频率、方向、位置	耳朵内耳蜗的感应细胞	0.115～0.182
触觉	皮肤感觉	冷热、湿度、压力、软硬	皮肤及皮下组织	0.117～0.201
	平衡感觉	位置变化、运动	前庭器官的毛细胞	
	运动感觉	振动、冲击、运动	肌、腱、关节中的神经末梢、内脏	
嗅觉		气体挥发	鼻黏膜的嗅觉细胞	0.200～0.370

1. 视觉

眼睛是人体最精密、最灵敏的感觉器官，人从外部环境里得到的信息中80%是通过眼睛感知的，其次是听觉和触觉。光是人们认识物体的媒介，是视觉的物质基础。视觉评价的范围最广，几乎涵盖动态和静态属性的所有内容。动态评价时，视觉通过位置的变化感受运动的速度，结合身体感受的加速度，对动态的总体表现有综合认识；静态评价时，视觉感受尺寸大小、材料质感、灯光强弱、色彩和谐、逻辑布局等。

视觉涉及的汽车属性最多，影响到用户的整体感觉，其中造型、感知品质、空间等对用户的购车选择影响最大。因此视觉感受对用户的影响，是车企开发以及主观评价需要优先考虑的内容。

小贴士：

· 人的视觉与光的强度、颜色、周围环境等有关，评价需要在适当的光线下进行，使之能够正确地模拟用户使用的各种场景。例如，Audit 评价时不能只是在阳光下评价，因为用户也会在 4S 店的大厅里面看车，且对购车意向确定有很大的影响。

· 视觉评价通常要和触觉、听觉结合。例如，内饰板材质好坏不仅看外表的纹理和质感，还需要用手触碰感觉其质感。

· 人的第一印象非常重要，用户往往据此决定购买意向，因此评价过程需要特别关注车辆带给我们的视觉第一印象。因此，造型和感知品质的权重相对更高。

典型视觉评价内容如图 1.3.1 所示。

图 1.3.1　视觉评价典型内容

2. 触觉

触觉是人体感觉细胞最多的感觉系统，它遍布我们全身的每一寸皮肤、肌肉、骨骼、关节等部位，它们在人体各个不同的部位，负责传输各种感觉刺激给中枢神经，再由中枢神经传送到脑功能区，因此我们才能清楚地感受到冷热、干湿、软硬、轻重、平衡、位移等。活动越多的肢体，触压觉的敏感性越高，一般指腹处最多，其次是头部，而小腿及背部最少。触觉评价会涉及很多属性，主要是动态属性，其次是静态中的空调、HMI、感知品质等。

小贴士：

· 当需要提高评价灵敏度时，尽量使用敏感度高的部位，比如转向力矩评价时可以使用手指而不是用手掌，在转向过程中更容易感知力的变化。

· 有些人体质对某些频率的振动更加敏感，在评价平顺性时需要考虑不同类型的评价人员，以覆盖更广泛的用户人群。

· 在人体敏感性高且接触频繁的区域，材质需要柔软、有质感，振动幅度必须相对较小。

· 力、行程、响应的线性反应使操作容易预判，是所有的操作结构的设计目标。

典型触觉评价内容如图 1.3.2 所示。

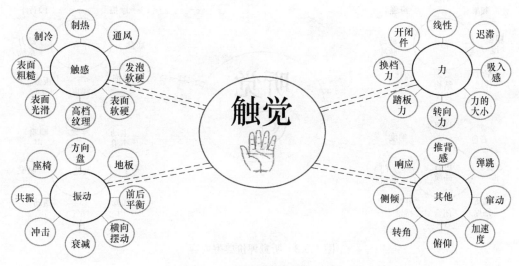

图 1.3.2 触觉评价典型内容

3. 听觉

听觉器官是耳，耳又分为外耳、中耳和内耳三部分。耳在声波的作用下产生对声音特性的感觉。声波有频率、振幅和波形的特性，由此决定听觉的音高（音调）、音响（音强）和音色（音质）三种不同的效应。受年龄、环境等多种因素的影响，人耳听觉阈值的个体差异较大。听觉评价涉及的属性相对较少，主要是 NVH 和感知品质以及其他属性中较少的内容，但对用户的品质感受影响极大。

> **小贴士：**
> • 人耳听觉阈值的个体差异较大，在评价噪声时需要考虑不同类型的评价人员，以覆盖更广泛的用户人群。
> • 声音大小只是影响用户听觉感受的一个方面，声音品质往往对用户更重要，因此评价时需要捕捉声音的特征。

典型听觉评价内容如图 1.3.3 所示。

4. 嗅觉

嗅觉是一种最接近本能的感觉。其他感觉都需要经过大脑思考过后才有反应，只有对气味是先反应再思考，嗅觉是唯一一种不需要经过中转，就能和大脑的记忆系统互动的知觉。在所有感觉记忆中，气味感觉是最不容易忘记的。研究表明，人们回想 1 年前的气味，准确度高达 65%，而回忆 3 个月前看过的照片，准确度仅为 50%。

由于各种合成材料应用越来越多，以及用户对健康环保意识的加强，车内空气质量受关注度越来越高。网络上"车内异味""车内有毒气体""新车致病"相关的话题非常多，其中也涉及了很多高端品牌。在国内 IQS 报告中"车内有令人不愉快的气味"的 PP100 值呈下降趋势，但仍然连续 5 年成为消费者抱怨最多的问题。因气味而退车、召回、销量大幅度下降的实例屡见不鲜。

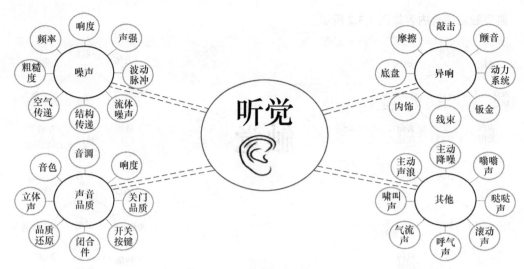

图1.3.3 听觉评价典型内容

另一方面，国家质量监督检验检疫总局发布了国标GB 27630—2011《乘用车内空气质量评价指南》，并且于2016年在此基础上提出了征求意见稿，其中对影响人体健康的各种挥发物加强了管控要求，见表1.3.2。

表1.3.2 乘用车内空气质量评价指南挥发物要求 （单位：mg/cm³）

序号	物质	现行国家标准	国家标准征求意见稿	韩国标准	日本标准
1	甲醛	0.10	0.10	0.25	0.10
2	乙醛	0.05	0.20	NA	0.048
3	丙烯醛	0.05	0.05	NA	NA
4	苯	0.11	0.06	0.03	NA
5	甲苯	1.10	1.00	1.00	0.26
6	乙苯	1.50	1.00	1.60	3.80
7	二甲苯	1.50	1.00	0.87	0.87
8	苯乙烯	0.26	0.26	0.30	0.22

汽车开发一方面要使气味满足VOC法规，另一方面也要避免刺激性气味。两者类似又不尽相同，有些挥发物是既能刺激人体嗅觉系统又对人体有害的；有的车内气味很大但是VOC却合格；而有的车气味不明显，但是VOC却超标。

影响嗅觉和VOC评价的挥发物主要来自于内外饰塑料、皮革、织物、沥青、密封胶等材料，以及某些功能使用过程中产生的气味（如空调长时间使用产生发霉的气味）。当下，各车企的工作重点集中在减少负面影响，而采取主动措施提升车内嗅觉品质将会成为下一个发力点。

小贴士：
- 不同的人在嗅觉的敏感程度上有很大区别，生活习惯对嗅觉影响也很大，因此很多车企都会设置专门的"鼻子小组"来评价气味，通过专业的训练来降低评价离散性。
- 用户感知的气味大小与环境温度、通风条件、取样时间等关联性特别大。
- 当评价人员的敏感度不足时，可以考虑比十分制更为简单的打分方式，以减少误差。

典型嗅觉评价内容如图 1.3.4 所示。

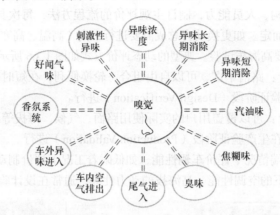

图 1.3.4　嗅觉评价典型内容

1.3.2　主观评价的方式

评价一般都通过动态或者静态的方式来完成,对于很多属性来说,单纯的静态或者单纯的动态评价都不完善,需要二者结合起来评价。

1. 静态评价方式

静态评价主要工作在数据冻结之前,包括针对配置、内外饰、HMI 设计等的主观评价,在数据开发过程中帮助工程师优化设计。静态评价需要借助图 1.3.5 中的 VR 虚拟现实、油泥模型、效果图,以及看图软件、AR 增强现实、3D 打印等技术。借助数据开发阶段的静态评价,可以贯穿整个设计阶段而不仅是阀点评价,提前发现问题、确认静态属性水平,缩短开发周期,并且减少由于后知后觉造成的开发费用、模具修改费用等。

在数据冻结之后静态评价关注实物,评价实物工艺是否满足设计要求,零部件、整车的生产制造过程一致性是否符合要求。

图 1.3.5　典型的静态评价方式

2. 动态评价方式

动态评价只能在实车上进行,因此需要利用骡车、软模零件样车、硬模零件样车、试生产样车、商品车进行,在项目开发的不同阀点评价和属性调校过程中进行,需要用到特定的温度、湿度、海拔、路面等，根据项目开发流程的需要安排。当进行阀点评价时评价团队需要针对各自公司的开发流程、组织架构、人员能力，制订主观评价的流程方法，每次具体的评价形式和规模，应遵照流程及项目大小而定。如更换动力总成需要进行三高（高温、高寒、高海拔）试验，而仅进行内外饰升级则不需要高海拔试验。典型的动态评价方式如图1.3.6所示。包括如下内容：

① 试验场动态评价：路谱丰富、可以自由组合、轮换便利，在短时间能够完成几乎全属性动态评价，通常在设计验证阶段（Design Verification）进行。

② 长距离驾驶评价：可以覆盖用户的实际使用路面、气候、海拔等各种环境，尤其是城市拥堵的交通场景，通常在生产验证阶段（Production Validation）进行。

③ 三高试验：在极端情况下评价车辆性能，如低附着工况下评价制动系统，低温下的暖风/除霜/启动性能、高温下的空调性能、高海拔的动力性等，通常在设计验证阶段进行。

图 1.3.6 典型的动态评价方式

1.3.3 主观评价过程中的具体思路

1. 评价过程中的思考方式

从用户角度出发对车辆进行评价，就需要考虑各种类型用户的使用场景，使用场景包括用户群体的生活方式、工作方式、操作方法、交通环境、使用场地等，同时也需要考虑与评价内容关联的交互影响。评价是否满足用户需求，是否具有市场竞争力。过低的性能会导致用户满意度下降，过高的性能会导致成本过高。

场景化评价思路，首先要对用户的应用场景进行详细分析，了解用户在特定的场景下需要完成的操作，该场景的特殊性与限制条件；其次对满足用户需求的功能进行分析，各种竞品是如何满足此场景的，哪种功能表现好，哪种表现不够好；再次，评价车辆的表现如何，有哪些优点和哪些缺点。比如，汽车在行驶过程中，剩余里程不足以完成规划的路线，根据行驶的路线，导航寻找最近的充电桩或加油站，并给出几条导航路线，通过弹窗的方式显示，驾驶员只需要选择即可完成。

通常，评价需要按照以下的思路进行：

① 开发车型目标设定是什么，目前的水平是否达到了目标。

② 既定目标是否已经不能满足当前或者未来的市场需求。

③ 竞品表现如何，与之前对标时相比是否已经有了变化。

④ 如果是问题，对用户的影响是什么。

⑤ 如果是调校范围，是否符合产品的市场定位，如运动型车转向力需要重一些，家用车转

向力需要轻一些。

⑥ 该功能包括什么，操作方法是否容易理解，从启动到解除该功能是否容易实现。

⑦ 这项功能的性能如何，和竞品比较如何，能否满足用户期望。如果比竞品好，好在什么地方；如果有问题，问题的频次和程度对用户的影响有多大。

⑧ 这项功能对用户使用的重要性，是否无法取代，使用频率如何。

⑨ 用户分别在什么场景下使用此功能，这些场景的重要度如何，在这些场景中使用的优势、局限是什么。

例：机械驻车制动（图1.3.7）的主观评价思路见表1.3.3。

图 1.3.7　机械驻车制动

表 1.3.3　主观评价思考方式

机械驻车制动评价思路	
总行程如何	拉起、放下过程是否与周边干涉
总共档位多少	拉起、放下操作方式是否便利
拉起角度如何	与驾驶员相对位置是否方便操作和用力
自由行程如何	尺寸是否占用空间大
自由行程档位数如何	手柄粗细是否合适
放下之后是否平整	平路、小坡、地库等驻车性能
手柄长短如何	大坡时驻车性能
解锁按键长度如何	上坡、下坡时性能是否有区别
解锁按键形状是否便于操作	长时间使用驻车制动是否会变松
解锁按键力度如何	使用中是否会有驻车制动不回位的情况
解锁按键位置是否容易操作	对不同性别驾驶员力量大小、手臂长短的适应性
自由行程拉起力度大小如何	驻车制动有无未解除提醒功能
整个行程拉起力度是否线性	刚度如何，操作过程是否松垮
档位之间的驻车力变化如何	拉起、放开过程声音品质如何
各档位驻车力是否能满足用户的期望	表面是否过于光滑 / 粗糙不易操作
常见坡度需要的驻车档位数是否合理	冬季 / 夏季是否会感觉冰手 / 烫手

对于正在建立评价能力的新手来说，评价需要按照属性的细则逐条评价，对于经验丰富的

评价人员来说，可以将几种不同属性组合起来评价，如在点火的过程中，评价点火NVH的同时，也评价点火时间、一致性和转速过冲等。

2. 主观评价层级

不同公司对属性的命名有所不同，如大众称为特征目录。根据公司的策略（重点关注的属性），各公司对层级定义的具体形式会有所不同。如有些公司会将座椅、空间、NVH等统一放在舒适性的一级目录，这样一级目录的数量会比较少，整车水平一目了然；有些公司将这三项分别作为一个一级目录，因为这三项重要度都很高，而且互相之间关联性小。主观评价层级不仅是主观评价的工具，也是属性开发团队的工具，需要避免两者使用不同的文件增加沟通成本。

在图1.3.8中给出四层主观评价分级。商品性评价中，通常只需要评价一级和二级属性，而属性开发中，很多时候需要深入挖掘，根据需要继续分解四级、五级的属性。能够根据需要来制订贴近用户需求的评价方法，同时也能根据工程开发的需要，与设计工程师共同将评价结果反映到具体的零部件参数，是某一属性主观评价能力达到专家级的标志之一。

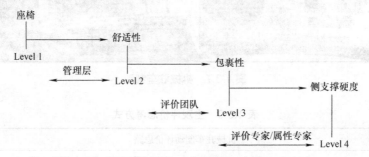

图 1.3.8 主观评价

3. 主观评价评语描述

准确的评语使调查问题的工程师更容易理解和复现问题，对于车辆问题调查的方向有很强的指引作用，同时对于理解车辆优点和评价分数也十分重要，使其具有更强的支撑作用，具体的描述方式参见表1.3.4。

表 1.3.4 主观评价评语细则

操作		由于进行了什么样的操作导致了问题发生？	路面条件		平顺、粗糙、颠簸、泥泞、砂石、off road 等
车速		什么车速下发生此问题？	天气条件		风、雨、雪、雾、霾、冷、热、湿度等
转速		什么转速下发生此问题？	交通状况		拥堵、畅通、时速、信号灯数量、频繁起步还是正常通行等

（续）

档位		什么档位下发生此问题? 运动模式还是手动模式?	功能设定		如: 座椅高低/前后、靠背角度、腰部支撑、头枕、按摩、通风、加热等
节气门开度		小节气门开度、中节气门开度还是大节气门开度? 保持节气门开度还是 tip in 或者 tip out?	更改的零件		如: 在评估之前更换了刚度更小的悬置; 软件更新到了产品意图的状态
制动操作		踏板踩下的轻重缓急等	严重性		影响安全、功能、使用便利性, 造成烦扰, 品质不高等
离合		彻底分离、半联动等	发生的频次		每次开车都有、特定工况出现还是偶尔出现?
转向		转向角度大小、快慢等	评估人员		性别、身高、体重、驾龄, 驾驶人、乘客, 前排、后排等

4. 主观评价交付物

主观评价的结果通过评分和评语体现, 针对不同的评价方式以不同的形式表现。在阀点评价中, 通过对比判定本品是否达到每个阀点的目标设定, 除问题清单之外, 交付物报告中还需要包括属性目标状态, 通常用蜘蛛图和表格形式体现, 如表 1.3.5 及图 1.3.9 所示。在其他类型的评价中则以问题清单、一页纸报告等形式体现。

表 1.3.5　动态属性状态对比表格

属性	平顺性	制动	转向	动力系统NVH	风噪	路噪	加速性	驾驶性	变速器
本品	7.5	7.5	6.5	7	7.75	8	7.25	7.25	6.5
竞品 1	7	6.75	7.75	8	7	7	7	8	8
竞品 2	7.5	7	8	7.5	7.5	7.5	7.5	7	6.5
竞品 3	7.75	7.25	8.25	7.25	7.25	7.75	7	8	7.5

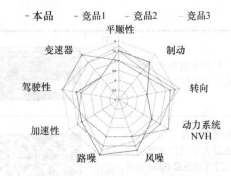

图 1.3.9　属性状态蜘蛛图

1.4 谁、何时、何地进行主观评价（Who、When、Where）

1.4.1　评价人员（Who）

在项目开发过程中，任何人都可以代表用户进行主观评价，不仅包括专职的主观评价人员，也包括零部件设计工程师、业务没有直接关联的工程师、管理层等，非专职人员的评价往往是针对某个属性中的一部分具体内容，而不是全面系统的评价。作为专职的岗位，主观评价团队需要制订企业标准、年度工作计划、单次评价计划，组织评价活动，在每次评价活动中负责主导评价过程、整合各方输入、统一认识、输出最终全属性主观评价结论，如图 1.4.1 所示。主观评价人员分类见表 1.4.1。其中项目内主观评价团队全程参与整个项目，项目外主观评价团队仅在阀点评价时参与。

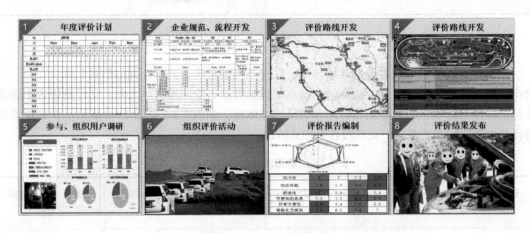

图 1.4.1　主观评价职责

任何项目开发都会面临时间、质量、成本的矛盾，实现最理想的平衡往往是非常困难的。作为项目开发中的一个环节，评价结果不应该受到时间、成本、难度的影响，而是应该从其实际情况出发进行评价，这样才能回归其第三方（用户）评价的作用。最终问题是否解决，如何权衡取舍，应该交由项目组、决策层根据其对用户和市场的影响来决定，此过程主观评价需要提供支持。

表 1.4.1　主观评价人员分类

岗位	与项目关系	职责
项目外主观评价团队	与项目没有直接的利益关联	以第三方角度全属性评价，侧重阀点评价，如商品性评价
项目内主观评价团队	负责项目内的评价工作	全属性评价，平衡各项属性，根据需要支持某一属性深入开发、调校评价
属性工程师	项目内负责属性开发	精通具体属性评价，如动力标定、行驶动力学、NVH、感知质量、人机工程等
设计工程师	项目内负责零部件开发	负责零部件开发，了解、掌握相关属性主观评价方法，清楚用户需求
项目管理、管理层等	把握项目进展	确认阀点是否满足交付物要求，开发过程重点问题把控

① 阀点评价应该由项目开发以外的团队负责，不受项目本身困难的影响，可以给出公正的评价结果。

② Audit 评价由质量部门负责，不负责生产的具体过程，但是对生产的质量进行评价验收。

③ 属性开发过程中的评价由项目内部的专业团队负责，了解目标要求、验证计划、开发过程中的零部件系统设计及变更状态，熟悉在各个阶段多轮次调校的结果及细节，但是不作为阀点签收责任人。

例如，作为一款家用汽车座椅需要舒适，目前的座椅座垫过硬。但如果进行设计变更，上市时间会推迟 1 个月。作为评价人员需要将实际情况汇报出来。在改进方案的过程，评价人员可以向研发提供改进方向，并根据最优的、折中的方案，评价改进效果以及对用户感受，明确是否会影响最初的目标设定，为管理层最终决策提供依据。

所有的主观评价报告由主观评价团队生成、汇报，由各相关属性、设计开发团队认可，由专管领导审核批准。

1.4.2　何时进行评价（When）

在项目开发的不同阶段，主观评价的重点也会有所区别，见表 1.4.2 和表 1.4.3。

表 1.4.2　主观评价在项目不同开发阶段的应用

分类	开发过程	职责	岗位	角色
目标设定	过程 + 阀点	主观评价	项目内或者项目外主观评价团队	领导
		目标设定	项目内或者项目外主观评价团队	合作
目标分解	过程	目标分解	项目内主观评价团队	支持
设计开发	数据冻结之前，过程	静态属性细节评价	设计工程师	支持
			感知、人机等属性工程师	领导
			项目内评价团队	支持
属性调校	过程	动态属性调校	项目内主观评价团队	支持
			标定、行驶动力学、NVH 等属性工程师	领导
阀点评审	阀点	阀点评价、验收	项目外主观评价团队	领导
			项目内主观评价团队	支持
			动静态属性工程师	支持
			设计工程师	支持

① 在项目开发初期，需要制定整车主观评价属性目标，主观评价团队需要协助项目组共同完成。考虑目标市场、用户需求、法规要求以及研发制造能力，结合对标车的性能进行分析及评价，综合各方需求和影响因素，最终制订车辆的整车属性目标，同时锁定开发所需要的主要硬件及成本。此过程中主观评价团队负责评价过程及结果输出，辅助产品规划部门设定目标。

表 1.4.3　主观评价在项目开发中的具体应用

评价方法	具体描述	使用阀点
	对标、目标设定、选型 • 确定每种属性的目标 • 确定优化调校目标 • 分解为系统、零部件目标 • 由此确定配置 • 初步确定系统、零部件设计	项目开发初期
	配置是否符合用户需求 例 ESC 作为车型高配选项评价： • 是否有软 / 硬开关 • 若没有开关，激活策略是什么 • 对客户有什么影响 • 对法规影响 • 特殊路面影响	项目开发初期
	油泥模型静态评价	设计阶段
	虚拟技术静态评价	设计阶段
	问卷调查	各个阶段
	2～3 天试验场阀点动静态评价 （验证设计、生产是否满足用户需求）	设计验证评价各个阶段
	3～5 天实际道路长距离阀点动、静态评价 （验证生产是否满足设计签收结果、用户需求）	生产验证评价各个阶段
	属性调校	设计验证阶段

② 在项目开发初期，需要结合经验和 CAE 分析（包括性能分析、强度耐久性能分析、动力性与经济性性能计算、碰撞安全性能计算等），将整车属性目标分解为部件级目标，用于指导

设计。此过程中，主观评价作用为辅助属性指标分解。

③ 在设计阶段，在数据冻结之前可以反复评价，辅助设计工程师优化设计。

④ 在样车阶段，属性开发工程师对整车属性指标进行调校和评价，评价团队针对每个阀点评价验收。

⑤ 最后，在试生产、生产阶段，根据签收的样车（Master Reference Vehicle）对产品进行确认，对属性开发中遗留的问题进行调校验收。

在项目开发的整个过程中，很多属性之间都存在矛盾冲突，当某一属性提高时可能会导致其他属性变差。与第 1.4.1 小节中面临的时间、成本、质量的矛盾不同，这种情况下侧重于如何解决，主观评价应该起主导作用（表 1.4.3），考虑用户需求及市场定位，突出其卖点，避免出现短板，从而使项目做出最有利的平衡和取舍。

1.4.3　在何地进行评价（Where）

总的原则：静态评价主要的工作在设计阶段，主要通过数模评审、虚拟现实技术、数模检查、样件、油泥模型等进行评价；标定调校在各种交通流量、高低温及海拔环境下进行评价；NVH 在试验场各种路谱下、风洞中进行评价；行驶动力学调校在试验场的各种路谱、动态广场进行评价。根据开发流程中每个阀点需要达到的开发目标，确定评价的地点和方式。评价同样受项目形式的影响，全新车型、中期改款、换代车型、年度车型等的评价方式会有较大的区别。

2019 年，全国百万以上人口的大城市已经多达 88 个，2018 年全国汽车保有量超百万辆的城市已经多达 58 个，高峰期拥堵已经成了全国的通病。乘用车驾驶环境以城市工况为主，2 级城市的平均车速为 27.5km/h（表 1.4.4）。长时间怠速、近距离跟车、加塞插队、起步加速再减速等工况很频繁，交通拥堵情况也比较多，通常上下班路上 1h 路程中会有 10～30min 的怠速等待时间。因此，城市低速行驶工况应该作为评价的重点关注项，同时城市工况中的问题关注度应该高于其他工况。需要注意的是，现有的主观评价方法多数引自欧美车企，由于欧美的驾驶环境和平均车速与中国有很大的不同，对低速行驶的重视程度较低，低速主观评价的方法不够完善。各车企应该根据自身车型定位，开发具有针对性的低速评价方法。

表 1.4.4　汽车使用场景以城市工况为主

城市类别	1 级	2 级	3 级	4 级	5 级
销量 / 辆	3 726 540	6 036 175	2 375 995	2 628 231	1 727 047
乘用车销量 / 辆	16 493 988				
2 级城市销量占比	27.02%				
1~5 级城市销量占比	73.82%				
2 级城市平均车速	27.5km/h				
典型地域	北、上、广、深、苏、杭、武汉等	长沙、济南、石家庄等	珠海、包头、保定、烟台等	株洲、盐城，余姚、诸暨等	衡水、铁岭、阜阳、东阳等

1.4.4　主观评价应用举例

1. 阀点评价

基于上述的 Who、When、Where，每个企业应该制定各自不同的企业规范，指导主观评价在不同的项目阀点中的应用，表 1.4.5 为阀点商品性评价职责分工范例，是企业规范中重要的一项内容。

表 1.4.5　阀点商品性评价中职责分工

项目		PS	FC3	FC4	FC5	FDJ	VP	PEC	FEC	TT	PP	MP1	MP2	OKTB
评价主题		对标，确定每种属性目标	静态评价，属性目标达成，作为数据结果依据			同属性目标达成，属性目标变更，冻结依据	DV, VP样车评审	DV，属性签收，剩余设计问题改进计划	DV，属性签收，属性改进后样车属性签收	PV, 产品属性达标		PV, 产品属性 error states		
评价方式		5~10天动静态主观评价	静态数据VR，油泥模型，配置评价，HMI				动态问题确认，初步确认，静态改进确认	属性及MRV样车属性签收	取样动静态评审					
评价地点		试验场	VR, 会议室				Pilot中心，Pilot跑道	试验场	试验场	公路+试验场	工厂	工厂	工厂	工厂
主观评价团队	静态	L&E	L&E	L&E	L&E	L&E	E	O	O	E	E	E	E	E
	动态	L&E					L&E	L&E	L&E	L&E	L&E	O	E	O
	院长	E&R	R	R	R	R	R	E&R	R	E&R	R	R	R	R
	项目总监	E&R	R	R	R	R	R	E&R	R	E&R	R	R	R	R
	项目总工	E&R	R	R	R	R	R	E&R	R	E&R	R	R	R	R
	项目经理	R	R	R	R	R	R	E&R	R	E&R	R	R	R	R
	属性经理	L&E	E	E	E	E	L&E	L&E	L&E	L&E	L&E	R	R	R
	属性团队	E					E	L&E	L&E	E	E	R	R	R
其他参与的人员	下车体	O	O	O	O	O	O	O	O	O	O	O	O	O
	上车体	O	O	O	O	O	O	O	O	O	O	O	O	O

L	Lead	组织	O	Optional based on need	根据需要邀请
E	Evaluate	评价	R	Review	审核

2. 评价团队工作内容

评价团队工作内容范例见图 1.4.2，表中术语定义参考本章 1.1.5 节。

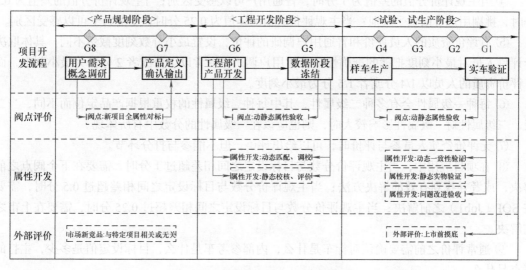

图 1.4.2　评价团队工作内容范例

1.5 主观评价打分方法（How Much）

1.5.1　十分制打分体系

很多时候，属性评价的结果需要用分数表现出来，来表达满足用户期望的程度。最为常用的是 10 分制（表 1.5.1），由于与日常生活使用的十进制类似，易于理解和使用，在各大企业中使用最为广泛。

表 1.5.1　十分制主观评价打分体系

分数	1	2	3	4	5	6	7	8	9	10
属性总体表现（与竞品比较）	不能接受		很差		刚刚能接受	能接受	尚可	很好	非常好	优秀
用户满意度（调校导向）	非常不满意				有些不满意	相对满意		非常满意		特别满意
谁认为需要改善（问题导向）		所有用户			普通用户		挑剔用户		资深的专业人士	无法感知

表 1.5.1 中的 "属性总体表现" "用户满意度" "谁认为需要改善" 是三种常见的打分思考方式。"属性总体表现" 更多考虑与当前市场的同类竞品的比较；"用户满意度" 更多考虑调校类的属性（如力的大小），从满足用户期望的程度比较；"谁认为需要改善" 从问题的严重程度考虑，思考什么样的用户会抱怨该问题、对用户使用的影响、发生的频次。

打分注意事项：

① 8 分就是 "好"，6 分是接受的边界线。通常情况下如果不是该车型主打的亮点，超过 8 分的属性被认为是过度设计，低于 6 分的设计会引起用户的抱怨，需要改进。

② 7分为市场中的普通水平，既不是亮点也不是抱怨点，通常目标设定不应低于7分。

③ 6～7分不会引起普通用户抱怨，但是表现并不好，可能也会使挑剔用户感到不满意。

④ 当主观评价分值的差值为1分时，普通用户可以感受区别；当主观评价分值的差值为0.5分时，挑剔用户可以感受区别；当主观评价分值的差值为0.25分时，专业人士可以感受区别。

⑤ 有评价资质的人员评价和普通用户调研的评价，设置最小分数刻度截然不同，具体取决于评价人员对最小刻度把握的准确性。普通用户调研，通常以1分或者2分作为最小刻度，而有评价资质的人员以1/4分或者1/5分为最小刻度。

⑥ 每种一级属性会有多种二级属性，其中每种二级属性的权重根据产品定位而不同，当二级、三级属性对一级属性影响较大时，则也应该在一级属性的分数中有所体现。

⑦ 无评价资质人员参与评价时，可以给出评语，但不能参与打分环节。

⑧ 在项目应用中，当主观评价分数与目标设定之间相差超过1分时，需要在下个阀点之前解决，或者寻找到有效的解决方法；当主观评价分数与目标设定之间相差超过0.5分时，需要在SOP（Job1）之前解决；当主观评价分数与目标设定之间相差超过0.25分时，需要在上市之前解决。

⑨ 通常评价之前需要确认对标车是什么，内部参考车是什么，目标设定值是多少，主打的亮点是什么。

⑩ 打出分数的评语非常重要。和主要竞争对手做对比，我们的优点和缺点是什么？满足与不满足用户需求的原因是什么，程度如何？

⑪ 如果没有特殊情况，最终分数不能使用各小组的平均分，而是讨论权衡后的结果。

⑫ 属性评价打分不能脱离竞品车而对自己的车单独评价，没有竞品车的情况只能做问题评价而非打分，除非对本品多次评价十分熟悉。

⑬ 前期对标项目样车未完成试制时，需要使用内部参考车。

⑭ 对标评价时车辆总数应为4~6个。

⑮ 通常情况下评价需要团队而非个人进行，总结时需要综合所有人的意见。非常重要的一点是，评价团队成员必须是具备评价资质的，掌握必要的评价方法和逻辑，减少误导。同时权衡、取舍评价的分数和意见，同时还需要考虑市场定位和目标消费者的定位。

⑯ 当分数无法达成一致时，首先需要重新回顾评语，必要时重新进行评价。若充分讨论之后仍有分歧，需要听取最资深专家的意见。若没有最资深的专家，则评价团队需要重新梳理用户对该属性的最重要、次要、无关紧要的需求，以及产品的市场定位，以达成统一意见。

1.5.2 其他打分方式

1.五分制打分标准

与十分制相同，只是将刻度放大，减小由于判断不够细致造成的错误。

2.七分制打分标准

七分制见表1.5.2，单纯将本品与目标对比，从对标的方式去评价，使评价考虑内容更简洁。此种形式是为了更好地与目标对比，也可以根据需要变成五分制或者三分制。

表 1.5.2 七分制主观评价打分体系

分数	−3	−2	−1	0	1	2	3
评分标准	非常差	差	稍差	相当	稍好	好	非常好

0：与目标相当；

1：稍好于目标；

2：好于目标；

3：明显好于目标；

−1：稍差于目标，应当改进；

−2：差于目标，需要改进；

−3：明显差于目标，必须改进。

3. 根据需要开发的打分标准

项目开发过程中可以根据需要制订针对性更强的评价方法，专门适用于某种属性，见表1.5.3、表1.5.4。

表 1.5.3 特定的主观评价打分体系

分数	1	2	3	4	5	6	7	8	9	10
环境温度	冷	冷/凉	凉	凉/舒适	舒适	舒适/热	热	热/炎热	炎热	
身体感受	非常不舒适	不舒适	有些不舒适	较舒适，略凉	愉悦的	较舒适，略热	有些不舒适	不舒适	非常不舒适	

表 1.5.4 特定的主观评价打分体系

分数	1	2	3	4	5
弹跳迟滞	迟滞小	←	合适	→	迟滞大

1.6 主观评价能力建设途径（How To）

医生根据掌握的医理和经验案例，可以通过望、闻、问、切了解病人的病因；品酒师通过摇、看、闻、品、回味评价酒体质量，指导酿酒工艺、储存和勾兑，进行酒类设计和新产品开发（图1.6.1）；美发师根据顾客的脸型、发质、职业、肤色、气质、身材等来综合判断和设计匹配的发型（图1.6.2）。与此类似的是，主观评价工程师能够熟练掌握动静态评价方法，感知评价车辆每一种属性的具体表现，根据用户期望和竞品知识，通过视觉、触觉、听觉、嗅觉，"品鉴"各种属性的差别，发现汽车的动静态特性及优缺点。而这些专家之所以能够术业有成，与其对待所从事工作的专注热情、正确的训练方法、日复一日的不断练习、倾听消费者反馈、博采众长是分不开的。很多时候，评价的结果被怀疑，最大的质疑就是人和人之间的差别，以及评价结果的准确性。只有使用正确的方法进行训练才能使评价更加准确、一致、被人信服，训练的目标是提高每个评价人员的重复性和不同评价人员的再现性（图1.6.3）。

图 1.6.1　品酒师

图 1.6.2　美发师

精而不准　　主观评价目标

准而不精

又精又准

图 1.6.3　重复性和再现性

通常很多岗位都需要对员工的能力进行评定，从而制订对应的薪资，更重要的是分配适当的任务，制订合理的培训计划，使员工可以清晰地规划自己的职业发展路径。表 1.6.1 给出了主观评价能力要素及等级衡量方法范例。

表 1.6.1　主观评价能力要素及等级衡量方法

	条款	1 初学	2 应用	3 资深	4 专家
1	了解用户、竞品、本品	• 细分／趋势／竞品一般知识 • 国内用户声音的一般知识，网站如汽车之家、行业协会、车主俱乐部等 • 理解用户调研方法	• 清楚交流车辆细分／趋势／购买原因／竞品设定 • 从各种来源收集国内外数据，协助项目制订特定目标 • 了解目标用户的特定需求	• 充分了解本品平台局限和竞品车辆，包括属性水平等 • 了解不同产品目标用户的共性和差异化需求 • 组织用户实物、问卷调研	• 根据用户调查数据深入到项目／平台战略解决方案和建议 • 建立主要竞品数据库 • 根据用户场景完善评价方法 • 领导项目前期目标设定
2	掌握内部、外部用户声音方法	• J.D Power APPEAL、J.D Power IQS、企业三包等的一般知识	• 了解模型中的关键指标 • 熟悉关键因子和对用户满意度的影响	• 根据内部、外部用户声音方法，在项目开发中制定、评价、达成目标	• 在现有模型的基础上，具有能够开发新的模型或者升级现有模型的技术能力，以提高与用户声音的关联性
3	主观评价体系建立	• 制订年度计划 • 制订后勤组织方法 • 编制评价手册模板及每次评价的手册	• 制订年度计划 • 制订后勤组织方法 • 编制评价手册模板及每次评价的手册	• 开发试验场、长距离、三高等针对性的评价路线，制定详细评价流程 • 制订主观评价交付物模板 • 主观评价基础知识培训 • 协助专家开发企业规范	• 组建主观评价团队，使团队成员能力达到需要的水平 • 根据公司项目开发流程、项目阀点、项目大小，优化、开发评价方法、流程，形成、推行企业规范

（续）

条款	1 初学	2 应用	3 资深	4 专家
4 完整的主观评价能力	• 具备一般的属性知识，掌握所有的一级属性 • 了解主要软硬件对属性影响 • 参与用户层面车辆属性评价	• 能够评价二级属性 • 了解软硬件对属性的影响 • 了解每种属性的细分市场用户期望和竞争对手特点 • 具备阀点评价能力	• 能够评价每种三级属性 • 了解平台局限对属性的影响 • 能够根据企业产品策略进行属性取舍 • 深入了解竞品、用户期望与属性要素之间的相关性 • 具备属性调校评价能力	• 能够开发四级及以上的属性评价方法 • 理解设计变化对属性影响，并推动最佳的取舍决策 • 根据公司开发流程优化、开发评价方法、流程
5 计划、组织动静态评价	• 理解在开发流程体系中不同阀点，评价的时间和方式 • 协调设施和人员 • 车辆和场地的组织工作 • 带领车队 / 跟随车队 • 积极参加驾评总结会议	• 根据开发流程体系中不同阀点，制订具体的驾评计划 • 负责驾评后勤工作 • 选择最有效路线 • 确保评价过程安全 • 确保评价和总结符合进度	• 高质量的领导整个评价进程（日期、轮换、开发路线、安全、过程控制） • 有效地带领团队总结统一不一致的评价结果，并将结果传达给评价团队和管理层	• 能够代表评价团队与领导层汇报一 / 二 / 三级属性评价结果 • 输出高质量的主观评价报告 • 多次成功地制订计划并主导了重大项目的驾评活动

1.6.1　影响主观评价能力的因素

评价是主观的心理活动，因此评价活动过程中需要避免由于自身及外在因素的干扰，导致可能出现的偏差。

1. 情绪的变化

避免在情绪波动时进行评价，否则感知可能会受到很大的影响，造成结果的偏差较大。如时间快要到了，任务却远远没有完成而急于结束评价，此时很有可能会疏忽评价中的重要步骤，或者对比不够详尽，漏掉重要的优缺点。

2. 身体的影响

如感冒发烧、服用药物、身体疲惫，则注意力不够集中，特别是需要细微感知的属性，如声音大小、异常声音的类型、力的波动等，就容易出现偏差。

3. 路面、环境等外界因素

即便同样是粗糙路面，大的路面颗粒和小的路面颗粒会给出不同的反馈；同样是破损路面，左侧和右侧的坑可能会不一样大；同样的路面，左侧和右侧由于磨损程度不同，结果也会有区别。因此，动态评价时的路线需要明确，以确保评价过程中的一致性。同时，评价路线必须能够充分验证该属性，如平顺性的评价离不开冲击路面（如减速带），而减速带必须能够包含国内常见的种类，同时要求车速必须符合国内驾驶员的使用情景。

4. 其他人引导

图 1.6.4 ～ 图 1.6.6 为一款新车的用户调查，在用户不知道车辆实际品牌的时候，为车辆贴上不同车标，调查用户愿意花多少钱购买。结果显示，不同的车标导致用户对车辆的估计截然不同。说明人很容易受到品牌的影响。同理，当自身认识不足的时候，人很容易跟随其他人的意见。评价过程可以附议其他人的观点，但需要注意的是，对方评价的出发点、此属性的评价方法、此现象在此属性中的重要程度。与其他人沟通的过程，既是向其他人学习的过程，也是其他人向你学习的过程，因此语焉不详是大忌讳，这会导致评价结果出现偏差。

图 1.6.4　用户估价 50~55 万元　　图 1.6.5　用户估价 15~18 万元　　图 1.6.6　用户估价 20~30 万元

5. 时间的区别

赫尔曼·艾宾浩斯（Hermann Ebbinghaus）是一位著名德国心理学家，曾经在 1885 年做了一个非常著名的实验。他选用了一些没有意义的音节，毫无规律的字母组合，如 asww、cfhhj、ijikmb、rfyjbc 等，通过测试，得到了一组数据。结论是人们接触到的信息在经过记忆后会逐渐淡忘，如图 1.6.7 所示。

时间间隔	记忆量
刚刚记忆完毕	100%
20min 以后	58.20%
1h 以后	44.20%
8～9h 后	35.80%
1 天后	33.70%
2 天后	27.80%
6 天后	25.40%
1 个月后	21.10%

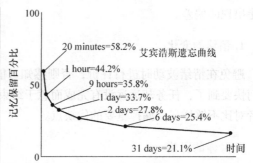

图 1.6.7　遗忘曲线

根据人的记忆特性，我们对同一款车在不同时间进行评价也会有不同的结果。因此，同样属性对标必须在同一天、同样的场地、由同样的人员进行。特定的问题评价可以在不同时间进行，但是应尽量在进行评价之前回顾一下之前的结果。

6. 与时俱进

随着时代进步，技术也在日新月异，只有不断地更新自己的知识，包括汽车研发与生产、消费者认知、市场趋势的知识，才能跟上时代形势，做出更符合时代现状的评价。

1.6.2　提高主观评价能力的要素

主观评价需要对车辆知识和用户有深刻了解，同时受到很多要素影响，这些要素共同构成了主观评价能力，主要包括：

① 熟练掌握评价方法。

② 熟练掌握打分方法。

③ 了解汽车的基本结构。

④ 了解汽车的基本工作原理。

⑤ 如果是动态评价需要高超的驾驶技术，如果是静态评价则驾驶技术要求相应降低，但也要达到熟练的水平。

⑥ 了解属性开发基础知识，了解零部件、系统开发基础知识。

⑦ 掌握用户购买的关键原因，了解目标用户的特定需求。

⑧ 了解不同产品的目标用户之间的共性和差异化需求。

⑨ 了解影响目标用户喜欢、不喜欢的各种因素，熟悉关键因素对所评价性能的影响。

⑩ 能够清楚地掌握车辆细分市场、技术发展趋势、竞品水平的基础知识。

⑪ 掌握竞品对标的主要方法。

⑫ 掌握目标设定的主要方法。

⑬ 充分了解平台和竞品车辆数据，包括属性水平、竞争特征和关键内容，建立内部数据库。

⑭ 了解外部数据（JDP 数据库、网络用户口碑、用户研究等）。

⑮ 能够针对国内和国外行业用户声音数据深入研究，为开发项目 / 平台战略提供解决方案和建议。

⑯ 深入地理解硬件对属性的影响，能够评价设计变化对整体车辆属性潜在的影响，从用户期望角度出发推动最佳的取舍决策。

⑰ 经常浏览网络上用户发表的意见，以便从不同维度了解用户的需求，丰富用户使用场景库、完善评价方法。

⑱ 经常与内部、外部用户面对面交流，参加车主俱乐部的活动，深入了解用户的诉求及背后的原因。

⑲ 关注主流媒体的评价报告，关注媒体评价的角度和衡量的方法，尤其是著名的自媒体文章。自媒体的浏览量越来越多，已经成了各 OEM 的关注对象，他们的喜好、取舍在很大程度上影响了广大消费者的判断。

⑳ 了解市场端用户反馈，参加各种用户调研，包括前期和后期的调研。不只是外部用户调查，同时也包括细节取舍的内部调查，如按键、开关力的反馈，通过内部调查可以取得更为细致的信息，也便于回访。

㉑ 在项目初期选型阶段、项目开发问题解决过程中，深入地与研发工程师共同评价不同的设计方案下，产品不同的表现以及与竞品的直接对比，不仅能够更深入地评价所有细节，也可以了解其局限性及固有特性，使评价针对性更强。

㉒ 尽可能多地评价各种车辆，以了解整个市场的属性水平。

㉓ 经常参与峰会，经常组织评价团队针对某些属性深入讨论，找到认识的盲区，与同行之

间互相探讨学习。

图 1.6.8 给出了成为主观评价专家的必经之路。

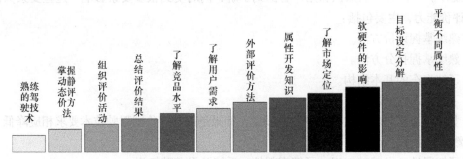

图 1.6.8　主观评价专家之路

1.6.3　建立标杆 / 基准

如图 1.6.9 所示，当背景不同时，同样长度的两条线段，看起来长度却有很大区别。如图 1.6.10 所示，当成年人身高差 10mm 的时候，尽管相对整个身高比例不是很大，但是视觉上差距却感觉很大，原因是在各人心目中已经建立了标杆。当衣着、体型、腿长不同的时候，也会影响身高的判断，是因为这些干扰因素对比会间接影响标杆。

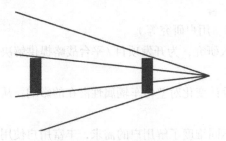

图 1.6.9　左右两个线段哪个长

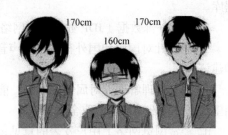

图 1.6.10　身高 160cm 和 170cm 视觉效果相差很大

建立主观评价能力也一样，需要针对每种属性建立自己的认知标杆，并了解相关的影响因素。比如转向力多大合适，不好的转向力有多大，另外方向盘的粗细、手感等干扰因素如何影响转向属性评价。

建立标杆，要做到掌握评价方法中的详细要求；评价不同竞品车辆，能够清晰地感知每一项细则的区别（好、中、差），形成每一项细则的标杆；能够理解不同的市场定位以及不同消费者的需求。

1. 掌握标杆的关键要素

在建立标杆的过程中，首先需要理清标杆确定时的关键因素，才能够全面地理解和建立标杆，可以从以下方面进行考虑：

① 从用户需求角度出发理解功能、使用操作、性能、品质等。

② 问题 / 惊喜及发生的情形，场景的使用。

③ 理解该评价所受局限性。

案例解读　钥匙

1　从用户需求角度出发理解功能、使用操作、性能、品质等

1.1　功能

　　功能是否足够，如锁车、解锁、寻车、行李舱遥控、遥控启动、遥控玻璃升降、机械钥匙、钥匙环、无钥匙进入、无钥匙点火。

1.2　使用操作（行李舱开启为例）

- 钥匙是否具备开启行李舱功能。
- 需要按几次才能自动开启行李舱。
- 按键操作时间长短。
- 是否会误操作。

1.3　性能（锁车为例）

- 锁车时遥控距离。
- 锁车/解锁时的声音提示和灯光闪烁。
- 响应灵敏性。

1.3　感知品质

- 钥匙本体有厚重、沉甸甸的感觉。
- 表面材质档次高，从视觉到触觉上都有好的质感，没有廉价的感觉。
- 钥匙的各部分颜色搭配合理，与车辆的风格和定位匹配。
- 各按键力之间的区别、按键力大小、按键力在建立过程中的增长及突变。当按键尺寸较大时，同一按键不同位置的感受区别。
- 按键的声音品质，淳厚、不尖锐、无杂音、无回音、音调不变化。
- 按键尺寸大小合适，操作方便，美观大方，尺寸间隙、段差、表面处理没有瑕疵。

2　问题/惊喜

2.1　问题（锁车为例）

　　考虑在复杂的车库里面，或者在阳光明媚的地上停车场等条件下不容易找到自己车辆时：

- 遥控距离过近，只有30m。
- 锁车/解锁时没有任何提示功能（如声音提示和灯光闪烁等）。
- 锁车时，按键操作有时不会响应，或者响应晚0.5s。
- 锁车提示音过大，会产生较大的噪声。
- 锁车提示音过小，距离远时难以对车辆定位。
- 提示音持续时间过长，会造成扰民。
- 钥匙在车内时，车辆会发生自锁。

2.2　惊喜

- 遥控距离很远，可以达到150m。
- 锁车/解锁时声音提示和灯光闪烁，且可以通过车机控制此两项功能的开关，并且可

以调节音量和闪烁的频次。

- 锁车时后视镜自动折叠、所有灯光能够自动关闭、前照灯可以延时关闭。

3 评价的局限性

- 冬季气温低，当长时间暴露在外界环境时手指僵硬，此时按遥控锁车，会感觉按键小，容易受钥匙本体影响，且钥匙的按压力过大。
- 下过雨之后，声音传递的距离比干燥的环境传递的距离会更远。
- 附近有强电磁干扰信号，导致遥控距离很近，在不知情的情况下导致评价结果变差。

2. 循序渐进的方式

建立标杆的过程不会一蹴而就，需要遵照循序渐进的方式逐步提高评价能力：

① 首先从细小的部件／细微的属性开始，扩展到大的系统／属性，逐渐提高、积累认识的深度和广度，不能为了追求速度而囫囵吞枣。以转向为例，首先从低速练习开始，覆盖停车入库、转向、掉头等场景：

- 低速时感受转向力的大小，单纯的力的大小。
- 低速时感受转向力大小在不同转向角度下的波动。
- 低速时感受转向力大小在不同车速和转向角度下的波动。
- 低速时感受在不同车速和转向角度时转向回正力的大小、变化。
- 感受转弯半径大小。
- 不同路面、坡度、速度时，感受转向时的噪声、异响、振动。
- 感受转向力的对称性。

② 当低速转向练习熟练，能够准确地评价之后，再练习中高速转向、弯路转向、转向的问题评价方法。

③ 当所有的转向评价细节都掌握之后，再根据完整的评价流程，在特定的路面、按照特定的操作顺序完成所有的转向评价。

④ 在所有的方法都能够熟练掌握之后，需要做到每个评价操作都能够形成肌肉记忆，在不同的时间评价都能够保持一致。

⑤ 在能够做到保持高度的评价动作一致性之后，能够具备代表不同的驾驶员（男性、女性、身高、新手、老手、自身驾驶员等的不同）评价的能力，就是说需要理解，并且具备按照不同驾驶员的喜好进行评价的能力。

⑥ 当具备全方位转向评价能力之后，可以根据需求开创出特定的转向评价方法。

3. 提高感觉系统的敏感度

建立标杆过程中，需要训练并提高各种感觉的敏感度，以快速、准确、全面地完成评价，而提高敏感度往往也是建立主观评价能力最重要的要素。

（1）很多时候无法感知，可以从较差的车开始

评价能力不足，很多时候是因为无法深入到细节。很多人都有这样的经历，一旦认识了一种问题（如变速器啸叫），尽管问题程度始终一样，但是以后他会对此问题越来越敏感，觉得声音变大了、更容易听到了。对于不熟悉的属性，开始的时候选择状态较差的车，因为问题比较明显，容易感受问题的特征。当对此特征熟悉之后，就更容易在不严重的车辆上发现，或者是在特征不明显的车上感受不同车辆的细微差别。在熟悉较差的车之后，评价中等和优秀的车，对同一种属性不同表现有全面的认知。

（2）从慢到快

当操作速度很快时，还未体会其中的细节变化，操作已经完成了。开始时必须缓慢地操作，在此过程中可以体会每个变化的细节，从而形成对反馈的全面认识。在熟悉慢操作之后，逐渐加快操作到正常速度，可以更容易体会过程中的变化。

（3）反复比较

刚开始评价的时候，或者刚接触一种新属性评价的时候，往往不容易清晰地发现细微的区别。

比如离合踏板力，在整个踏板行程中需要感受力的大小/变化/波动，包括离合踏板到底、半联动、松开过程。可以先感受离合力较大的车，再去体会很轻的车，再返回去体会力较大的车，反复比较，对力的不同大小形成肌肉记忆。

（4）与专家对比

在针对某一特征评价之后，对比专家评价的结果，以及与专家关注细节的区别，然后再重复评价，体会前后感受差别的原因，也要特别注意专家的评价操作方法。通过反复对比，可以加强对细微特征感受的敏感度。

（5）用更小的单位标定自己的感受

经常体会日常生活中细微的力、振动、声音、颜色、尺寸区别，通过对各种程度细小的反馈感知，来提高感知的敏感程度。如同足球运动员通过颠球的动作来培养球感一样，又如同测量系统一样，可以使用更精准的仪器来标定设备。

（6）用生活中常用的物品来标定评价的感受

如在使用家用的灯具/遥控器/灶台等的开关、按键、旋钮的时候，可以感受其力的大小、力的变化、摩擦力、行程大小、松旷、人机、声音品质等。体会类似的开关可以做到多好、多差。在触摸、观看沙发、衣服、家具的时候，感受不同材质带来的不同的顺滑、柔软、细腻、质感、色彩的高档感、色彩的搭配和谐程度等。

（7）用客观测量来标定感觉的敏感性

对比主观评价感受与客观测量值，并且在客观测量值不同的时候体会主观上的感受是否也会有相应的变化。两者之间很多时候并不是线性关系，此时应仔细体会是由于人体感受阈值变化导致感受不能线性变化，还是受到外界干扰因素影响。当人体感受线性的时候，对应的客观值有时并非线性变化，如旋转力、摩擦力、旋钮尺寸、旋钮厚度、摩擦力等各项参数变化时，感受旋钮手感如何变化。

4. 主观评价注意事项

① 评价之前，需要对车辆进行检查，以确保车辆符合安全驾驶要求，并且状态设定符合设计意图（不同的阶段，设计意图要求的零件状态不同）。

② 在商品性评价之前，需要使全体评价人员清楚车辆的状态，以及根据项目阀点的不同，确定需要评价的属性内容。

③ 参与正式评价的人员需要具有评价资质。

④ 每辆车内 2~3 名评价人员为一组，确保在评价过程中充分交流，避免每个人各自成组，在总结时难以形成统一意见。

⑤ 参与问卷调研的人员需要具备代表性，考虑男女比例、身高、年龄、驾龄、职业、收入等，根据置信度确定人数。问卷设置及调研过程无倾向性。

⑥ 具有动态评价资质的前提是具有驾驶资质。动态评价时对驾驶水平要求很高，需要做出全面的评价动作。不仅能够模拟资深驾驶员操作，而且能够理解并模拟新手、普通驾驶员的操作，在评价过程中需要确保 80% 注意力评价车辆，20% 注意力控制车辆的安全。

⑦ 做动态评价时需要穿软底鞋，使脚部感知更清晰，不能戴手套。

⑧ 由于前后排的区别，NVH、平顺性、座椅等的前后排需要分别评价，也可以根据需要分别打分，通常对于每个评价人员来说，需要前后排轮换。

⑨ 在进行对标评价时，需要确认对比车辆是同样配置，如都是顶配。

⑩ 针对不同的价格、市场定位、车型类别、车型风格，用户的期望会有所不同。因此，同样的产品力在不同的车型上，评价分数和评语可能会有所不同。

⑪ 全属性对标评价时，如果时间充足可以针对所有车辆将某种属性（或每组属性）单独评价，之后再进行其他属性评价。这样的背靠背方式能确保评价在同样的环境（风速、温度等）下进行，同时确保记忆清晰准确。

⑫ 由于路面资源丰富、位置集中，全属性评价通常在试验场进行，以便快速完成。

⑬ 对于新手，不宜单次评价过多属性，以便换车时能够对其他车辆仍然有清晰的记忆。需要针对单一（或同类）的属性评价所有车辆，然后再评价其他属性。评价完一种属性需要及时回顾和总结，在评价完每一辆车的时候都需要记下所有的笔录。

⑭ 单一属性（或单组属性）评价时，场地路线设计需要可以快速完成循环，每人每辆车在进行评价时不宜超过 15min。

⑮ 对标时如果出现评价结果差异，需要考虑较好的评价结果；在进行阀点验收、质量检查时如果出现评价结果差异，需要考虑较差的评价结果。

⑯ 评价方式不同，评价的结果会有很大的区别，如同样转速下，低档位换档冲击比高档位大很多。最终结果判定，需要考虑不同方式在目标用户日常使用场景中的频次。

⑰ 对于不希望发生的问题项，需要关注问题对用户的影响（发生的频次和容易发现的程度）有多大，以及与设定目标和市场竞品相比如何。

⑱ 对于调校类属性，需要了解目标市场用户的特征，据此来设定目标。如车辆主要用户是女性，则转向力务必要轻，甚至比线性度更重要；如果车辆主要用途是商务，则平顺性比操纵稳定性重要得多。

⑲ 当项目最初目标设定未做详细规定，但在开发过程中出现问题时，需要通过对标和问题的严重程度分析对用户的影响。如在 180km/h 时后视镜有严重啸叫声，此时需要分析对于目标市场来说此车速是否重要。

⑳ 当不满足目标时，通过主观评价可以判断如何取舍。如后排侧窗有扰流声音，静音性低于目标，优化设计需要更改车身，成本很高。这时需要通过市场定位、后排的使用频次、对用户的影响程度、问题发生的频次等因素去判断。

㉑ 当过于关注细节的时候，容易影响对整体属性的评价，此时应该重新回顾整体属性所有的子项，以把握细节对整体属性的影响程度。

㉒ 在解决某一个问题时，往往会带来与其他属性之间的冲突，需要具备通盘考虑的能力，使之与其他属性之间能够达到最佳平衡。

㉓ 考虑路噪和平顺性测试路面接近，通常两项可放在一起评价。

㉔ 车辆显示信息尽可能简单易懂，如有可能尽量避免使用文字，所使用的图示尽可能易于理解。

㉕ 操作尽可能简便而不是复杂。

㉖ 与经典设计接近，使用户产生情怀的共鸣。

㉗ 从操作方式到状态显示到提示方式，设计上务必避免产生误解和误操作。

㉘ 反馈简洁、清晰、明了，不拖泥带水，具有及时性。

㉙ 所有的操作和反馈之间有清晰的线性关系，据此可以预判车辆的响应。

㉚ 人们通常喜欢对称，包括输入、输出、视觉观察等。

㉛ 充分考虑用户车辆使用的环境，包括温度、湿度、风、雨、雪、雾、道路、海拔等自然环境。

㉜ 充分考虑用户使用车辆的状态，包括冷机、热机、行驶、怠速等工况。

第2章

行驶动力学

2.1 行驶动力学概述

2.1.1 什么是行驶动力学

VD（Vehicle Dynamic）的中文翻译有很多种，如车辆行驶动力学、车辆动力学、车辆动态等，为了更好地和动力系统性能区分，本书中使用车辆行驶动力学的名称，简称行驶动力学。

行驶动力学性能作为主动安全中最重要的属性，对用户的日常驾驶起着极其重要的作用，好的行驶动力学性能给用户以操控自如的感受，使驾驶更有信心。多年以来就流行着"开宝马，坐奔驰"的说法，就是因为宝马优异的操控性和奔驰出众的平顺性。行驶动力学发展至今，已有八十多年的历史，大量相关的法规、企业标准、客观测试、主观评价、计算分析方法应运而生，引导行驶动力学的开发方向。在其中，主观评价作为必不可少的手段起着重要的作用，相比其他属性，新车开发过程更加离不开经验丰富的工程师，通过主观评价对其性能进行仔细调校。本书中的行驶动力学包括如下内容：平顺性、转向性能、操纵稳定性和制动性能。

目前，中国汽车市场仍处于发展阶段，主要体现在买车的用户仍然以首次购车为主，且每年驾驶员增量依然处于上升态势。由于汽车进入中国家庭时间短，多数驾驶员对汽车性能的了解仍然不够深刻，对行驶动力学的需求并没有欧美市场那样高。但随着汽车行业的发展，用户对行驶动力学的关注度已经在逐年升高，如图 2.1.1 所示，相比 2017 年用户购车考虑的所有因素，2018 年的数据显示，尽管操控性不是用户关注最多的因素，但却是关注量增长数量最多的因素之一。

相比其他属性而言，行驶动力学开发对投入要求并不多，但是对经验和能力的要求很高，对于各车企来说人才的培养尤为重要。

2.1.2 行驶动力学的发展

从国内外汽车行业的发展来看，行驶动力学的发展可以分为几个阶段。

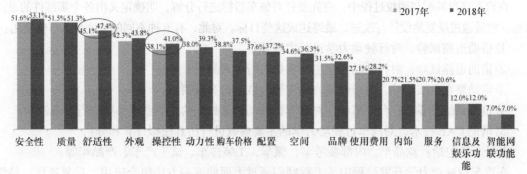

图 2.1.1　用户购车考虑因素（一级指标）（年度对比）

第一阶段，车辆能够上路行驶，行驶动力学考虑很少，或无法提出合理要求，项目开发过程中，行驶动力学属性通常被置于次要位置。

第二阶段，消除车辆的行驶动力学的问题，例如轮胎异常磨损、冲击甩尾、方向盘冲击打手、正常行驶跑偏、高速抖动、制动效能差、ABS 作用过早或过晚等。

第三阶段，在第二阶段的基础上，提供一定的驾驶品质，如精准的转向、稳定的高速行驶、舒适的冲击吸收和快速建立的初始制动。

第四阶段，在第三阶段的基础上设计行驶动力学，根据用户群需求及车辆市场定位，定制不同车的行驶动力学特性。行驶动力学的整体表现有着完整的开发目标，具体的开发工作贯穿于车型概念开发阶段直到试制结束。

目前，在中国车企中，行驶动力学的正向开发能力普遍不足，尚属于建立能力阶段，通常处于第一和第二阶段，第一梯队的车企开始向第三阶段逐步发展。

2.1.3　行驶动力学评价需要的基础知识

行驶动力学是一门理论、实践相结合的学问，二者缺一不可，主要的理论基础包括运动学、动力学、振动等。行驶动力学与底盘架构、硬点强相关（图 2.1.2），这些都在项目开发前期确定，一旦确定后，动力学性能的边界也就定了。在平台开发早期，主观评价协助完成目标设定，工程师可以将目标设定与整车轴距、轮距、重量分布、底盘架构、硬点等的关联性进行深入分析及多轮计算，并最终确定要求，然后通过成本分析及预算来锁定设计方案。

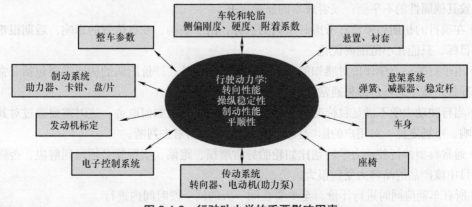

图 2.1.2　行驶动力学的重要影响因素

在汽车底盘匹配与调校过程中，首先要针对整车目标进行分解，明确定义出各个零部件的设计目标，然后通过反复地设计与改进，最终达成这些目标。对此，有五种不同的验证形式可供使用：

① 借助道路试验，对行驶动力学进行主观评价。

② 借助道路试验，对行驶动力学主要参数进行客观测量。

③ 借助整车台架试验，对行驶动力学主要参数进行客观测量。

④ 借助系统、零部件台架试验，对汽车行驶动力学相关的主要系统参数进行客观测量。

⑤ 借助 CAE 技术，对汽车行驶动力学的主要参数进行仿真模拟计算和分析。

此处车辆包括：竞品车、内部参考车、骡车、工装样车、试生产车、产品车等。

在汽车行驶动力学开发过程中，工程师们通过上面的五种方法组合应用、反复迭代，最终制订出能够满足新产品要求的设计方案。在设计方案的基础上制造出样车，通过主观评价与客观测试验证之前的模型并进一步优化设计参数，最终使车辆行驶动力学性能达到设计目标。

主观评价属于传统的底盘性能调校、验收方法，行驶动力学性能开发的签收都必须包括主观评价结果。在主观评价时，注意力主要放在车辆的表现上，而此时的操作往往异于日常驾驶，对驾驶技术要求很高，因此评价方法训练的前提是驾驶技术达到很高的水平。很多公司会制订相应的驾驶技术准入要求。除了驾驶技术外，动力学理论基础也是行驶动力学主观评价的重要前提，否则难以深入地理解相关评价指标的意义并应用于车型开发中。

主观评价从用户角度出发感知车辆性能，无需试验设备的支持；高水平的评价工程师能够察觉整个评价过程中的微小反馈，而客观测量整个过程中的每个点参数则难度很大；主观评价工况可以快速自由组合设计，工作效率高。所以，主观评价依旧是行驶动力学最有效的验证方法。客观测试与计算分析至今仍然无法对汽车行驶动力学进行全面的评价，但是已经成为主观评价的重要补充。

2.1.4　行驶动力学主观评价注意事项

在进行行驶动力学优化及问题分析时，需要注意的是：

① 中国市场用户的需求是什么。针对不同定位的汽车，行驶动力学的需求是不同的，定位为家用、商务型汽车，则更多的重心放在舒适性方面，对精准操控和车辆的极限性能要求不高；定位为运动型汽车的，则反之。

② 目标设定及开发过程中，需要关注主要竞品的表现，以及本品的定位。过度设计开发可能会导致其他属性的不平衡，或者成本的显著提升。

③ 在项目的初期如果没有考虑好车辆的目标，由于结构、硬点位置的影响，后期很难更改既定的目标，只能在小范围内优化。

④ 由于行驶动力学评价对感知的要求非常精准和敏感，评价团队的构成需要包括非常有经验的工程师，新手的评价结果通常只作为参考。

⑤ 当行驶动力学不满足目标时，通过主观评价可以判断如何取舍。这时需要通过对其他属性的影响、市场定位、对用户的影响程度、成本增加等因素去判断。

⑥ 通常典型的行驶动力学问题比如轮胎异常磨损、跑偏、摆振等必须得到解决，否则会使用户心目中该产品的品牌力受到很大的负面影响。

⑦ 所有车辆应同时进行评价，至少要在同一天的同一段时间内进行。

⑧ 评价时需要同样的路线，确保风向相同。

⑨ 评价路面是影响平顺性的关键因素，必须保证评价车辆行驶在同一条路线的同一侧车道。

⑩ 车辆没有加装售后零件，如大尺寸轮胎等。

⑪ 载荷、胎压、路面条件、天气对行驶动力学的影响较大，在策划主观评价活动时应该充分考虑。

⑫ 对于平顺性评价，前后排评价都很重要，驾驶员和后排乘客需要轮换，以便同一个人从两个不同的位置给出综合的评价。

⑬ 评价中发现的问题和优点必须标识详细的工况、路面和气候条件。

2.2　平顺性

2.2.1　概述

平顺性是指控制汽车在行驶过程中所产生的使人感到不舒适、疲劳甚至损害健康，或使货物损坏的振动和冲击不超过允许界限的性能。由于平顺性主要是根据乘员的舒适度来评价，很多人又将其放入乘坐舒适性范畴内。用户对平顺性的期望主要包括：汽车行驶时对不平路面的隔振特性，以及在不平路面行驶时对车身运动的控制能力。本节中的评价重点围绕这两个方面进行。

国际标准（ISO2631）对人体承受的振动加速度划出三种不同的感觉界限：

（1）暴露极限

振动加速度在这个极限以下，人能保持健康或安全，这个极限作为能够承受的上限。

（2）疲劳降低工作效率界限

振动加速度在这个界限以下，能保证驾驶员正常地驾驶车辆，不会太疲劳或使工作效率降低。

（3）舒适降低界限

振动加速度在此界限内，能在车上进行吃、读、写等动作，超过此界限会降低舒适性。

平顺性涉及的振动如图 2.2.1 和表 2.2.1 所示，通过这两个图表可知，人体对通过座垫感受到的振动最为敏感。

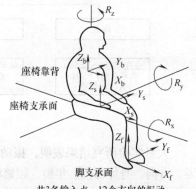

共3各输入点，12个方向的振动

图 2.2.1　人体坐姿受振模型

表 2.2.1　频率加权函数和轴加权系数

位置	坐标轴名称	频率加权函数	轴加权系数
座椅支承面	X_s	Wd	1.00
	Y_s	Wd	1.00
	Z_s	Wk	1.00
	R_x	We	0.63
	R_y	We	0.40
	R_z	We	0.20

（续）

位置	坐标轴名称	频率加权函数	轴加权系数
座椅靠背	X_b	Wc	0.80
	Y_b	Wd	0.50
	Z_b	Wd	0.40
脚支承面	X_f	Wk	0.25
	Y_f	Wk	0.25
	Z_f	Wk	0.40

如图 2.2.2 所示，人体是一个复杂的振动系统，大量的试验资料表明，人体包括心脏、胃部在内的胸腹系统，在垂直方向 4～8Hz、水平方向 1～2Hz 范围内会出现明显的共振，这是人体对振动最敏感的频率范围。垂直方向 8～12.5Hz 频率范围，对人体的脊椎系统影响很大。人体感受舒适的时候，车身振动的固有频率应为人体步行时的频率，此时身体上下运动的频率约为 60～80 次/min（1～1.6Hz），振动加速度的值应低于 0.2～0.3g。

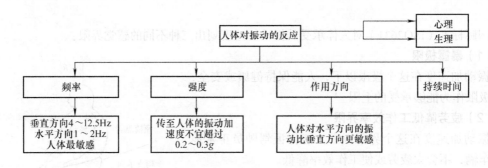

图 2.2.2　人体对振动的敏感区间

大量实验研究结果表明，振动阈值的个体间差异较大，与振动强度、频率、持续时间、坐姿、方向、身体部位、年龄、频繁程度、环境噪声、环境温度、环境湿度相关。因此评价人员、评价路面、评价方法需要尽可能贴近用户的实际使用情况。

对于一个完整的平顺性的评价，应该考虑所有典型的路面，而该路面应该与产品销售地区的路面情况相吻合。通常评价的时候，我们至少考虑如图 2.2.3 所示的四种典型的路面情况，其中的第三种、第四种可以有很多种形式。这四种典型路面的特征分别如下：

① 平滑路面：表面平整，且光滑的路面，如新修的高速公路。

② 粗糙路面：表面平整，但粗糙的路面，如没有铺最后一层的柏油马路。通常在使用时间比较长、磨损比较大，但没有坑洼的柏油马路上可以看到。

③ 破损路面：表面不平整，且粗糙的路面，如长期被货车碾压损坏的路面。此种路面遍布坑洼，车辆可以以一定车速行驶，属于需要返修的马路类型。

④ 冲击路面：带来严重冲击的路面，主要包括公路上各种规格的减速带，以及非常严重的破损路面。其中非常严重的破损路面上的深坑，会引发严重的冲击，使车辆无法连续匀速地通过多个同样程度的破损路面。

平滑路面　　　粗糙路面　　　破损路面　　　冲击路面

图 2.2.3　典型平顺性评价路面的特征

悬架是对平顺性影响最大的系统，它包括弹簧、减振器、衬套等弹性元件，这些弹性元件与车轮总成可缓和不平路面对汽车的冲击，同时影响车身姿态的控制。这些弹性元件的参数匹配是平顺性调校中的重点工作，任何参数改变都应该通过主观评价确认效果。

不同类型的车辆，对平顺性的要求不同。偏好操控性的车辆，对车辆的控制会有很高的要求，而对振动隔离要求会降低。偏好舒适性的车辆，则要求会相反。对于同样类型车型，相比西方用户，中国用户期望更好的振动隔离，主要体现在：

① 破损路面、冲击路面冲击小，振动隔离、吸收好。

② 通过接缝、石子、路面纹理不应该有明显感觉。

2.2.2　用户对平顺性常见的评语

评语 1　"坐奔驰、开宝马"，舒适性也无需多讲啦。细小振动没有什么感觉，都是在城里开的，还未上高速。

评语 2　悬架偏硬，跑高速很舒适，但是过减速带、坑洼路面时，有点不舒服。板车悬架真心受不了，有很多车友都说这车悬架非常硬，过不平路面的颠簸感非常强，甚至有网友说过减速带都受不了。

评语 3　整体偏硬，不会像沙发那样柔软，过减速带还是有明显的颠簸感，但是没有任何多余的晃动，没有左右的晃动，就是非常干脆的一下就过去了，我个人是喜欢这种感觉的。

评语 4　新车、气温 20℃，起伏路面行驶时晃得不行、不颠不吵无异响，就是单纯的晃，像个船一样的，正常吗，大家都这样么？车是 1.4T 三厢运动型。

评语 5　A3 的底盘调校也不适合走非铺装路面！感觉很难受！每次走烂路底盘颠得厉害，感觉车子要散架！但走铺装路面的时候就没啥问题！

2.2.3　评价方法

1. 车身控制

路面起伏会引起车辆悬架的低频运动，车身控制是评价在此种工况下，整个车的运动控制如何。当行驶在起伏的路面上，我们可以观察到前方车辆会有起伏运动。同理我们评价的车辆也有这样的起伏运动，这就是车身运动。当路面平整时，车辆不会有明显的车身运动，因此通常在起伏不平的路面上进行车身运动评价，比如山路等。在进行车身控制的评价时，我们可以用眼睛观察车身的运动幅度，用身体感受车身运动幅度和突然性。通常运动型汽车的车身运动幅度小、控制强，舒适型汽车的车身运动幅度大、控制弱。车身运动评价过程关注：

① 车身运动的幅度。

② 车身运动的方向，包括：上下、左右、前后、俯仰、横摆。

③ 车身运动的速率、突然性、前后平衡性。

流畅是车身运动的理想状态，一般用前后悬架的偏频来控制（通常 1.1～1.6Hz），考虑人体内脏器官的舒适性要求，不理想的车身运动通常发生在 3～5Hz 区域，这也是车辆设计中需要规避、评价过程中需要关注的问题。

在一次评价过程中，路面的选取既要包括随机的波形，即各种不相同的路面波形，也要包括连续的相同波形的路面，如图 2.2.4 和图 2.2.5 所示。

图 2.2.4 连续波形的起伏路面 　　　　　　　　图 2.2.5 连续波形示意图

（1）车身运动控制

考虑路面造成的车身垂直方向的运动量和特征，包括压缩和回弹的过程。从下面各项指标的幅度、变化速率、阻尼、可预期性等方面考虑：

① 运动行程如何，大小是否合适。行程过小则用户感受频繁振动，且振动较大；行程过大则车辆与路面贴合性差。行程大小不是独立的要素，往往和弹簧频率、减振器阻尼、重心变化等关联，因此评价行程也需要同步关注下面其他的车身控制要素。

② 悬架压缩、回弹过程是否过快或过慢，起伏的速率是否适中，这个过程是平滑还是有波动，速率的突变会使乘员感受作用力。

③ 车身运动过程乘员的感受如何，变化过程是否符合预期，是否有突变。

④ 车身运动的滞后响应如何。

⑤ 车辆是否与路面贴合良好，车轮悬空时间是否过长。

⑥ 车辆在起伏路上，感受悬架系统是否容易回弹到极限位置。

⑦ 车辆在起伏路上，感受悬架系统是否容易压缩到极限位置。

⑧ 车身是否会像船一样方向容易变化。

当在各种不同类型路面驾驶时，用户期望车辆与路面很好贴合，路面的反馈始终比较清晰，容易判断车辆的位置和状态，不会有车辆像船一样、方向难以预判的感觉。

如果车辆与路面的相对运动小，驾驶员有车辆贴紧路面的感受，即所谓的复制路面（Road-Follow）。但是，这样也会由于行程短而减少缓冲，人体感受更多的冲击，且冲击的幅度比较大，影响舒适度。如果阻尼力值低，车身会像船一样方向容易变化，车身控制能力差，在上下起伏的过程中人体运动的幅度也会加大。

（2）车身运动平衡

在评价车身控制的时候，也要考虑车身控制的平衡，包括侧倾方向、前后轴区别、姿态控制等各项指标：

① 感觉前轴或后轴的运动是否平衡？上下运动是否同步，包括幅度、变化速率、可预期性等，如图 2.2.6 所示。

② 运动过程是否引起俯仰现象？当在起伏路面出现俯仰的现象时，往往在山路行驶、制动、急加速等工况时，也可能会出现俯仰现象，此种情况在悬架调校偏软的车型上容易发现，如图 2.2.6 所示。

③ 侧向力是否会导致横摆控制不好？注意此时的横摆不是由于转向输入造成的，而是由于不平路面输入造成的，如图 2.2.6 所示。

④ 当路面不平时，汽车侧倾运动是否控制得好？侧倾幅度是否很大，侧倾变化是否过快，如图 2.2.6 所示。

⑤ 是否有车身对角的不平衡俯仰、跳动，如图 2.2.7 所示。

汽车在前后、上下、左右方向运动时不平衡，会产生过大的、不一致的位移和力，因此导致人体某个方向的受力过大，导致舒适性变差。

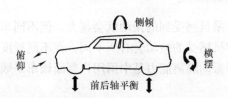

图 2.2.6　车身运动平衡各项指标

图 2.2.7　车身对角运动不平衡

（3）车身运动舒适性

① 上述（1）、（2）中的各项指标在运动过程中的突然性如何？是平稳过渡且乘员可以预期还是很突然？当车身运动变化很突然时，会导致乘员感觉身体运动变化过快并引发不舒适感，甚至晕车。

② 感受运动的频率是否处于人体舒适的范围。

③ 侧向运动的幅度如何？在各种路面行驶时，尤其是破损路面、高低不平的路面时，乘员感受的侧向运动的幅度如何。侧向运动的突然性如何？根据前文介绍，相比垂直方向的振动，人体对横向的振动更加敏感，如图 2.2.8 所示。

④ 悬架压缩到底的冲击幅度、噪声和频次如何。

⑤ 悬架拉伸到顶的冲击幅度、噪声和频次如何。

图 2.2.8　人体感受的侧向运动

2. 振动隔离

评价由路面输入引起，通过地板、座椅、方向盘等传递，并被驾乘人员感受到的振动。根据振动的类型，分为小的路面输入引起的振动（Rolling Feel）、不规则的振动（Choppiness）、固定频率的振动（Shake）、冲击（Impact）。

可以将任何一个振动噪声系统按"振动源 - 路径 - 接受者"模型来表示，在平顺性中也可以称为"输入 - 振动系统 - 输出"模型，如图 2.2.9 所示。"输入"是由汽车以一定的车速驶过不平路面引起的振动，这个输入（振动）经过由轮胎、悬架、车身、座椅等弹性阻尼元件和悬架质量、非悬架质量构成的振动系统，衰减（或放大）之后，传递到人体，振动加速度就是"输出"的物理量。根据人体对振动的反应，即乘员的舒适程度，来评价汽车的平顺性。

图 2.2.9　平顺性振动模型

通常，同一辆车行驶的路面越不平整的时候，乘员感到的振动就会越大，但不同车辆行驶在同样路面上时，由于振动隔离能力的不同，乘员感受的振动会有所不同。在不同程度的破损路面输入下，车辆对振动的吸收、削弱能力，即振动隔离能力是中国用户判断该车平顺性的主要依据之一。

（1）小的路面输入引起的振动

当平整的路面有细微的特征如纹理、接缝、石子（图 2.2.10 ～ 图 2.2.13）等时，需判断汽车是传递清晰的振动感觉给乘客，还是吸收了振动冲击，感觉好像行驶在光滑得像玻璃的路面（Plushness）上。振动越小，平顺性表现越好。

图 2.2.10　路面纹理

图 2.2.11　水泥路面接缝

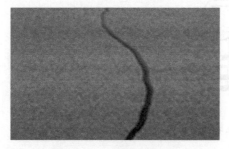

图 2.2.12　沥青路面接缝

图 2.2.13　路面轻微破损

当出现较差的体验时，能够清晰地感受到路面的输入，每一个路面纹理、石子都能清晰地被驾驶员感知到，甚至会感觉路面的细微特征被放大了，人体感受到比预期更大的振动。当有较好的体验时，则人体不容易发现路面的输入，比如经过路面接缝时身体没有感觉到任何明显的振动，同时也听不到声音。

评价时通过手、脚、躯干等部位，通过接触和非接触的方式感知方向盘、地板、座椅等的振动，评价振动大小是否在合理的范围内。

作为运动车型定位的汽车，用户可以接受感受到一定的路面特征。作为商务车、豪华车定位的汽车，用户期望完全感受不到路面特征，所有的细小振动输入都应被吸收和隔离。作为家用汽车，用户也会期望所有的细小振动输入都能被吸收和隔离，但由于开发成本的原因，通常难以做到，需要更多地和同级竞品比较之后设定。

此种路面在用户日常驾驶时频繁遇到，因此各车企都会投入很多时间针对此工况进行调校。

（2）破损路面振动

破损路面振动主要是车体传递给乘员的连续不规则的俯仰、弹跳和振动等，即 Choppiness，这些相对于车身运动而言属于小振幅、高频率，一般在 3.5Hz 以上。此时，肉眼无法观察到车身的运动，但是可以通过座椅、方向盘、地板等清晰地感受振动传递。

当车辆对振动的吸收能力强时，乘员感受到的振动较小，振动会被缓冲、吸收，最终感受到的振动会更圆润而不是直接迅速地作用在人体上。通过一些改善措施，比如对衬套、悬置、减振器等的刚度、阻尼进行优化，可以提高吸收、削弱振动冲击，改善乘员的乘坐舒适性。

在一次评价过程中，路面的选取既要包括随机的路面输入（即同一条路面上不同位置的破损程度不同，如图 2.2.14 所示），也要包括连续的相同路面输入（即同一条路面上各处的破损程度接近，如图 2.2.15 所示，客观测试结果如图 2.2.16 所示）。在下面的共振评价中同样如此。

图 2.2.14　随机破损路面　　　图 2.2.15　连续破损路面　　　图 2.2.16　破损路面振动

（3）破损路面共振

当车辆行驶在破损路面上时，由于路面激励引起汽车系统（比如悬置上的发动机等）在临界车速附近的共振，即 Shake，如图 2.2.17 所示。此种共振发生在特定路面输入、特定车速的情况下。当没有共振时，此时的振动被认为是 Choppiness，即破损路面的振动。共振发生在临界车速，在一定的范围内改变车速则会马上影响共振强度。而振动（Choppiness）强度则不会因为车速改变而出现明显的变化。

共振是一种固定频率的振动，评价时通过方向盘、地板、座椅等感知。评价共振应考虑最大振动强度，以及出现最大振动时的车速，最大振动强度越小越好，出现时的车速越不常用越好，因此需要考虑车型的使用工况。

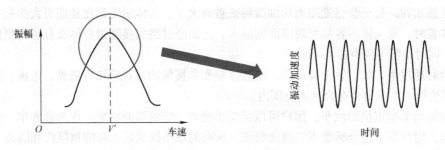

图 2.2.17　破损路面共振

（4）大的冲击

当经过大的冲击如减速带、严重破损路面等时，理想状态下车辆的振动应该是垂直的，且乘员感受不到强烈的冲击。大的冲击时汽车吸收、隔离路面冲击的能力，也是中国用户判断平顺性的一个重要依据。

减速带包括国家标准的驼峰式减速带、道钉减速带、水泥台减速带、热塑振动减速带、非标准的水泥减速带等，其他大的冲击包括严重破损路面、铁轨／角铁路、大的路桥接缝等典型路面。严重破损路面不仅表面破损、不平整，且坑洼较大，车辆行驶时冲击很大。减速带和严重破损路面等如图 2.2.18～图 2.2.25 所示。

大的冲击评价受车辆行驶速度和路面条件影响很大，评价时需要保持评价过程中条件的一致性，评价时考虑：

① 汽车平顺地吸收了冲击，还是感觉冲击很大。

② 冲击是否会导致车身垂直方向的运动很突然。

③ 冲击之后，弹跳的幅度如何。

④ 是否感受到了垂直方向以外的振动。

⑤ 是否会导致车身运动的不平衡。

⑥ 冲击是否带来很好的有整体感的声音品质（比如圆润且厚重的冲击声），而不是松散的声音。

⑦ 冲击之后，是否会产生一个或多个噪声（听觉）。

⑧ 冲击之后，是否仍然还能持续感受到余振，考虑一下它的振幅和衰减。

图 2.2.18　驼峰式减速带　图 2.2.19　道钉减速带　图 2.2.20　水泥台减速带　图 2.2.21　热塑振动减速带

图 2.2.22　水泥减速带　图 2.2.23　严重破损路面　图 2.2.24　铁轨　图 2.2.25　路桥接缝

2.2.4　平顺性评价项目、操作方法及路面

1. 平顺性评价项目

平顺性评价项目见表 2.2.2。

表 2.2.2　平顺性评价项目

项目	分数	备注
平顺性整体性能		
车身控制		
车身运动控制		车身弹跳、压缩、延迟的幅度、速率、滞后、路面贴合
车身运动平衡		前后轴平衡、俯仰、侧倾、对角起伏
车身运动舒适性		车身运动突然性、横向运动幅度和突然性
振动隔离		
小的路面输入振动		共振、路感（接缝/纹理/石子）等吸收
破损路面振动		振动的缓冲、吸收
破损路面共振		破损路面激励引发的共振
大的冲击		减速带等引起的冲击、噪声、连续振动的强度、突然性、收敛性、车身控制

2. 评价操作方法

1）在起伏路上，通常为试验场的长波路或其他类型的起伏路，以 60km/h 的车速匀速行驶，评价车身控制（路面贴合、弹跳、压缩、延迟的幅度、速率、滞后）、车身平衡（前后轴平衡、俯仰、侧倾、对角起伏）、车身运动舒适性（突然性、头部晃动）。

2）在高低起伏的山路上行驶，评价与1）同样的内容。

3）在平直但是表面有清晰纹理的路面上以80km/h的车速匀速行驶，评价小输入路面的振动吸收能力。

4）在平直但是表面有接缝的路面上以80km/h的车速匀速行驶，评价小输入路面的振动吸收能力。

5）在小冲击幅度的比利时路上以40km/h车速匀速行驶，评价振动大小、吸收能力、是否有共振。

6）在各种典型破损路面上行驶，评价振动大小、吸收能力、是否有共振。选择国内典型的破损道路，至少包括柏油和水泥两种路面，车速根据路面的破损程度确定。

7）以20km/h、30km/h的车速匀速通过减速带，评价此时的冲击、噪声、连续振动的强度、突然性、收敛性和车身控制。

8）以50km/h的车速匀速通过大的接缝路面，评价此时的冲击、噪声、连续振动的强度、突然性、收敛性。

9）以50km/h的车速匀速通过大的铁轨路面，评价此时的冲击、噪声、连续振动的强度和突然性、收敛性。

评价注意事项：

① 评价操作方法中的路面和车速是典型工况，在实际评价中可以根据路面资源和评价工况拓展评价方法。

② 考虑记忆的时效性，平顺性评价需要背靠背进行。

③ 行驶路面必须保持完全相同，不只是同侧道路，而且是同一条路线的相同位置。

④ 每种路面的长度不少于100m，以确保评价的可重复性和体会的时间。

⑤ 路面的选择必须接近普通公路的路谱，不是振动越大越好。

⑥ 评价时的车速必须保持严格的一致，车速始终保持匀速，避免因为加减速而造成影响。

⑦ 评价人员可以不驾驶车辆，车内每个乘员都是评价人员。

⑧ 前后排需要分别评价，体验前后排的区别并且分别打分。

⑨ 考虑载荷变化的影响，如半载、满载的区别。

⑩ 评价结果需要真实地反应实际水平，不应该受到其他因素影响，比如油耗要求低滚阻轮胎、操纵稳定性要求轮胎刚度等，会导致平顺性下降，但是评价结果不应该体现权衡的结果。权衡取舍是针对现有主观评价结果，以及更多信息分析之后，由管理层决策的下一步措施。

3. 评价路面

由于路面类型多、重复性好，试验场是平顺性调校和评价最重要的场地。在试验场可以快速进行参数调整 → 评价 → 参数调整的循环过程，且主客观试验可以结合起来对比结果。除此之外，社会道路符合用户实际使用路况，也可以在合适的社会公共道路上进行背靠背的、比较性的主观评价工作。由于社会路面的破损是渐进的过程，且路面维护存在不可预期性，不适合进行客观测试。典型的平顺性评价路面如图2.2.26所示。

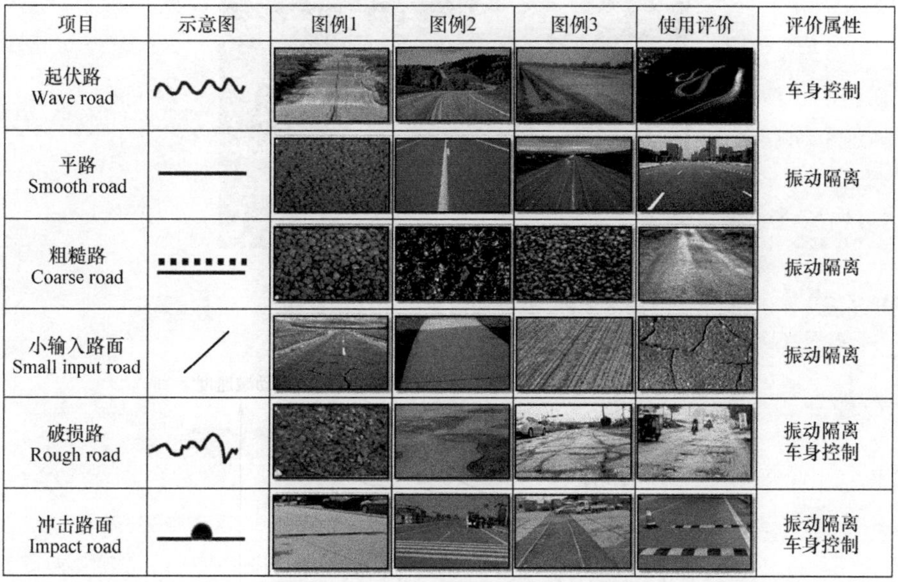

项目	示意图	图例1	图例2	图例3	使用评价	评价属性
起伏路 Wave road						车身控制
平路 Smooth road						振动隔离
粗糙路 Coarse road						振动隔离
小输入路面 Small input road						振动隔离
破损路 Rough road						振动隔离 车身控制
冲击路面 Impact road						振动隔离 车身控制

图 2.2.26　典型的平顺性评价路面

2.3 制动性能

2.3.1 概述

十次事故九次快，车速过快往往是发生事故的最主要原因。随着路况变化，驾驶员需要通过制动系统实现停车、减速让行、降低巡航车速等。制动系统的作用就是能够使车辆尽快降低车速，规避风险。它是主动安全中的关键属性。

传统汽车利用发动机进气歧管与外界大气压力差产生制动助力，并通过液压管路传递到每个车轮制动卡钳的活塞上，活塞驱动制动卡钳夹紧制动盘从而产生摩擦力使汽车减速。制动力产生受真空压力差、摩擦系数的影响，因此制动评价也需要考虑不同的海拔、水衰退、热衰退等工况。

制动性能调校上，有侧重性能（制动减速度建立相对更快）和侧重舒适（制动减速度建立相对更慢）两种风格。侧重性能制动会导致轻度制动时制动减速度建立过快，在中国城市交通拥挤，频繁启停的时候容易导致乘员前后耸动而不舒适，侧重舒适型制动风格更符合中国市场的用户喜好。

在车辆开发过程中，经常会遇到制动的客观测试结果很好，但是主观评价结果比较差。有两个典型的原因，一是制动客观测试在最大制动减速度时进行，而用户平时体会最多的是轻度制动和中度制动，此时的制动效果会截然不同；二是客观测试关注制动距离，用户评价还会关注整个制动过程的脚感、制动减速度的不平滑、不线性等。通常的制动客观测试和主观评价不一致现象如图 2.3.1 和图 2.3.2 所示。

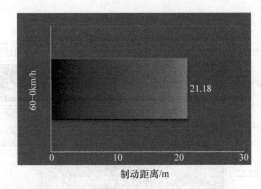

图 2.3.1 制动距离客观测试满足要求

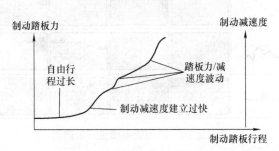

图 2.3.2 制动主观评价较差

用户期望制动安全、可控,主要体现在:

① 重度制动、紧急制动停车距离短,轻度、中度制动减速能力符合预期。

② 制动过程不会导致方向跑偏、制动减速度不足、抖动、异响等问题。

③ 恶劣条件下,包括热衰退、水衰退、单管路失效等,保持良好的制动性能。

④ 制动过程中制动踏板力、制动踏板行程、制动减速度线性可预判。

⑤ 空行程小。

2.3.2 用户对制动性能常见的评语

评语 1 停车 3~4h,或早晨准备启动车子的时候,尤其是冬天制动踏板死活踩不下去,感觉像卡住了。但一键启动后,车子制动踏板开始松软。

评语 2 最近,发现踩制动踏板变软还带有莫名的异响声,刚开始没太在意,心想人无完人车无完车,有点小问题也很正常,这小问题我基本上都没放在心里。没想到现在问题越来越严重。

评语 3 新车车速 100km/h,发现踩制动踏板时总能听到明显的"咔咔"响声,问题一直都存在。

评语 4 我的车制动有点肉,检查说制动片不用换,怎么样才能解决这个问题?

评语 5 车子正常驶入地库,在坡后遇到一个转弯,当时速度有点快,准备轻点制动减速,没想到制动踏板踩下去的时候一点反应都没有。这时我右前 60m 有辆小汽车掉头,我发现以后赶紧把脚放制动踏板上,这时我就感觉刹不住了,车子慢下来了,但停不住车,弹脚,并且踩得越有劲,弹得也越厉害,而且还伴有打齿轮声。

评语 6　制动时脚感挺重，制动踏板比较高，长时间走走停停脚腕会觉得有些累。

2.3.3　评价方法

制动感受与制动方式有很大的关系，轻重程度不同的制动会带来不同的制动感受。制动方式可以根据用户体验的制动减速度大小，分为轻度、中度和重度制动三种形式。

（1）轻度制动

它是指减速度很小的制动，制动减速度从 $0.1g$ 到 $0.3g$，也是中度制动和重度制动的初始步骤。轻度制动过程模拟车速不快、制动减速度轻、预判性好可提前制动的场景，此时制动感受轻缓。常见的场景是城市中跟车、频繁起步、红灯停车、停车入位等。轻度制动的评价应该在平坦路面，如果是手动档，在操纵过程中，需要踩下离合器（规避发动机制动的影响）。轻度制动时身体不应该有明显的减速度感受。

（2）中度制动

中度制动是指在轻度制动之后，到达重度制动之前的制动区间，减速度在 $0.3g$ 到 $0.6g$ 范围内。中度制动模拟在城郊、高速等车速较快或者遇到较紧急的路况需要快速减速时的制动性能。通常中度制动时会感受到身体的前倾。

（3）重度制动

重度制动是指减速度在 $0.6g$ 以上直至车轮抱死之前的制动。此时的制动是模拟紧急情况下的减速场景，评价制动距离能够给驾驶员带来多大的信心。重度制动时会感觉身体突然前倾。

评价人员可以借助仪器设备测试各种不同制动时的减速度，并与身体感受建立关联，使主观评价人员可以精确地感受不同的制动减速度。

1. 踏板感

踏板感是指在制动过程中驾驶员操纵踏板时的感受，从轻度制动到重度制动的制动范围内，在踏板踩下的过程中，驾驶员能够感受到的减速度、踏板力、踏板行程之间的关系，是否会带来安全感和车辆受控的感受。用户对踏板感的感知主要来自于日常驾驶工况，而日常驾驶中以轻度、中度制动为主，因此开发、评价需要特别关注轻度、中度制动。几种典型的制动响应曲线如图 2.3.3 所示。

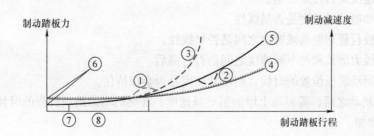

图 2.3.3　制动响应曲线

① 踏板力或减速度突然增大　② 踏板力或减速度突然降低　③ 踏板力或减速度呈线性，但是增加过快
④ 踏板力或减速度呈线性，但是增长缓慢　⑤ 踏板力和减速度合适的制动响应曲线
⑥ 踏板预载荷　⑦ 踏板力空行程　⑧ 踏板空行程

（1）踏板空行程（自由行程）

在能感受到制动减速度之前，踩下制动踏板的行程，此行程为踏板空行程。在评价时，保持固定车速匀速行驶，轻踩制动踏板，在感受到车辆开始减速之前的踏板范围，就是踏板空行程。考虑驾驶员的响应时间和安全，训练时车速通常较低，如 30km/h。

制动踏板空行程过长，会导致制动响应慢，需要保持更长的跟车距离，且容易被加塞，同时开车的时候驾驶员会更紧张；制动踏板空行程过短，则制动响应过于灵敏。轻度制动时踏板空行程对用户的日常驾驶影响很大。目前常见的问题是制动空行程过大而不是过小。

（2）踏板预载荷

在刚开始踩下制动踏板时，尽管此时仍然处于踏板空行程，制动系统没有开始工作，仍然会感受到制动踏板的反馈力。此时感受到的力为踏板预载荷，相当于制动系统的触发力，超过触发力之后制动踏板才开始移动。没有预载荷或者预载荷过小，会使踏板感觉软塌塌；预载荷过大则驾驶员容易疲劳，且不容易精确控制轻度制动。

（3）踏板力空行程

在能感受到制动踏板预载荷增加之前，踩下制动踏板的行程有多少，此行程就是踏板力空行程。在评价时，保持固定车速匀速行驶，轻踩制动踏板，在感受到制动踏板力增加之前的踏板行程范围，就是踏板力空行程。注意，在踏板力增加之前，有踏板预载荷但保持不变，此种情况依然属于踏板力空行程。

踏板力空行程和踏板空行程，以及它们的相互关系都会对制动感觉产生较大的影响。如同所有的开关、旋钮、按键等操作件，力的反馈之后才是功能的激活，所以制动踏板空行程应该大于踏板力空行程。

（4）响应变化

在踏板空行程之后，制动系统开始建立制动减速度。评价此过程制动减速度的建立是否灵敏、平稳和可预判，减速度是否有明显延迟、是否有一个突然增加/减少的减速或者减速度不足。

在不同车速下，分别以轻度、中度和重度减速度制动，在踩下制动踏板的过程中，评价制动减速度响应：

① 制动减速度是否适当，是否过大或者过小。制动减速度建立过快，则乘员会感受更多的前后耸动，难以控制车辆的平稳移动；制动减速度建立过慢，则制动距离变长，驾驶员缺少安全感。

② 制动减速度是否可以预期。

③ 踏板力和制动减速度是否呈线性。

④ 制动踏板行程和制动减速度之间是否呈线性。

⑤ 制动踏板力增长和汽车减速度之间是否有滞后。

⑥ 当保持制动踏板位置的时候，制动减速度是否会保持住。

⑦ 当开始制动之后，需要马上增加制动减速度，在突然增加踏板行程的时候，制动减速度是否也会随着增加。

⑧ 当连续制动时，制动减速度是否能够保持。

⑨ 制动踏板行程是否过长或者过短。

⑩ 以更低的制动减速度，在停车入库和移库的过程中，制动踏板力、制动减速度是否会衰退，尤其是在多次制动之后。需要考虑不同的大气压力。

（5）踏板力变化

在踏板力空行程之后，随着继续制动，踏板力和踏板行程之间的关系是否平顺。在固定的车速下，分别以轻度、中度和重度减速度制动，在踩下制动踏板的过程中，评价制动踏板力变化：

① 整个制动过程中，制动踏板力大小是否合适。

② 制动踏板力曲线是否平滑，在制动过程中是否有踏板硬、踏板软、踏板力突然增加、踏板力突然下降等情况。

③ 踏板行程和踏板力之间是否呈线性，整个过程是否可以预期。

④ 踏板力和制动减速度是否呈线性，整个过程是否可以预期。

⑤ 当连续制动时，制动踏板力是否会增加过多。

⑥ 当保持制动踏板位置的时候，制动踏板力是否会变化。

（6）制动调整

在制动过程中，往往需要平稳停车，用户期望安全的制动距离，同时也期望整个制动过程平稳可控，如图 2.3.4 所示。制动时车身"点头"过多，会使用户感受不舒适。当保持踏板位置不变时无法平稳停车，因此在制动过程中，需要调整制动踏板以调整制动减速度，确保实现平稳停车，这称为制动调整。本段内容评价在调整制动踏板时车辆可以实现平稳停车的能力。

图 2.3.4　制动调整评价在短距离内平稳停车的能力

评价时分别在 50km/h 和 80km/h 的车速下，在制动过程中不断调整制动踏板，使车辆在给定的短距离内，分别以最大不超过 0.3g 和 0.6g 的减速度平稳停下来，在 0.3g 和 0.6g 下分别评价用户轻度和中度制动过程中的控制能力。此过程需要充分发挥制动力，因此需要大的制动减速度，而为了提高平稳性减少重心变化，驾驶员需要不断地调整制动减速度使之平稳过渡。此段评价内容，评价驾驶员能否很容易精准地控制制动踏板行程、踏板力和制动减速度，从而实现快速、平稳的停车。

制动系统设计得好，可以适应广大用户在绝大多数场景快速且平稳地制动，而不是只有经验丰富的驾驶员才能够做到。

2. 最大制动性能

（1）减速度建立能力

制动系统性能评价还需要考虑最大制动减速度和最短制动距离，因此通常在最大制动减速度下，在不同摩擦系数路面上，进行一次或者连续多次最大制动时，评价制动减速度建立的能力。

① 高附着路面：减速度大小、制动距离和制动减速度保持能力。

② 低附着路面：减速度大小、制动距离和制动减速度保持能力。

③ 混合附着路面：减速度大小、制动距离和制动减速度保持能力。

④ 衰退：在同样的制动踏板力情况下，制动减速度与其正常状态下的制动能力对比。通常在水衰退、热衰退等情况下评价。

⑤ ABS 激活：在高附着路面是否容易激活 ABS，踏板力是否过大。在各种高低附着系数路面上，ABS 是否过于灵敏，在减速度不大的时候就已经激活。

（2）制动稳定性

在各种重度制动过程中，包括稳态制动和瞬态制动，评价车辆的稳定性如何。

① 制动跑偏：在没有转向输入的情况下进行制动，汽车不能维持直线行驶，偏向一边。

② 制动俯仰：在汽车达到静止前，车身点头过多，甚至多次晃动。出现制动俯仰的车辆，也可能会在非制动时也出现此种问题，比如山路、变道等重心变化较大的场景。

③ 弯道制动侧倾和横摆：重度制动后，对车辆施加转向动作，评价在这个过程中的方向盘修正情况，以及车身侧倾情况，评价能通过测试的最快车速。

3. 驻车制动

驻车制动系统包括机械、电子两种型式，常见设计如图 2.3.5 ~ 图 2.3.7 所示，驻车制动性能在车辆静态、怠速下评价。

 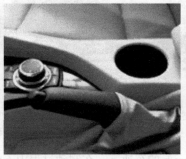 

图 2.3.5　电子驻车制动　　　图 2.3.6　手拉式机械驻车制动　　　图 2.3.7　脚踏式机械驻车制动

（1）机械驻车制动

近年来，机械式的驻车制动系统已经越来越少见，即便应用，也以手拉式驻车制动为主，通常在运动型、越野型、经济型汽车上应用。评价时考虑：

① 驻车制动操作力：考虑到需要手或脚作用力来接合和分开驻车制动。评价从初始到最大行程的操作力是否合适，解除驻车制动的操作力是否合适，如果女性用户比较多则操作力需要轻。除此之外，还需在坡道上评价松开制动手柄的难易程度。

② 驻车制动操作行程：空行程、总行程、有效行程及齿数是否合理，可以有自由行程但不宜明显感知。驻车制动机构中的任何一个齿都应该有不同的驻车制动力。最大行程角度不宜过大，使驾驶员靠在座椅靠背上时方便用力释放驻车制动。

③ 驻车制动操作力—操作行程的线性感：考虑操作过程中力与操作行程的关系是否是线性的，有无突变。

④ 驻车制动性能：在各种上、下坡路上评价施加驻车制动的效果，操作力、齿数与性能是否符合预期。

⑤ 驻车制动人机工程：操纵方便，在操作过程中是否与其他部件产生干涉，如杂物箱、变速杆、茶杯架等。

⑥ 驻车制动手柄品质：驻车手柄拉起、松开过程中，声音是否清澈干脆，手柄是否左右晃动，手柄是否软硬适中、手握处尺寸是否合适。

（2）电子驻车制动

近年来，电子驻车制动越来越普及，逐渐取代了机械式的驻车制动，且通常和 Autohold 功能组合使用。

① 人机工程：启动、解除驻车制动是否便利，是否与其他部件干涉，行驶中是否容易误操作。

② NVH：启动、解除过程中是否有较大异响，评价噪声大小、品质和时长。

③ 驻车性能：在各种上、下坡路上评价施加驻车制动的效果，性能是否符合预期。

④ 操作逻辑：激活、释放逻辑及响应快慢。与 AutoHold 匹配是否合理，自动工作的逻辑是否安全且便利，如熄火自动激活，佩戴安全带后踩加速踏板自动解除等。

4. 制动常见问题

① 踏板力不合适：踩制动踏板的过程中感受到的踏板力过软或者过硬，主要表现：踏板有海绵感、踏板力突然下降、踏板力突然增大。

② 制动效果突然变差：在特定情况如高海拔、连续制动、低转速时真空不足等情况下，制动减速度较平常有明显下降。

③ 踏板升高：连续制动之后踏板位置逐渐升高。

④ 制动抖动：当开始制动后，出现车身、方向盘等的振动。制动抖动的评价应该在较高的车速（通常 70km/h 以上），中度制动和轻度制动的情况下进行。

⑤ 尖叫声：在各种车速下制动时产生的高频噪声，如同公交车制动时产生的噪声。

⑥ 咯吱声：车子达到静止前，轻度、中度制动情况下，产生的噪声。

⑦ 呻吟声：起步时制动缓慢释放过程中，汽车从静止到运动期间产生的噪声。

⑧ 刺耳声：车辆从行驶到停止过程中制动产生的噪声。

⑨ ABS 噪声与振动：ABS 开始工作时产生的噪声过大，制动踏板反弹的振动过大。

⑩ 真空助力器噪声：车辆启动后保持静止或者很低车速情况下踩下制动踏板，出现的真空助力器噪声。

2.3.4 制动评价项目及操作方法

1. 制动评价项目

制动评价项目见表 2.3.1。

2. 制动评价操作方法

1）在反复停车入库、走走停停等低速工况下，评价制动噪声、制动减速度的建立和制动减速度一致性等。

表 2.3.1　制动评价项目

项　　　目	分数	备　　　注
制动整体性能		
踏板感		轻度、中度、重度制动
踏板空行程		制动系统起作用之前的踏板行程
踏板预载荷		刚开始踩下制动踏板感受的反馈力
踏板力空行程		制动踏板预载荷增加之前的踏板行程
响应变化		减速度的建立是否灵敏、平稳和可预知
踏板力变化		踏板力和踏板行程之间的关系是否平顺
制动调整		短的制动距离同时平稳减速能力
最大制动性能		最大制动
减速度建立能力		不同附着系数
制动稳定性		跑偏、俯仰
驻车制动		
机械驻车制动		操作力、操作行程、驻车性能、人机工程等
电子驻车制动		人机工程、NVH、驻车性能、操作逻辑等
制动常见问题		踏板力不合适、制动效果突然变差、噪声等

2）在 30km/h 车速下，轻微踩制动，在制动减速度建立之前的过程中，评价踏板空行程、踏板预载荷、踏板力空行程，同时评价三者之间的关系是否合理。注意此时的踏板力非常轻。可以重复多次操作体会。

3）在 50km/h 车速下，以恒定的 0.3g 减速度制动到车辆完全停止，评价轻度制动的响应。

4）在 50km/h 车速下，以不超过 0.3g 减速度制动到完全停止，在此过程中调整减速度，确保整个制动过程中车辆平稳。评价在安全制动距离范围内，制动的平顺和可控性。

5）在 80km/h 的车速下，以 0.6g 减速度制动到完全停止，评价制动踏板力大小、踏板总行程、制动减速度保持能力、车身俯仰。

6）在 80km/h 的车速下，先以 0.3g 减速度制动，在 0.5s 之后再以 0.6g 减速度制动，评价踏板力、制动减速度大小、踏板行程、线性度、连续制动中减速度衰退状况。

7）在 80km/h 的车速下，以不超过 0.6g 减速度制动到完全停止，在此过程中调整减速度，确保整个制动过程中车辆平稳。评价在安全制动距离范围内，制动的平顺和可控性。

8）在 60km/h、100km/h 的车速下，以最大减速度制动，评价制动距离、制动稳定性和ABS 功能。

9）在整个制动过程中，评价制动常见问题。

10）在平路、5%、10%、20%、30% 等不同坡度，上坡和下坡两种工况下，启用驻车制动，保持几分钟之后，解除驻车制动，评价驻车制动驻坡能力、驻坡能力衰退、操作便利性等。

除驻车制动外，制动评价应在平路上进行，包括高附着系数、低附着系数、四轮不同附着系数等各类路面。

评价注意事项：

① 驾驶能力对评价结果有直接影响，制动减速度的感知能力、制动操作的肌肉记忆、操作踏板的精确度等都是关键要素。

② 评价时的车速必须保持严格的一致，车速始终保持匀速，避免因为加减速而造成影响。

③ 考虑载荷变化的影响，如半载、满载的区别。

④ 此方法仅列出了最典型车速，在实际评价时也需要考虑其他车速。

2.4 转向性能

2.4.1 概述

受地形、交通情况、道路条件的影响，用户日常驾驶过程中经常需要改变驾驶方向，有时需要首先降低车速再转向，有时可以直接转向。汽车转向系统的作用是按照驾驶员的意愿控制汽车的行驶方向，是汽车主动安全属性中非常重要的一项。

本书中转向性能和操纵稳定性分开考虑。转向性能的评价始终处于车辆的附着极限范围内，车辆没有大的侧向加速度和侧倾角度，而操纵稳定性的某些评价工况则处于车辆稳态的附着极限上。如图2.4.1 所示，侧向力、纵向力的合力落在摩擦圆内则是非极限工况，反之就是极限工况。极限工况由驾驶员的转向操作、车速、节气门操作、制动操作共同决定，这其中更多的是侧向加速度的变化，受侧向附着力影响很大。

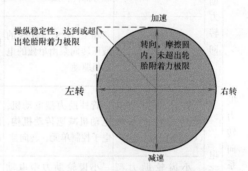

图 2.4.1　轮胎摩擦圆示意图

由于结构简单、紧凑，传动效率高达 90%，可以自动消除齿间间隙，占用体积小，转向轮转角大，制造成本低等优点，齿轮齿条形式的转向器在乘用车中应用越来越广泛。1954 年，通用汽车公司首次将液压助力转向系统应用于量产汽车上。经过一系列的技术革新，20 世纪 80 年代早期出现了电子液压助力转向系统。随着技术发展，电子助力转向应用越来越多。在乘用车领域中，电子助力、液压助力形式的齿轮齿条转向器已经成为主流，具体的状况如表 2.4.1 所示。除齿轮齿条转向器形式之外，还有蜗杆曲柄销和循环球等形式的转向器，但这两种形式比较少见。不同助力形式、转向器形式对转向评价结果的影响很大，评价人员需要对不同形式的转向器性能有充分的认识。开发初期，转向系统硬件选型时需要充分参考评价人员的意见。

好的转向性能使用户感受更多的驾驶乐趣，使车辆更易于控制，带来更多的驾驶信心。用户期望转向轻，精准，灵敏，方向盘指向无明显虚位。高速时稳重，有操控感，转向响应好，能给人不错的信心。符合用户期望的转向特征包括：

① 市场定位决定的适当、轻便的转向力，相比而言中国用户期望的转向力比欧美用户更低。

② 随着车速增加，转向力也需要适当增加，以增加高速稳定性。

③ 快速转向时响应迅速，滞后小，响应线性。

④ 转向系统具有小但是仍然存在的响应空行程，小的空行程增加转向响应的线性度，一定的空行程减小路面冲击及方向敏感性。

⑤ 运动型车辆具有清晰的中心感，普通家用车辆也应该具备一定的中心感。

⑥ 转向过程有明显的力矩增长，增长过程呈线性。

⑦ 转向系统摩擦力小。

⑧ 轿车、SUV、越野车等不同类型的车辆转向性能有所区分。

表 2.4.1　助力转向器型式

类别			组成	主要特点	优缺点
机械转向系统（MS）			所有的传力件都是机械的，主要由转向操纵机构、转向器和转向传动机构构成	利用纯人力驱动各种机械结构，通过将人力放大、变向等步骤来操纵车轮的转向	优点：结构简单、工作可靠、造价低廉 缺点：操作力大、转动圈数多，驾驶员负担较重，稳定性、精确性、安全性无法保证
助力转向系统	液压助力转向	机械液压助力转向系统（HPS）	由转向器、发动机驱动的液压泵、高低压油管、流量控制阀、储液罐等部件构成	兼用驾驶员体力和发动机动力为转向能源，液压转向泵由发动机驱动	优点：安全、可靠性高、转向动力充沛 缺点：能耗高，结构复杂，维修成本高，噪声问题多，转向力调校难度高
		电子液压助力转向系统（EHPS）	相比 HPS，EHPS 的液压转向泵由单独的电动机驱动	液压转向泵由电动机驱动，助力液压不再依赖于发动机转速，可以兼顾低速较轻的转向力和高速转向稳定性	优点：能耗低，兼顾低速转向力与高速稳定性 缺点：制造和维护成本高于 HPS
	电子助力转向 EPS	管柱助力型电动助力转向系统（C-EPS）	管柱助力型电动机，电动机减速传动机构，电子控制单元，转向器	由助力电动机驱动转向管柱以提供转向助力，转向特性的调校更加自由	优点：成本低、重量轻，可兼容 ADAS 功能，节能 缺点：推力小，电动机噪声大，布置难度大
		小齿轮助力型电动助力转向系统（P-EPS）	小齿轮助力型电动机，电动机传动机构，电子控制单元，转向器	由助力电动机驱动小齿轮以提供转向助力，转向特性的调校更加自由	优点：重量轻，推力大，可兼容 ADAS 功能，节能 缺点：布置难度大
		双小齿轮助力型电动助力转向系统（DP-EPS）	双小齿轮助力型电动机，电子控制单元，转向器	由助力电动机驱动第二个小齿轮以提供转向助力，转向特性的调校更加自由	优点：重量轻，推力大，可兼容 ADAS 功能，节能，比 P-EPS 更容易布置 缺点：成本较高
		齿条助力型电动助力转向系统（R-EPS）	齿条助力型电动机，齿条驱动机构，转向器	由助力电动机直接驱动齿条以提供转向助力，转向调校更加自由。转向推力大，可适用于大型乘用车	优点：推力最大，系统摩擦小，可兼容 ADAS 功能，节能，比 P-EPS 更容易布置 缺点：成本很高

2.4.2　用户对转向性能常见的评语

评语 1　方向盘个人感觉很合手。方向轻，比上一辆车轻了很多，低速轻快，高速沉稳。精准，灵敏，随速增益做得不错，能给人不错的信心。

评语 2　这车子挺好开，方向盘确实挺轻的，转向挺准的，圈数也还可以。有一次上高速感觉方向盘变重了，吓得我还以为助力坏了呢，后来一问销售才知道电子助力的车子，上高速方向盘会自动变重。感觉这种设计挺好，比较实用吧。

评语 3　我在 80km/h 左右的速度走直线，手脱开方向盘都可以跑 100~200m，一点都不跑偏。可是高速开车的时候转向反馈很差，一动方向就偏很多，心里感觉很不踏实，真怕哪天不按我的想法乱跑。

评语 4　经常看到汽车评测说某某车"转向精准"或者某某车"转向不太精准"，这个"转向精准"到底是个什么概念啊？从评测上看，这个转向精准和虚位小不是一个概念。是每次方向盘转过 30°，轮胎都转 5° 叫精准，有时转 5.5° 有时转 4.5° 的是不精准？那么这个转多少度算精准的标准是怎么定的？

评语 5 朋友的赔偿车，去修理店检查过没有事故，跑了 8 万多 km。昨天高速试下 140km/h 的时候方向盘抖动很明显，去店里做了下动平衡，之后再跑抖动减轻，但是还能感觉到。请教下论坛的大哥们谁清楚是怎么回事，该怎么办？

评语 6 最近关注丰田和大众的热销车型，价格差不多都在预算之内，可是有一个对我来说非常重要的参数转弯半径查不到。转弯半径 5m 或 6m 在拥挤的地方区别非常大，不明白为什么厂家不标注呢？有时候地方狭小，差一点点就过不去，进不了退不了，很让人着急。

2.4.3 评价方法

1. 低速转向性能

此性能是指在低速场景下的转向性能，包括原地转向、停车入库（图 2.4.2）、低速变道、直行转弯、直行掉头（图 2.4.3）、跟车变道等典型操作，车速一般在 30km/h 以下。随着城市人口增加，用户在城市驾驶的比例也在增加，此场景的转向性能也越来越重要。

需要注意的是，转向评价也要考虑原地转向时的性能。

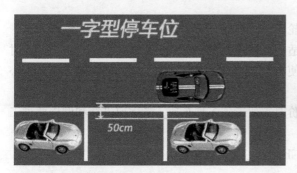
图 2.4.2　停车入库

图 2.4.3　直行掉头

（1）转向力

在静止和低速转向时地面摩擦力大，且此时所需的转向角度通常比较大，随着转向角度增加转向力传递效率也会显著减少，因此足够大的转向助力对用户操作尤为重要。总体而言，此时转向力需要轻便，但也不能保持不变，随着角度增加仍然需要有一定的增长，使用户能够感受方向盘角度的变化。根据目标用户的不同，转向力的大小也应该有不同的调校。

1）原地转向时转向力的大小。轻的转向力有助于在狭窄的空间里，尽可能快地转到最大转向角度。

2）转向力随着转向角度变化。转向力可以随着转向角度增大而轻微增大，使驾驶员感受角度的变化和方向盘位置。

3）转向力随着车速变化。在低速范围内，整体转向力水平应该比较低，随着车速增加，转向力可以有轻微增加，但不宜明显感知区别。

4）转向力的均匀性。在各个工况变化过程中是否存在不平稳，是否有忽大忽小的情况，整个过程转向力变化应该平滑而不是突变。此时用户期望轻便、平滑的转向力，需要避免线性但是增长过快的转向力，或者增长不快但是能感受到波动的转向力。

（2）转弯半径/角度

小的转弯半径和大的转向角度使车辆更容易通过狭窄弯曲地带，在狭窄空间内更容易转弯掉头、绕过障碍物。如果车辆绝大多数时间在城市驾驶，车流量大，不能快速掉头会使安全性受到很大影响。受轴距、悬架布置等影响，每个车辆的最小转弯半径各不相同，通常根据车辆市场定位、车型级别、对标结果等确定。最大转向角如图 2.4.4 所示，最小转弯半径如图 2.4.5 所示。

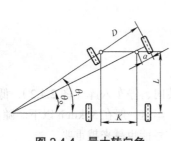

图 2.4.4 最大转向角

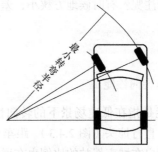

图 2.4.5 最小转弯半径

（3）回正性（Returnability）

当方向盘转动到一定角度的时候，受四轮定位、轮胎、助力转向作用，转向系统会产生一定的回正力矩，使方向盘向中心位置转动。适当的回正力矩使驾驶更流畅、轻松、可控，此时驾驶员可以用很小的力甚至不施加力也可以使方向盘回正，同时有助于驾驶员找到方向盘中心位置。

车速与回正能力有很强的关联性，在评价时需要考虑多种车速，考虑前进档和倒档两种工况。

1）回正能力。多大的角度范围内具备回正能力，与用户期望是否相同。

2）回正速度。回正是否会过快或者过慢。

3）回正力矩大小。回正力矩过小时，驾驶员仍需要施加较大的手力使方向盘回到中心位置，正反两个方向施加较大转向力使整个操作变得不够顺畅；当回正力矩过大时，方向盘也会自行回到中心，此时若驾驶员再次改变行驶路线，则需要施加较大的力来克服回正力矩。

4）均匀性。在整个转角范围内的方向盘回正过程是否平稳，包括回正速度是否忽快忽慢，或者回正力矩是否忽大忽小。

（4）对称性（Symmetry）

评价过程需要考虑上述所有低速转向性能的左右对称性。

2.直线行驶转向性能

直线行驶转向性能指的是在保持直线行驶，施加较小转向角度时的转向性能，此时转向角度通常比较小，一般在 20° 以内。好的直线行驶转向性能使驾驶员在转向过程中得到清晰明确的反馈，可以准确地控制转向。此时的转向操作涵盖绝大多数日常驾驶的场景，如图 2.4.6 和图 2.4.7 所示，包括直线行驶、同一条车道内车辆位置的调整、从一条车道转到另一条车道。

评价车速从 30km/h 开始直到车辆能够稳定行驶的最高车速，典型车速为 80 ~ 90km/h，评价的道路主要为平直的公路，在试验场评价时通常使用直线性能路。

图 2.4.6　直线行驶转向性能评价场景 1　　　图 2.4.7　直线行驶转向性能评价场景 2

（1）转向响应（Response）

转向响应是指转动方向盘时，在整个转角范围内，车辆的横摆角、横摆角速度及侧向加速度的变化。当汽车的响应性能很好时，用户能够比较清晰地知道方向盘的位置，并且预判将要转动的角度和速度。

1）响应空行程（自由间隙）。在保持直线行驶时，转动方向盘到一定的角度车辆行驶方向才会发生改变，这个角度就是方向盘的响应空行程，如图 2.4.8 所示。过大的响应空行程会使驾驶员中心感变差，难以找到方向盘和车轮的位置，小范围调整方向不够精准。过小的响应空行程会使车辆高速行驶时过于敏感，遇到路面激励时需要频繁调整行驶方向。对于很多驾驶员而言都希望有较强的中心感，因此适当的、小的响应空行程对用户使用很重要。

图 2.4.8　响应空行程示意图

2）响应增益线性度（Response Gain Linearity）。评价汽车从保持直线行驶到改变车道位置（同一条车道内、不同车道）时响应的变化，此处响应是指车辆横摆角、横摆角速度的变化。评价 10°（同一车道线内）/20°（切换到另一条车道）转向角度时的响应，随着方向盘转角增加响应是保持不变还是在增长，响应的增加就是增益。

评价输入不同转向角度时车辆响应的对应关系，如果这个关系是成比例的则响应增益是线性的（如图 2.4.9），此时汽车的转向响应可提前预知，驾驶员可以更容易提前判断需要转动多大的转角。如果它们之间的关系是不成比例、不呈线性的，则汽车的响应变化无法预判，驾驶员不能预判转向过程中的角度。用户感受的转向精准性，与响应增益的线性度有着直接关系。

响应增益的线形度评价应该涵盖用户常用的转角范围，根据用户使用习惯，以不同方向盘转动速度、不同转向角度大小来评价转向性能，当车速不同时评价范围也会不同。

3）跟随性（Compliance）。它评价在整个转向过程中，方向盘的转动与车辆响应一致性如何，是否有响应滞后现象发生，尤其是刚开始转向时响应是否迅速直接。由于连接部件的间隙、弹性变形，有时方向盘的转动与车辆转向不能完美同步。

跟随性评价应该涵盖常用转角范围。根据用户使用习惯，以不同转向角速度、不同转向角度大小来评价。在慢速的转向过程中往往不容易发现跟随性问题。

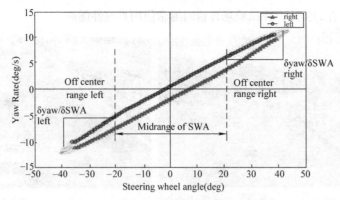

图 2.4.9　方向盘转角与横摆角速度

（2）侧倾控制（Roll Control）

当汽车在直线行驶时转向，车辆围绕纵轴的控制如何，如图 2.4.10 和图 2.4.11 所示。评价时关注：

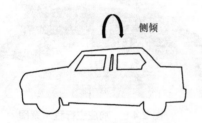

图 2.4.10　车辆在坐标系中的运动

图 2.4.11　汽车的侧倾

① 车身是否很容易产生侧向倾斜。

② 车身侧倾幅度如何。

③ 当出现侧倾时，侧倾的出现是否突然，侧倾的增加过程是否过快（侧倾阻尼）？

④ 侧倾角度与转向角度之间的关系如何，是否是成比例的，是否有良好的可预见性。

⑤ 侧倾速度与转向角速度关系如何，是否成比例。

在评价时考虑小的转向输入（同一条车道内变换位置），以及较大的转向输入（进行变换车道），车辆的侧倾变化如何。

由于人对侧向运动远比垂向、纵向运动敏感，尽管很多时候距离极限仍然较远，但突然的侧倾变化会产生侧向翻转趋势，从而使乘员感受明显，因此侧倾需要尽量小。侧倾阻尼使用户感受支撑性，增加稳定的感觉。在无法改变侧倾幅度大的状况时，可以通过减少侧倾突然性（增加侧倾阻尼）减少用户的侧倾敏感性。

操作快慢对侧倾表现影响非常大，因此务必确保操作的一致性。

（3）力矩（手力）反馈

通过感受方向盘上力矩的反馈，用户能够比较清晰地感知方向盘的位置，结合车辆响应特性，可以在不同工况下预判接下来将要转动的角度和速度。评价内容包括力矩空行程、力矩大小、力矩线性度等几个方面。

1）力矩空行程（Torque Dead Band）。在保持直线行驶时，转动方向盘到一定的角度时，通过方向盘感受到的力矩才会增加，这个角度就是力矩空行程，如图 2.4.12 和图 2.4.13 所示。在这个方向盘转角范围，通常能够感受到力矩的存在，但是无法感受到力矩的增加。为获得良好的中心感，力矩空行程要比响应空行程的角度小。

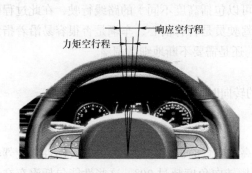

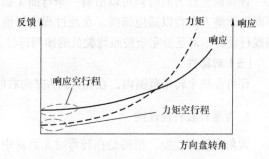

图 2.4.12　力矩空行程与响应空行程示意图　　　图 2.4.13　力矩空行程与响应空行程关系

2）方向盘力矩。评价汽车从保持直线行驶到改变车道位置（同一条车道内、不同车道），在方向盘角度变化的整个过程，驾驶员感受到手上的力矩增长的变化，如图 2.4.14 所示。评价 10°（同一车道线内）/20°（切换到另一条车道）转向角度时的力矩增长的变化，操作动作与响应增益评价的操作动作完全相同。在不同的车速、方向盘输入角度、角速度下对力矩进行评价，看力矩的水平是否符合用户预期。

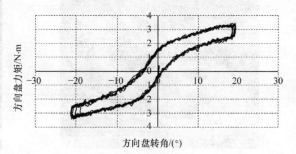

图 2.4.14　力矩变化

① 力矩的大小是否适当，总体而言，方向盘的操作力是否过轻或者过重。

② 随着方向盘角度增加，力矩的增加是否与方向盘转角呈线性关系，是否在一定范围内有非线性的情况。

③ 线性增加幅度是否合适，线性增加过多则驾驶员感受的力矩过大，线性增加过少则驾驶员感受力矩变化不明显，中心感不明显。

④ 转向力响应是否及时，迟滞时间如何。

除 10° 和 20° 之外，还应该涵盖常用的转角范围，当车速不同时范围也应该不同。模拟用户使用习惯以不同的转向角速度、转向角度评价。

3）摩擦力（Friction）。在转向过程中评价摩擦力，感知摩擦力的大小。摩擦力在转向、回正时均存在。在方向盘中心位置附近，方向盘力矩、回正力矩最小，此时摩擦力会减小方向盘回到中间位置的趋势，因此在方向盘中心位置附近区域更容易评价。摩擦力与方向盘的转动方向和角速度关系小。

4）阻尼力（Damping）。在转向过程中阻尼力会带来"黏滞"的感受从而使转向力变化，受角速度影响。适当的阻尼力是系统调校中不可缺少的部分，可以使转向力的变化更加连贯，需要评价阻尼力的大小是否合适。

（4）调整能力（Modulation）

转向输入下，评价在方向盘转角、方向盘转动力矩和车辆的响应之间的综合作用下，是否容易使用户能够感受车辆位置，预判将要进行的转向操作；评价力矩和响应是否能够匹配并带来良好的中心感，清晰地感受路面的反馈。

评价调整能力的时候可以沿着一条弯曲（也可以包括高度不同）的路线行驶，在此过程中不断地调整方向盘以适应路线。在此过程中评价驾驶员是否有信心、车辆是否很容易沿着指定路线行驶，车辆是否完全按照驾驶员的预判行驶，还是需要不断地细微调整。

（5）对称性

评价在整个转角范围内，在输入向左／向右的转向时，上述转向性能是否一致。

3. 弯路行驶转向性能

大角度转向性能，指的是在转弯时尤其是中高速转弯时的转向性能，好的转向性能使驾驶员精准、有信心地控制车辆的行驶方向。此时车辆转向角度超过20°。这些性能包括汽车在入弯前预判的转向输入角度和角速度，在转弯时车辆的响应和扭矩反馈，同时也包括出弯时驾驶员使方向盘快速回正到直线行驶的能力。典型的大角度转向性能评价通常在山路驾驶场景进行，如图2.4.15和图2.4.16所示。

图 2.4.15　弯路行驶转向性能评价路线 1　　　图 2.4.16　弯路行驶转向性能评价路线 2

评价时考虑响应、力矩反馈、回正性、调整能力、路感等。大角度转向性能与直线行驶转向性能评价的内容基本相同，其中的响应、力矩反馈、调整能力与直线行驶转向评价方法相同，可以参考上文，回正性、路感评价见下文。

与直线行驶转向性能相比，由于弯路行驶转向角度增加很多，在评价响应线性度的时候，方向盘输入角度增加导致的侧向加速度也会增加很多，需要注意区分二者之间的特性及交互影响。由于转弯的角度更大，因此车速也要相应降低。

（1）回正性

此种工况下，车速相比低速行驶时更快，适当的回正力矩可以使驾驶员操作力减小，过程容易控制。如下评价在回正过程中，转向系统自动回到直线行驶位置的能力：

① 如果方向盘不能回到直线行驶的位置，还差多大角度。

② 方向盘能够回正到中心的位置并保持，还是会在到达中心点后出现转向振荡（超调），振荡能否尽快结束。

③ 回正过程中，回正的速度、回正力矩大小、回正均匀性、对称性是否合适。

在试验场可以模拟公路驾驶对汽车的回正性进行评价。以稳定的速度在圆周上行驶（如直径为 30m），然后松开方向盘，看方向盘是否可以平稳地回到直线行驶位置。

（2）路感（Road Feel）

通过转向力的反馈，在转向过程中感受路面的清晰程度，使驾驶员能够清晰地感知路面的附着力、路面纹理、起伏，以及其他的路面特征。适当的路感使用户在驾驶过程中信心更强，但是过强的路感会带来更多的振动，影响平顺性。

4. 转向常见问题（Steering Disturbances）

转向常见问题指的是不期望的汽车反应，在特定的外界条件下由于转向系统的性能不足导致的不正常现象。

（1）方向盘不正（Steering Wheel Off Center）

当保持车辆直行时，通常用方向盘偏离中心位置的角度来代表方向盘不正的程度，如图 2.4.17 所示。方向盘不正通常是车企的常规道路检查项目之一，通常要求方向盘不正不能超过 ±3°，在不同的车速下都可以进行评价，且速度不同对问题严重程度没有影响。

方向盘不正角度

图 2.4.17　方向盘不正

（2）车辆跑偏（Pull/Drift）

当汽车在平坦的路面保持直行时，将手从方向盘上拿开，车辆是否会偏离车道。跑偏通常是车企的常规道路检查项目之一。车辆跑偏产生的可能原因很多，其中四轮定位和轮胎锥度力匹配不准是最常见的两个原因，如图 2.4.18 和图 2.4.19 所示。

评价跑偏有两条衡量标准：

① 松开方向盘之后，多长时间汽车会偏离一条车道。如果在行驶过程中跑偏突然加剧，则问题比均匀的跑偏更严重。

② 为使汽车保持直线行驶，需要在方向盘上施加多大的力。

评价路面需要符合国家道路建设的标准，要求车道向右倾斜且坡度介于 1% ~ 2%，车道宽度为 3.75m。评价时风速不超过 2.7m/s，车速通常为 80km/h，要求在 10s 之内不会偏出一条车道的宽度。

方向盘不正和跑偏在形成的机理和表现形式上不同，属于两种不同的现象。当有方向盘不正问题的时候，用户将方向盘调整到中心位置则车辆会偏离到另一条车道，有的用户会误以为此时是跑偏问题。从另一个角度来看，不管方向盘不正的程度如何，都不会影响车辆的直行能力；而当车辆跑偏时，无论如何调整方向盘，都无法使车辆在松开方向盘时保持直行。

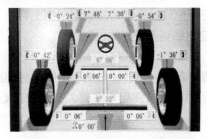

图 2.4.18　四轮定位影响跑偏

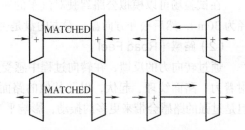

图 2.4.19　轮胎锥度力匹配影响跑偏

（3）方向盘抖动／摆振（Nibble/Shimmy）

方向盘抖动／摆振，是指在平顺的路面上行驶时，方向盘上感受到持续的周向振动，这是由共振造成的。它的现象和形成机理如图 2.4.20 和图 2.4.21 所示。评价方向盘抖动的程度，从几个方面考虑：

① 抖动可见程度。抖动可见的程度如何，包括松开方向盘，抖动的幅度肉眼是否可见；轻握方向盘时抖动是否消除；用力握住方向盘时抖动是否消除。

② 抖动能量。用力／轻握方向盘，若无法消除振动时驾驶员感受的冲击力有多大。

③ 其他振动。当方向盘抖动发生时是否同时也会有地板振动。

方向盘抖动是在某一车速情况下发生共振造成的，只发生在特定的车速范围内，当超出此范围时，抖动程度会变小，典型的车速为 90 ~ 120km/h。方向盘抖动通常是用户敏感问题项，必须在车辆开发时通过避开共振区域、在制造中提高制造精度来规避。

图 2.4.20　方向盘抖动

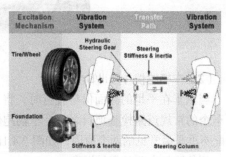

图 2.4.21　振动传递路径

（4）扭矩转向（Torque Steer）

在平顺的路面上行驶，大节气门开度加速／收节气门时，车辆偏离行驶路线同时方向盘扭矩发生较大改变的现象。

（5）车轮冲击（打手，Wheel fight）

评价由于路面不平而导致的反作用在方向盘上的冲击力。

2.4.4　转向评价项目、操作方法、注意事项及路面

1. 转向评价项目

转向评价项目见表 2.4.2。

表 2.4.2　转向评价项目

项目	分数	备注
转向总体性能		
低速转向性能		
转向力		大小、增长可预期
回正性		回正能力、回正速度、回正力矩
转弯半径 / 角度		转弯半径、转向角度
对称性		向左向右表现相同
直线行驶转向性能		
响应		响应空行程、增益、线性、迟滞
力矩反馈		力矩空行程、力矩建立、线性度、摩擦力、力矩的大小等
调整能力		是否容易调整方向跟随路线
侧倾		直线段侧倾控制、变线过程中侧倾控制
对称性		向左向右表现是否相同
弯路行驶转向性能		
响应		响应空行程、增益、线性、迟滞
力矩反馈		力矩空行程、力矩建立、线性度、摩擦力、力矩的大小
调整能力		是否容易调整方向跟随路线行驶
侧倾		中、大角度转向过程中侧倾控制
回正性		回正角度、回正速度、回正平稳性、回正超调
路感		路面反馈
对称性		向左向右表现是否相同
转向常见问题		
方向盘不正		方向盘不居中
跑偏		直线行驶跑偏
方向盘抖动		高速行驶方向盘抖动
扭矩转向		急加速跑偏
方向盘打手		破损路面、冲击路面时方向盘反冲作用力大

2. 评价操作方法

1）怠速停车时原地转向，以及从车位中转向驶出，评价转向过程中力的大小、转向力平滑性和对称性。特别关注转向到最大角度时的转向力大小、波动以及声音是否异常。

2）以 20km/h 车速转直角弯、掉头，评价此时的转向力的大小、力矩增长的幅度和线性。

3）低速掉头、停车入库，评价转弯半径大小。

4）以 90km/h 的车速保持直线行驶，在 5° 范围内轻轻地转动方向盘。转向过程要慢，逐渐体会在转动过程中的力矩和响应的细微变化。在此过程中评价转向的力矩空行程和响应空行程的大小，同时关注两者之间的先后关系。

5）保持 90km/h 的车速直线行驶，分别向左向右转动方向盘到 10°，使车辆在同一条车道内的一侧移到另一侧，评价此时转向过程中的迟滞、对称性、侧倾，同时评价转向力大小、转向力线性度、摩擦力。

6）以 90km/h 的车速保持直线行驶，分别向左向右转动方向盘到 20°，使车辆从一条车道转到另一条车道。评价此时的转向响应增益、响应线性度、侧倾、对称性，同时评价转向力大小、转向力的线性度、摩擦力。

7）以 50～70km/h 在山路行驶，评价弯路行驶时转向响应迟滞、转向线性度、侧倾、力矩大小、力矩线性度、回正性、路感等。

8）在以上各种工况下行驶，中心感如何。

9）保持车辆直线行驶时，观察方向盘是否处于中心位置，偏离中心的角度为方向盘不正的程度。

10）以 80km/h 车速保持车辆直线行驶，松开方向盘之后开始计时，评价车辆是否跑偏，跑偏程度如何。

11）在 90～130km/h 车速下保持匀速行驶，评价此时是否有方向盘抖动 / 摆振，出现摆振时是否为常用车速。

12）怠速原地停车时，以全节气门开度加速，观察车辆是否会偏离既定行驶方向，产生扭矩转向现象。

13）在破损路面、冲击路面行驶，评价方向盘上是否有强烈的反向冲击力，即车轮冲击现象。

3. 评价注意事项

1）转向评价不是操纵稳定性评价，所有评价都不是在极限工况下进行的。

2）为提高转向评价的感受敏感度，在评价过程可以用手指代替手掌操作。

3）在正式评价之前，需要确保充分的练习，以保证动作严格的一致性，形成肌肉记忆。

4）相比转向角度而言，转向角速度对车辆的响应和力矩建立影响更大，因此打转向的速度至关重要，需要覆盖多数普通用户的操作，以苛刻的操作方式为主导。

5）在转向过程中评价，而不是在转向动作停止之后评价。

6）熟练的驾驶技术、细腻的转向操作是转向评价的先决条件。

7）转向过程中施加快慢不同的方向盘转动速度。

8）转向评价时需要包括所有的驾驶模式（舒适、普通、运动）。

9）此方法仅列出了最典型车速，在实际评价时也需要考虑其他车速。

4. 评价路面

评价路面包括平路、山路、破损路面，如图 2.4.22 所示，在试验场中通常使用直线性能路、动态广场做直线行驶转向性能评价。

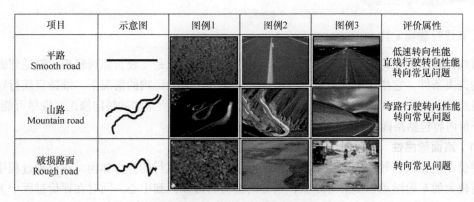

项目	示意图	图例1	图例2	图例3	评价属性
平路 Smooth road					低速转向性能 直线行驶转向性能 转向常见问题
山路 Mountain road					弯路行驶转向性能 转向常见问题
破损路面 Rough road					转向常见问题

图 2.4.22 典型的转向评价路面

2.5 操纵稳定性

2.5.1 概述

操纵稳定性和转向性能是相互影响、相互联系的，但是两者的评价方式和评价条件有一定的差异。转向性能强调非极限工况下，车辆是否容易按驾驶员意愿维持或改变车辆的行驶方向，操纵稳定性强调车辆受到干扰时能否保持原来稳定的状态，车辆的稳定极限是否容易出现、出现稳定极限的时候车辆的受控和恢复能力。好的操纵稳定性能使用户感受更多的驾驶乐趣，提升人与车之间的沟通和交流，使用户更容易体验"人车合一"的感受，同时使驾驶员有更多的信心，使车辆更容易受控。

2.5.2 用户对操纵稳定性常见的评语

评语1 过弯推头很少，别人用 70km/h 过的弯，我用 80km/h 也能轻松过，而且弯道中修正情况也不多，以前开车小转弯必须踩制动踏板，现在这车很轻松就过弯了。就是运动模式过弯的时候有点不适应，每次都感觉转向过度了，又得去修正。

评语2 底盘比较整，离地间隙减小，悬架支撑性不错，过弯很轻松，很有高级感。上海南浦大桥那个转盘切内线连续超车很爽，轮胎抓地力可以。

评语3 转向操控这个车不会让你失望，人车合一，游刃有余，侧倾很小。带点速度掉头，车身也没有很大倾斜，就是横向 G 值会大些，可能车里可移动的小物品会晃动，但是明显感觉到很稳，不会有那种再见了的感觉。

评语4 过弯的时候车身稳重，没有侧倾的感觉，没有很大幅度的左右摇摆。我们这边山路十八弯，入弯平顺，不像前驱车会飘起来，很稳重会给你底气去征服。车身跟随性也不错，底盘支撑性比较好。

评语5 急打方向很稳，提车那天验证过了。高速行驶感觉车身很稳，没有发飘的感觉，驾驶起来信心十足。刚到手就跑了一趟高速，底盘很稳，不知不觉到了 160km/h。

2.5.3 评价方法

1. 直线行驶稳定性

直线行驶能力是汽车行驶安全的重要组成部分，同时也是驾驶员能否轻松、舒适驾驶车辆行驶的先决条件。它指车辆在没有转向输入，仅受外界激励影响的情况下，维持直线行驶的能力。当此时方向发生改变时，为保证直线行驶状态，驾驶员所施加的转向修正，应尽可能地小。它的评价内容包括路面敏感性、横风稳定性、轨迹保持性。

（1）路面敏感性

评价车辆在没有转向输入但受路面激励影响时，保持直行的能力如何。在行驶过程中，不应该有较大的车轮跳动、侧滑等现象，当方向偏转后可以回到中心，同时在评价过程中关注转向力的变化。

1）平路直线行驶稳定性。当路面平直时，评价车辆能够保持直线行驶的能力。

2）不平路面直线行驶稳定性。评价车辙、沟槽、凹坑、凸块、波形路面、车道隔离线、附着力变化等路面（如图 2.5.1 和图 2.5.2）输入时，导致车辆产生随机的摆动、偏离车道、行驶轨迹变化及转向力受干扰的程度。汽车沿路面接缝、纵向车辙行驶时，车轮不应该产生明显的驾驶员不期望的转向运动，驾驶员为保持直线行驶握紧方向盘时，转向力应尽可能小，车辆的行驶轨迹不应该发生较大变化。

图 2.5.1　破损路面 1

图 2.5.2　破损路面 2

（2）横风稳定性

评价车辆承受自然横风，或超越大型车辆时气流引起横风，车辆抗横风干扰的程度和车辆可控性，如图 2.5.3 和图 2.5.4 所示。此评价项目，多在诸如高架桥梁，跨海大桥，隧道出口等侧向风较易出现的场景进行，行车速度一般要达到 100km/h 以上。

评价横风稳定性时，考虑车辆是否有较好的稳定性、车辆是否容易控制，抑制侧风扰动所需要的方向盘修正量应尽可能小。评价时关注：

① 车辆是否有过多的横摆角，需要修正车辆行驶方向的频次和幅度如何。

② 车辆是否有过多的侧倾。

③ 车辆是否偏离车道。

④ 车辆是否容易控制。

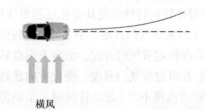

横风

图 2.5.3　横风作用示意图　　　　　**图 2.5.4　横风作用车辆行驶轨迹偏离示意图**

（3）轨迹保持性

1）加速车辆稳定性。不同节气门开度和变速器档位、不同路面附着系数情况下，加速过程中车辆的稳定性。考虑刚开始加速瞬间和加速度保持恒定的两个过程。主要考虑两个因素：

① 车身控制。车辆在加速时的稳定性，对车身俯仰、纵向耸动、车轮跳动和颠簸的控制。

② 方向稳定性。在平直路面，沿直线以 2 档或 3 档低速行驶，松开方向盘，迅速将加速踏板踩到底，评价车辆在急加速中是否有向一边跑偏的情况。

2）减速车辆稳定性。在制动或收加速踏板时评价车辆稳定性，与加速车辆稳定性评价项目相同。

2. 弯道行驶稳定性

车辆在转弯过程中的稳定性，是否和驾驶员预期相符，是否给驾驶员提供足够的信心。主要从不足 / 过度转向、侧倾控制、路径保持性方面进行评价。评价车速从 40km/h 开始直到车辆能够稳定行驶的最高车速，评价的道路主要为多弯道的山路，在试验场评价时可以选用干操控赛道、动态操纵稳定性广场等。

（1）不足转向 / 过度转向（Under Steer/Over Steer）

不足转向俗称"推头"，是指路面附着力不足以使汽车的前轮按照预期的方向行驶，前轮出现了一定程度的向外滑动，此时车辆实际转弯量比未发生不足转向时小，如图 2.5.5 所示。在入弯的时候如果车速太快或者转弯角度过大，需要的附着力超过了地面能够提供的附着力，此时如果前轮比后轮更早地失去附着力，汽车将会向前径直滑行，从而无法完成转向操作。

过度转向俗称"甩尾"，当汽车的后轮需要的附着力超过了地面能够提供的附着力，而前轮的附着力仍然有效时，车尾将会失控打滑然后甩尾，让车子进入以前轮为中心的旋转状态，如图 2.5.5 所示。过度转向会比不足转向更让缺乏应对经验的驾驶员感到恐惧，因此普通车辆设计都具有一定的不足转向特性。

不足转向 / 过度转向评价包括恒定节气门、加减节气门开度、弯道制动几种典型工况，对特性变化的一致性和可预测性进行评价，方向盘修正量是否合适，是否符合驾驶员预期。

图 2.5.5　不足转向、过度转向

试验场动态广场评价时，在恒定节气门的情况下，绕定圆行驶逐渐加速，评价车辆在特定车速下的不足转向或过度转向特性，以及特性变化的一致性和可预期性。一致和可预期的不足转向/过度转向特性会使其变化过程更线性、渐进，有利于驾驶员做出合理的预判。

1）恒定节气门开度，不足/过度转向：

① 在恒定节气门开度、恒定方向盘转角的情况下，车辆的不足或过度转向特性。

② 在恒定节气门开度、变化方向盘转角的情况下，车辆的不足或过度转向特性。

③ 当出现不足/过度转向时，车辆传递给驾驶员转向特性的精准性、以及驾驶员察觉车辆修正能力的容易程度。

④ 感受不足转向和过度转向的突然性和平顺性。

2）加大节气门/减小节气门时，不足转向/过度转向。在整个节气门开度范围内，加大节气门开度、减小节气门开度情况下，车辆的不足或过度转向特性，以及转向特性的一致性。

① 保持恒定方向盘转角，在加大节气门开度和减小节气门开度情况下，车辆的不足转向或过度转向特性。

② 变化方向盘转角，在加大节气门开度和减小节气门开度情况下，车辆的不足转向或过度转向特性。

③ 恒定或变化方向盘转角、加大节气门开度和减小节气门开度过程中，车辆响应的变化是否有唐突感，车辆的可控性如何。

3）转弯制动时，不足转向/过度转向。在弯道内制动时，车辆的不足转向或过度转向特性，以及转向特性的一致性。

① 保持恒定方向盘转角，中度制动过程中，车辆的不足或过度转向特性。

② 变化方向盘转角，重度制动过程中，车辆的不足或过度转向特性。

③ 在以上操作过程中，车辆响应变化否有唐突感，车辆的可控性如何。

（2）弯道侧倾控制

在弯道行驶过程中，评价车辆对车身侧倾的控制能力，考虑侧倾角大小、侧倾阻尼、前后侧倾一致性三个方面。评价道路可以选取多弯山路，试验场内可以选取干操控赛道和动态操纵稳定性广场进行评价，考虑入弯、出弯或弯道半径变化的过程。

① 侧倾角。转弯过程中，侧倾角和侧倾角速度应尽可能小，且与侧向加速度构成正比关系，给驾驶员的横摆、侧倾反馈之间也应协调。

② 侧倾阻尼。侧倾整体应平稳变化，避免出现突兀感，出弯后不应有过多侧倾振荡，与人体尽量协调。在此过程中，侧倾阻尼应线性变化，使驾驶员可以预期侧倾响应特性。

③ 前后侧倾一致性。转弯过程中，车辆前后轴侧倾协调性，是否在侧倾中伴随着俯仰运动。

（3）弯道路径保持性

评价在驾驶条件改变，或者受外界干扰的条件下，车辆偏离原来行驶轨迹，但未达到不足转向和过度转向的情况下，是否需要驾驶员做出很大的修正去保持行驶轨迹。重点关注车辆的行驶轨迹是否平顺流畅，是否出现了很多由转向修正引起的过激响应。主要在弯道加减节气门开度、弯道制动工况下，对车辆循迹性进行评价。

① 转向角度修正幅度的大小。

② 转向角速度修正幅度的大小。

③ 保持车辆弯道行驶，电子稳定性控制（Electronic Stability Control，ESC）系统介入的时机和平顺程度如何。

④ 弯道加速的能力。

⑤ 车轮摆动的幅度。

⑥ 车轮或者车轴的跳动。

3. 瞬态操纵稳定性

车辆在单移线、双移线（图2.5.6）、蛇形绕桩（图2.5.7）等瞬态操作工况下，以不同的方向盘转角输入时，车辆的可控性和稳定性。评价道路主要选用在试验场内的动态广场和冰雪路面，动态广场路面要求平整、具有不同附着特性（干燥，洒水）。

图 2.5.6　双移线

图 2.5.7　蛇形绕桩

（1）侧倾控制

主要评价车辆在紧急变线过程中，对车身侧倾的控制能力。主要从侧倾角大小、侧倾角速度、侧倾线性感三方面进行评价。

侧倾角速度并不是越慢越好，侧倾过程中要避免出现比较唐突的变化，整个侧倾过程要做到平顺和线性，要有一定的阻尼感，车身振荡收敛性要好，与驾驶员的预期要一致。

（2）横摆控制

进行蛇形绕桩等激烈驾驶操作时，车辆的横摆量和振荡要小，收敛性要好。车辆的横摆响应不应出现较大变化，横摆过程要平顺、线性，不应出现唐突感。横摆要符合驾驶员的预期，要在驾驶员的可控范围内，提供给驾驶员足够的信心感。

（3）轮胎抓地力

在紧急变线的工况下，对轮胎是否能够提供充足的抓地力进行评价，轮胎侧滑情况如何，什么情况下响胎，轮胎是否给驾驶员提供充足的信心。轮胎抓地力与轮胎状态有很大关系，所以在评价之前要确保轮胎磨损程度在可接受范围内。评价在试验场操纵稳定性动态广场进行。

驾驶方式：

① 以 60～100km/h 的速度直线行驶，向左或向右快速转动方向盘避让障碍，每次逐渐增加侧向加速度直至发生侧滑。

② 以大 "S" 形或单移线轨迹行驶。

（4）前后轴协调性

主要考察瞬态工况下，车辆前后轴动态特性的一致性。对于一般车而言，紧急变线时，前后轴的侧倾响应不应出现较大差异，前后轴的侧倾要尽量平衡，后轴的跟随性不应出现较大滞后感。

（5）ESC 系统

ESC 系统是包含 ABS，TCS，VDC 三个核心功能及相应附件功能的系统。对一般消费者而言，ESC 的认知和关注点多集中在车辆动态稳定控制系统（Vehicle Dynamic Control System，VDC）功能上。VDC 的工作原理是，通过对车轮施加和调节制动力来产生一个纠摆的横摆力矩，从而增强车辆的方向稳定性，通过闭环算法的计算机控制来限制车辆的过度转向和不足转向。

ESC 的评价一般要选择在高附着力和低附着力两种路面进行评价，高附着力路面包含附着系数大于等于 0.8 的干沥青或干混凝土路面，低附着力路面包括附着系数小于等于 0.3 的压实雪面和冰面。

评价过程中，重点对 ESC 系统介入时机、介入时车辆的反应、车身稳定性、平顺性及车辆控制性进行评价。系统控制应柔和，不应对舒适性产生消极影响，不应该出现工作声音过大情况。此外，ESC 介入时机应该符合车型定位，一般而言，运动车型介入时机偏晚，且限矩幅度小。

4. 操纵稳定性常见问题

评价时也需要关注操纵稳定性常见问题，包括高速发飘、车身不稳、入弯推头、侧倾过大、车尾横摆大、ESC 介入时机早或晚、轮胎打滑等。

2.5.4 操纵稳定性评价项目、操作方法及路面

1. 操纵稳定性评价项目

操纵稳定性评价项目见表 2.5.1。

表 2.5.1　操纵稳定性评价项目

项目	分数	备注
操纵稳定性总体性能		
直线行驶稳定性		
不平路面敏感性		不平路面（沟槽、车辙、凹坑等破损路面），车辆直行抗干扰能力
横风稳定性		有侧向风或超过大型货车时，车辆受侧向横风影响后的稳定性
轨迹保持性		各种速度匀速、加速、制动行驶，保持直线行驶的能力
弯道行驶稳定性		
不足 / 过度转向		转弯时，方向盘转向修正量是否合适
侧倾控制		弯道内，各个速度，侧倾幅度大小是否合适
路径保持性		加减速或制动时，是否容易保持原来的行驶轨迹，是否易于控制
瞬态稳定性		
侧倾控制		侧倾角和侧倾角速度尽可能小，左右侧倾一致，应平顺自然，不突兀
横摆控制		车辆横摆量不应过大，横摆过程应该平顺自然
轮胎抓地力		轮胎是否有侧滑，侧滑的可预测性、可控性
前后轴协调性		后轴跟随性，不应有明显的响应滞后现象
ESC 系统		ESC 介入时机，平顺性，车辆控制性
操纵稳定性常见问题		高速发飘、车身不稳、入弯推头、侧倾过大、车尾横摆大等

2. 评价操作方法

1）选择不同路面条件，包括沟槽、车辙、凹坑等破损路面，保持车速在 20～80km/h 匀速行驶，观察车辆的行驶轨迹是否会发生变化，方向盘是否需要修正，修正的幅度和频率如何。

2）在高速公路上有侧向风的情况或超过大型车辆时进行评价，车速不低于 100km/h，评价车辆行驶稳定性、在此过程中车辆是否容易控制。

3）车辆以各种速度（30～100km/h）在不平路面上进行匀速、加速、制动行驶，评价车辆

保持直线行驶的能力（不需驾驶员调节），是否容易发生偏离行驶路线的情况。

4）在动态广场内，围绕半径不小于 24m 的圆缓慢加速直至发生侧滑，方向盘应均匀修正以保持行驶在圆轨迹上，评价此时不足转向度是否合适，方向盘修正量的多少。一般而言，方向盘修正量越大，不足转向就越大。

5）分别以不同的可控速度通过弯道，评价此时车辆车身的控制，侧倾幅度是否过大，侧倾的速度是否过快或过慢，出弯后车身姿态恢复的快慢如何，车身变化的整个过程是否平顺，是否有唐突感。

6）不同半径沥青或水泥弯道，以中高侧向加速度进入弯道，在弯道中增减节气门开度或者不同程度制动，评价车辆保持原来的行驶轨迹的能力，是否容易控制，是否需要方向盘进行过多的修正。

7）在动态广场内，或较空旷的平坦沥青路面，以 60~100km/h 的速度直线行驶，向左或向右快速转动方向盘并逐渐增加侧向加速度直至发生侧滑，或者以大 'S' 形或单移线轨迹行驶，评价此时车辆的侧倾大小和快慢，车辆的横摆量的大小，前后轴的响应是否一致，轮胎的抓地力是否充足。

8）选择在干沥青高附路面和冰雪低附路面，进行双移线、冰 / 雪圆环、操控路行驶时，对 ESC 介入时机和介入条件的合适性进行评价，ESC 介入后，对发动机扭矩控制策略、动力损失状况、车身姿态控制效果、极限车速、振动、噪声等进行评价。

在进行整个操纵稳定性评价时，必须要区分开、关 ESC 的两种情况。关闭 ESC 是考察车辆的基础操纵稳定性，开 ESC 主要是针对 ESC 系统进行评价，车辆操纵稳定性最终表现由二者综合决定。

3. 评价路面

评价路面要包括平路、破损路面、多弯路，在试验场中通常使用直线性能路、破损路面、动态广场、干操控路，如图 2.5.8 所示。在试验场外通常使用国道、高速路、水泥路、非铺装路、盘山公路进行评价。此外，对于某些特定性能（ESC 系统）评价，还需要使用一些低附路面，如洒水沥青路面，冰雪路面。

项目	示意图	图例1	图例2	图例3	评价属性
平路 Smooth road			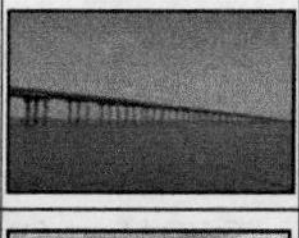		高速稳定 性、变线稳定性
多弯路 Mountain road					弯道控制能力、不足/过度转向
破损路面 Rough road	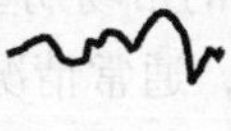		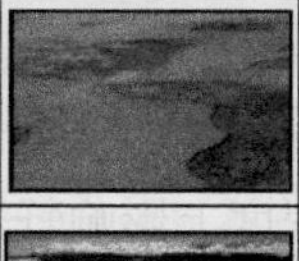		不平路面敏感性
低附路面 Low adhesion road			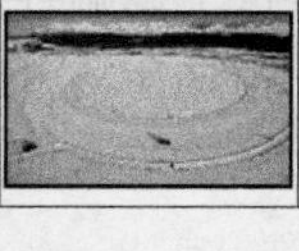		ESC系统、变线稳定性

图 2.5.8 典型的操纵稳定性评价路面

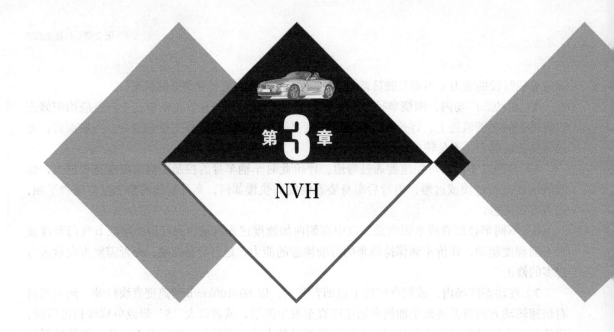

第3章

NVH

3.1 NVH 概述

3.1.1 什么是 NVH

NVH 是指噪声（Noise）、振动（Vibration）和声振粗糙度（Harshness）。用户对车辆 NVH 的主观感受，将直接影响到他们对这部车舒适性的评价。

① 噪声是指频率在 20 ~ 10000Hz 之间，正常人能够感知的声音。主观评价时，噪声通常用声音的大小、频率的高低、品质、传递方式来描述。

② 振动是指频率低于 1500Hz，正常人能够感知的振动，与平顺性相同，振动通常通过座椅、方向盘、地板等感受。主观评价时，振动通常用幅值的大小、振动的方向和频率来描述。

③ 声振粗糙度是指由于声音和振动造成的用户不舒适的感觉，是一种主观感觉的量，如在粗糙地面缓慢推动金属重物造成的刺耳的摩擦声。

3.1.2 NVH 的重要性

整车振动、噪声是国内用户买车时越来越关注的重点，相比欧美市场用户，中国用户对 NVH 要求更高，NVH 相关的问题往往占据用户抱怨排行榜的前几名。在 APEAL、IQS、媒体评测、车企宣传等方面，NVH 也都是重要的一级属性。对于用户而言，除了突出声音品质或法规要求必须具备的声音，声音和振动都是用户不希望感受到的，用户希望声音和振动都尽可能小。NVH 性能关系到一辆车的舒适程度，用户在使用过程中可以直接感受到，但由于车辆的运行难免会带来噪声和振动，评价时，需要关注竞品的水平及本品的市场期望目标。

NVH 性能是衡量汽车设计和制造质量的一个综合性能指标，通常情况下 NVH 问题不会影响汽车的功能和使用，但会在很大程度上影响舒适性和高级感，尤其是高端汽车和低端汽车对比时，差别更加明显。在前些年汽车市场快速发展的阶段，各车企更愿意投资去开发更多的车型而不是提高产品的品质，此时的产品会更多地侧重配置的丰富程度和可靠性。当下汽车市场进入存量市场，NVH性能提升必然成为各车企的工作重点。但NVH性能开发是特别费钱且耗时的项目，提升NVH的性能需要车企付出巨大的努力：

① 培养大量的专业工程师。

② 大量的开发工作，涉及每个系统的DV和PV，以及系统内部、外部的交互作用。

③ 与NVH开发较少的项目相比，需要更长的开发时间。

④ 投入很高，试验场地、试验室、试验设备、计算分析软件等，需要大量资金的投入。每个项目中的声学包、硬件开发、设计变更也会导致项目成本增加。

本章从动力系统NVH、风噪、路噪、异响几个维度阐述汽车NVH性能的主观评价方法，声音品质在感知品质中阐述。通常而言，路噪在60～100km/h以下时明显；风噪在100km/h以上时明显；而动力系统NVH与发动机转速相关，在80km/h以下时较为明显。当路面粗糙时，高速路噪也会成为主要噪声源（如车辆以高速行驶在不平整的水泥高速公路上时），但此种路面出现的频次相对较小。

3.1.3　汽车 NVH 的发展

从目前国内外汽车发展的现状来看，NVH发展可以分为几个阶段：

第一阶段，以消除异常的声音、振动为主，主要指异响及特别显著的声音、振动。

第二阶段，优化噪声源，提高汽车的隔音性能，提高车内、车外的静音水平。

第三阶段，提供一定的声音品质，声音不仅要低，还要有一定的特征和品质感。噪声低的同时，声音纯粹、杂音少。

第四阶段，在第三阶段的基础上设计声音品质，根据用户群需求及车辆市场定位，定制不同车的声音品质特性。如像跑车那样，体现动力强劲又极具加速感的声浪。

目前，自主品牌汽车多处于第一、二阶段，部分发展较快的车企处于第三阶段。

3.1.4　NVH 主观评价基础简述

发动机和车身通过弹性元件支承在悬架和轮胎上，构成一个弹性振动系统，整个系统按照部件又分成多个"弹性振动子系统"。典型的噪声振动源包括动力系统噪声、路面激励、风激励噪声，这些噪声和振动会被"弹性振动子系统"衰减或者放大，并传递给乘员。

振动只能通过结构来传递。根据传递的形式来分类，噪声可以分为结构传递噪声和空气传递噪声两种，如图3.1.1所示。结构传递噪声频率较低，不容易隔绝和吸收，指向性差；空气传递噪声频率较高，指向性较强，通常可以通过声学包进行优化。

1. 结构传递噪声（Structure Borne Noise）

结构传递的噪声，通常在500Hz以下，主要来源于力的机械传递。力激励结构振动，这些振动反过来像喇叭一样产生声音。典型的结构传递噪声包括：

① 发动机/变速器总成通过悬置传递的振动引起车身振动的声音。

② 排气系统通过悬吊传递的振动引起车身振动的声音。

③ 各车轴通过连接位置传递的振动引起车身振动的声音。

④ 底盘悬架传递的振动引起车身振动的声音。

2. 空气传递噪声（Air Borne Noise）:

空气传递噪声直接从声源通过孔隙或者通过玻璃等薄壁穿透进入驾驶室，经过空气传播到人耳，通常在 500Hz 以上，主要包括：

① 发动机的辐射噪声。

② 发动机各附件的辐射噪声。

③ 发动机进气口噪声和排气口噪声。

④ 车身表面高速行驶时，产生的风噪。

⑤ 轮胎在路面上的辐射噪声。

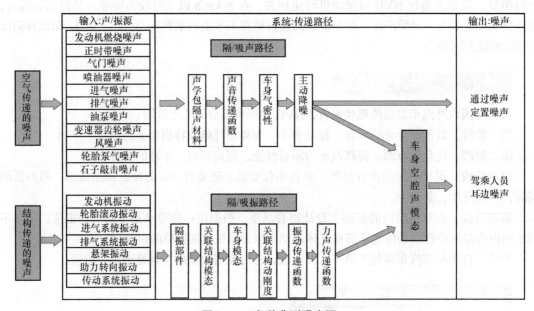

图 3.1.1　各种典型噪声源

3. NVH 问题改善方式

在进行 NVH 性能开发时，通常需要从声源、路径、用户的几个维度进行。

① 对振动噪声源的控制：改善产生振动噪声的零部件结构避免共振；改进旋转元件平衡；提高零部件加工精度和装配质量，减小相对运动元件间的冲击与摩擦；改善气体或液体流动，避免形成涡流；改善车身结构，提高刚度等。

② 对振动噪声传递路径的控制：对结构振动噪声传递特性进行改进，使振动噪声衰减而不是放大；优化发动机悬置、横梁衬套、悬架衬套等橡胶件的设计，降低向车身传递振动；采用合适的阻尼材料吸收振动；提高车身的密封性能；各种吸音材料、隔音材料和隔音结构的应用，减少声音的传递。

③ 提高用户满意度：主动降噪，减少特定频率的噪声；吸引用户注意力，减少 NVH 问题的影响，如进入车辆提示、开机欢迎界面等。

在研究 NVH 问题的过程中，主观评价与客观测试结合是 NVH 工作的必要步骤，在上述的很多环节中，需要通过主观评价明确 NVH 工作的方向，在此方向的基础上再进行客观测试使之量化，实施改进，最后由主观评价来完成改进措施的验收。

3.1.5　评价注意事项

NVH 受天气、路面等环境影响特别大，因此需要确保评价的一致性，使不同车辆的对比在同样条件下进行。

① 所有车辆同时进行评价，至少在同一天的同一段时间内进行。

② 声音在雨天的空气中传播更快，下雨时不能进行 NVH 评价。雨后评价时，应注意路面积水对评价的影响。

③ 评价过程中，通常应关闭车窗，空调分别处于开和关状态。

④ 驾驶员以外的乘客也是非常重要的评价人员，不同座椅位置需要分别评价，NVH 评价人员可以不驾驶车辆。

⑤ 由于环境风速和风向会有较大的随机变化性，评价风噪时，需要避免较大的环境风速，通常在评价时，环境风速不超过 3 级。风速等级、风速及特征见表 3.1.1。

⑥ 风噪评价时，需要同样的路线，确保风向相同。

⑦ 风噪评价时，行驶方向不同会有不同的结果，因此两个方向都要进行评价。

⑧ 风噪评价时，通常环境风速不宜超过 3 级，但当作为定性比较而非目标设定时，有时可以适当变通。

⑨ 风噪评价时，车辆不可加上售后加装零件如雨搭等。

⑩ 在开发过程中，解决 NVH 问题时，需要主观评价结果来确认此问题的表现形式是什么，如啸叫、哨音、敲击、共振、空腔音等，用以确认问题产生的原因。

⑪ 当进行项目开发、问题解决、调校时，主观评价还需要尽量确认噪声振动的源头，以便不同工程师在解决问题时，不需要现场确认即可进行进一步分析。

⑫ 在常见频率、常见响度下，正常人能够察觉到 1dB 的声音变化，3dB 的差异就可以感到明显不同，在主客观关联以及打分时，可以考虑此规律。

⑬ 谨慎选择路噪、异响评价时的路面，不适当的路面可能会放大或者掩盖问题。

表 3.1.1　风速等级、风速及特征

等级	距地 10m 高处的风速 /（m/s）	对应海面一般浪高 /m	陆面地面物征象
0	0.0 ~ 0.2	0	静，烟直上
1	0.3 ~ 1.5	0.1	烟能表示风向，但风向标不能转动
2	1.6 ~ 3.3	0.2	人面感觉有风，树叶微动，风向标能转动
3	3.4 ~ 5.4	0.6	树叶及树枝摇动不息，旌旗展开
4	5.5 ~ 7.9	1	能吹起地面灰尘和纸张，树的小枝摇动
5	8.0 ~ 10.7	2	有叶的小树摇摆，内陆的水面有小波

3.1.6 典型的 NVH 类型

典型的 NVH 类型见表 3.1.2。

表 3.1.2 典型的 NVH 类型

类别	NVH 类型		NVH 类型的描述举例	动力 NVH	风噪	路噪	异响
	中文	英文					
振动	振动	Vibration	所有类型振动的统称	√		√	√
	抖动	Shake	方向盘、地板、座椅的共振	√		√	√
	跳动	Hop	车辆或某系统上下的跳动	√			
	晃动		车辆或某系统侧向的晃动	√			√
	耸动	Shuffle	车辆或某系统前后的窜动	√			√
	冲击	Bump	自动档换档产生的冲击	√			
	严重冲击	Thump	自动档换档产生的严重冲击	√			
	颤动	Shudder	起步离合颤动	√			
噪声	点火声	Cranking Noise	启动机拖动发动机点火声	√			
	发动机不平稳	Engine Roughness	发动机运转声音高低起伏	√			
	啸叫声	Whine	变速器、发电机等旋转件噪声	√			
	啸叫声	Whine	涡轮、风道、车身等风流动噪声	√	√		
	啸叫声	Whine	轮胎与地面泵气效应、摩擦声			√	
	变速器敲击声	Gear Rattle	变速器非驱动齿轮敲击声	√			
	嗡嗡声	Drone	冷却风扇高转速噪声	√			√
	共鸣声	Booming	特定转速下发动机引起的共振声	√			
	共鸣声	Booming	特定路面、车速下引起的共振声			√	
	脱档共鸣声	Lugging Boom	由于转矩不足产生的共振声	√			
	严重共鸣声	Drumming	类似共鸣声，共振声压迫耳膜	√		√	
	哒哒声	Valve Ticking	气门、喷油器工作噪声	√			
	咆哮声	Growl	传动系统中的低频共振声	√			
	嗞嗞声	Tizz/Buzz	变速杆抖动的声音	√			√
	呻吟声	Moan	液压助力转向的变化声音	√			√
	撞击声	Clonk	传动系统金属碰撞声，有冲击	√			√
	咔哒声	Click	空调压缩机吸合声	√			√
	吸气声		涡轮吸气咝咝声	√			
	泄气噪声	Woosh	涡轮泄气噪声	√			
	喘振噪声	Surge Noise	涡轮喘振噪声	√			

（续）

类别	NVH 类型		NVH 类型的描述举例	动力 NVH	风噪	路噪	异响
	中文	英文					
噪声	啵啵声	Pop	排气管急速时啵啵声	√			
	风撞击声		空气撞击前风窗的声音		√		
	气流声	Air Rush	空气在车身各部位的扰流声		√		
	口哨声	Whistle	风道、后视镜风噪	√	√		
	嘶嘶声	Hiss	空调、风噪等气流嘶嘶声	√	√		
	吸气声	Aspiration	密封泄漏点高速风噪	√	√		
	气流共振声	Wind Throb	开窗风振，强烈压迫耳膜抖动声		√		
	空腔共鸣声	Tire Cavity	轮胎内空气谐振产生的噪声			√	
	轮胎滚动声	Rumble	轮胎滚动的噪声			√	
	轮胎拍打声	Tire Slap	周期性小输入路面时轮胎击打			√	
	轮胎摩擦声	Friction Noise	轮胎与地面、运动件摩擦噪声	√		√	√
	水飞溅噪声	Water Spray	湿滑路面和水坑水溅起的声音			√	
	砂石路噪声	Stone Pecking	砂石路面石子敲击声音			√	
	开放噪声	Openness	车内某处声音很大，车外声音无遮挡传入车内			√	
异响	摩擦声音	Squeak	内饰板之间的摩擦声音				√
	摩擦声音	Squeak	密封条之间的摩擦声音				√
	摩擦声音	Squeak	皮质材料之间的摩擦声音				√
	摩擦声音	Squeak	玻璃升降时的摩擦声音				√
	摩擦声音	Squeak	车门之间的摩擦声音				√
	摩擦声音	Jiggle	车门挤压、摩擦变化声音				√
	摩擦声音	Grind	如同金属在砂轮上摩擦声				√
	摩擦声音	Squeal	尖锐的摩擦声，如制动时				√
	敲击声音	Rattle	车门锁的撞击声音				√
	敲击声音	Rattle	颠簸路面时锁机构的敲击声音				√
	敲击声音	Rattle	未固定线束与内饰、钣金件敲击声				√
	敲击声音	Rattle	内饰件固定不良产生的撞击声音				√
	敲击声音	Rattle	悬架杆系、减振器未紧固撞击声				√
	敲击声音	Knock	减振器、转向部件传来的冲击声				√
	制动抖动声	Brake Judder	特定车速、特定制动减速度下				√
	振颤声	Creak	起步时制动踏板逐渐松开时的高频噪声				√
	呻吟声	Groan	起步时制动踏板逐渐松开时的共振噪声				√

3.2 动力系统 NVH

3.2.1 概述

动力系统 NVH 是指由于动力系统工作而产生的 NVH（噪声、振动及声振粗糙度）。动力系统在车辆运行中起着产生动力、传递动力、驱动车辆的作用，运动部件在力的作用下难免会产生噪声和振动，用户期望动力系统噪声、振动与竞品相比有竞争力，主要考虑以下几个方面：

① 噪声、振动的大小。

② 是否有异常的声音。

③ 是否有明显的共振。

④ 声音品质。

动力系统 NVH 评价更关注用户日常驾驶的模式，同时也要尽可能涵盖各种气候、海拔、车辆状态、负载变化、驱动模式、地形管理系统及驾驶模式等。噪声、振动的源头、传递路径是 NVH 问题解决的关键。因此，在评价动力系统 NVH 过程中，需要特别关注发动机转速或者相关的信息（大多数情况下车速并不重要），同时关注发动机主要子系统的振动、噪声，包括：

① 发动机含启动机、发电机等附件。

② 变速器含离合器。

③ 半轴、传动轴等。

④ 四驱系统、差速器。

⑤ 进排气系统。

⑥ 冷却系统。

⑦ 供油系统。

⑧ 悬置系统。

⑨ 其他在某些工况与动力系统相关的系统，如压缩机、转向系统等。助力转向、空调等会直接影响发动机运行的平稳性，也会受到发动机运转的影响，因此相关的噪声、振动通常也放在动力系统 NVH 中。

由于现在汽车的密封性能普遍较好，在车外听到的噪声要远比在车内时听到的更大，因此在评价时也需要包括车外评价的环节。但其问题的权重较车内听到的噪声要低很多，具体取舍需要各汽车企业根据问题严重程度和本品定位，针对每个问题专项研究。

3.2.2 用户对动力系统 NVH 常见的评语

评语 1 发动机噪声太大，怠速哒哒的声音很响，驾驶舱也一样清晰可闻。急加速就不说了，最近跑 100km/h 左右有口哨声，呼呼的，不太规律。2000r/min 时，排气管有一个非常难以忍受的共振，"嗡嗡嗡"低吼声。起步到 1900r/min 时会有一个噪声小高峰，但是比之前 2000r/min 时小一半！因为 2000r/min 这个坎我都练就了超级右脚！

评语 2 每个档位都有，3 档、4 档、5 档最突出（由于 1 档、2 档转速攀升较快，不太容易发现），在转速 1800～2000r/min 时，急加速发动机声音过大，咆哮，无力。高速跑 80km/h 时发动机舱空气噪声比发动机声音更大！

评语 3 每次 5 档，发动机转速 2200r/min，车速接近 80km/h 时，关上窗户就能听到很大的呜呜声，听起来很急促，非常烦人。这个声音应该跟档位没关系，即使挂 4 档，速度接近 80km/h 也有啸叫的。还有这个啸叫只出现在 80 ~ 95km/h 速度段，到了 100km/h 它就几乎消失了。还有一个特点，只要微微一松加速踏板，立即就不响了。

评语 4　2016 款 1.8T 四驱豪华版，现在跑了 6000km，转向时候踩加速踏板，就会有像过减速带那样的振动。昨天去 4S 店，他们说换差速器机油，这是厂家给出的解决方案。师傅说机油很贵，1 瓶 600 元，换上去跑一下，再放掉继续换，一共换掉 3 瓶机油，这也是厂家规定的，必须换 3 次才能把脏油换得相对干净些。师傅说，正常情况下 6 万 km 才换差速器机油，这才 6000km 啊。换第一次后其实振动就非常小了，后面机油越换越清，目前没问题了。

评语 5　气温 30℃左右，打着火后开空调，行驶了大概 30min，有一段路堵车，汽车声音突然变大，驾驶室内听到嗡嗡声音很大，并伴随方向盘轻微抖动。关了空调声音还在，我下车听，是散热风扇的声音。之后声音一直有，开了 10min 后到家，熄火等了 1min，再点着车，还是有这个声音。

3.2.3　评价方法

1. 发动机启动过程 NVH

评价过程包括先自检再启动，以及不自检直接启动的两种方式：

① 自检过程中，评价各种继电器的声音大小和品质，油压建立过程中的噪声大小。

② 点火过程中，评价来自于方向盘、地板和座椅的振动。连续振动比一次性振动更严重；垂向振动的用户接受程度取决于振动的严重程度；通常用户不能接受侧向和前后的振动。

③ 评价点火过程中、点火完成后，发动机的声音大小和品质如何，短促、清晰、单纯的声音相比长时间、沉闷、杂音带来更多的信心和品质感。例如，有的车在启动成功之后一瞬间，转速会上冲，更高的转速往往会带来更大的噪声，当环境温度较低、发动机冷态时，此种现象会更加明显。

④ 评价点火过程中发动机的附件噪声，如启动机、油轨、进气系统、排气系统、正时带等。常见的噪声，如旋转部件产生的高频噪声，排气管产生的低频噪声。

2. 发动机熄火过程中的 NVH

在熄火过程中，由于没有发动机噪声的影响，可以发现一些被发动机运转掩盖的噪声，同时有些部件从运转到停止有时也会产生噪声和振动。

① 评价来自于方向盘、地板和座椅的振动。连续振动比一次性振动更严重；垂向振动的用户接受程度取决于振动的严重程度；通常用户不能接受侧向和前后的振动。

② 评价发电机啸叫声、排气管噪声、风扇噪声等，以及是否有异响。

3. 急速 NVH

评价在发动机急速条件下，汽车内部、外部的噪声和振动，考虑噪声振动的大小和类型：

① 发动机燃烧噪声大小、稳定性、品质。

② 气门敲击声和喷油器工作中的哒哒声。

③ 评价发动机附件如进气系统、排气系统、正时带、油泵等的异常噪声。

④ 发动机怠速时，从方向盘、座椅、地板传来的整车振动。

⑤ 评价空调压缩机启动的吸合声、振动，以及压缩机工作时的振动大小，持续时间。

⑥ 转动方向盘，如果是液压助力转向，评价此过程中的啸叫声、呻吟声、振动。同时关注转向打至左右极限的情况；如果是电动助力转向，评价此过程中的电动机啸叫声，电流声等。

⑦ 其他耗能负载（座椅加热、除霜、灯光等）工作时动力系统 NVH 的变化。

由于怠速转速只在一个很窄的范围内，容易优化，因此很多车型的怠速噪声都可以控制得很低，用户期望怠速时没有明显的噪声和振动。

4. 频繁起步工况 NVH

在 1 档和 2 档下行驶，中小节气门开度频繁加减速，模拟交通拥堵时驾驶工况，评价行驶过程中的噪声和振动。由于转速较低，在此时通常能发现一些低频的共振问题，评价内容与怠速时类似。评价时关注：

① 加速、减速过程中发动机的噪声大小、声音品质、振动。

② 加速、减速过程中的车辆前后耸动、冲击、传动系统内部冲击，尤其是驱动力方向前后变化的时候。通常最苛刻的工况是低档位快速前进，然后马上换入倒档后退，或者先后退再前进。

③ 特定转速下的车身振动（也包括共振）、噪声。

④ 发动机附件的噪声，如冷却风扇、进气系统、空调等噪声。由于风噪小、发动机燃烧噪声低、热负荷大、传递转矩高，此工况往往可以发现一些独有的 NVH 问题。

⑤ 发动机启停功能的噪声和振动。

⑥ D 位踩住制动踏板，在起步之前逐渐松开制动踏板时，车身是否有共振。

⑦ 手动档评价起步过程中的抖动。

5. 加速 NVH

由于动力系统 NVH 源于动力系统，因此，在评价过程中，需要关注发动机的全部转速范围。低档位评价加速，使转速达到最大范围可以发现绝大多数问题。高档位时由于车速限制、路噪和风噪声过大，评价会受到影响，因此通常加速 NVH 的评价应以低档位时为主。

在加速过程中评价车辆的共振、变速器啸叫声、变速器敲击声、进排气噪声等。加速模式从最低稳定车速开始，在小、中、大节气门开度的情况下对 NVH 进行评价。

典型的加速 NVH 评价方法：在 2 档或 3 档时，从最低稳定车速开始，调节加速踏板位置，逐渐均匀地提高发动机转速，使其达到极限，在此过程中评价动力系统的 NVH。

① 在此过程中，如果出现了可疑的噪声或者振动，可以重复同一转速反复验证。

② 加速过程转速升高要很慢，不短于 10s，使所有转速都能充分评价。

6. 减速 NVH

加速之后松开加速踏板，可以评价减速过程中的 NVH。减速过程 NVH 表现与加速过程类似，但受负载变化、发动机断油及发动机制动的影响，NVH 表现与加速 NVH 会有所区别，如共振点的转速会相差一定数值。特别要关注变速器啸叫声、发动机引起的共振、传动系统噪声和振动。

7. 巡航 NVH

评价在各档位下，以稳定车速行驶时车内的噪声和振动，此时需要考虑变速器档位的影响。评价时，应该重点考虑目标用户的常用巡航速度／模式，如高速公路、市郊、城市公路车速限值，在各种典型车速（如 60km/h、80km/h、100km/h、120km/h）巡航时的 NVH。

若在之前的加速、减速过程中发现了某特定转速下有 NVH 问题，则应该专门针对该转速反复操作，进行详细评价。在用户常用的车速、转速下发生的问题应该给予更多的重视，当需要取舍时，需要设法解决而不是容忍。

8. 瞬态工况 NVH

评价在所有的瞬态模式过程中汽车内部的噪声和振动。瞬态模式包括持续大节气门开度加速、制动、节气门 Tip In、Tip Out、换档等。

① 手动档在 1 档从怠速开始，加速到 1500/2000/3000r/min（或者其他典型的用户使用档位），然后连续换档到最高档位。评价离合器接合、变速器啮合以及传动轴撞击噪声。

② 手动档在不同转速下逐级减档，评价减档过程的噪声和振动。

③ 自动档以 2000r/min 和 4000r/min 转速逐级换档，评价换档过程中的噪声和振动。

④ 手动、自动变速器在不同车速下，加大节气门开度加速、Tip In、Tip Out、加速过程制动再加速，评价此过程中的噪声和振动。

3.2.4 评价项目、操作方法、注意事项和评价路面

1. 动力系统 NVH 评价项目

动力系统 NVH 评价项目见表 3.2.1。

表 3.2.1 动力系统 NVH 评价项目

评价项目	分数	备注
动力系统 NVH 总体性能		
发动机启动过程 NVH		
发动机点火噪声		点火噪声／振动、启动机、油泵、传动带等噪声
发动机点火振动		
发动机熄火过程中的 NVH		
发动机熄火噪声		发动机运转到停止，发电机、进气系统、排气系统等振动／噪声
发动机熄火振动		
怠速 NVH		
噪声		发动机声音品质、气门、油轨、进气系统、排气系统、空调、助力转向等
振动		
频繁起步工况 NVH		
噪声		齿轮啸叫声、变速器敲击声、换档冲击、传动系统撞击、共振等
振动		
加速 NVH		

（续）

评价项目	分数	备注
噪声		发动机、增压器、齿轮、进排气、传动、四驱等零部件及系统的声音响度、品质、共振、啸叫声、敲击声音等
振动		
减速 NVH		
噪声		发动机、增压器、齿轮、进排气、传动、四驱等零部件及系统的声音响度、品质、共振、啸叫声、敲击声音等
振动		
巡航 NVH		
噪声		发动机声音响度、品质、特定系统噪声、共振等
振动		
瞬态工况 NVH		
噪声		传动系统冲击振动、冲击、车辆耸动、动力系统噪声
振动		

2. 评价操作方法

1）冷态启动发动机，评价振动和噪声大小、启动机声音品质、油泵噪声、继电器噪声等。在热车之后启动发动机评价同样内容。

2）急速状态下平稳运行，开启空调、电器、转动方向盘，评价此过程中的急速噪声和振动大小及变化。

3）城市行驶车速不超过 30km/h 的工况下，频繁起步停车、跟车缓行、开启电器，评价此过程中的噪声和振动，特别关注传动系统的冲击。

4）平直的路面（如试验场长直线平路或者性能路）上，以 2 档在最低稳定车速下匀速行驶，逐渐缓慢加速至最高转速，评价此过程中的噪声和振动。加速过程越慢越好，通常整个过程应不少于 10s。以 3 档用同样的方式加速，评价此过程中的噪声和振动。

5）在加速之后松开加速踏板使车辆保持滑行，在转速降低到最低稳定转速的过程中，评价动力系统产生的噪声和振动。

6）以不同的车速巡航，通常使用 60km/h、80km/h、100km/h、120km/h 车速巡航，评价此时的噪声和振动。也可以使用 4）和 5）中发现问题的转速巡航。

7）以不同转速逐级升档，手动档以 1500/2000/3000r/min 升档，自动档以 2000r/min 缓慢升档和 4000r/min 快速升档，评价此过程中的噪声和振动。

8）手动档升档之后，以不同的转速降档，转速为用户通常使用转速。评价此时的噪声和振动。

9）在不同的转速下 Tip In / Tip Out、不同节气门开度加速、不同减速度制动、加速过程制动再加速，评价此过程中的噪声和振动，主要评价传动系统冲击振动、车辆耸动等。

3. 评价注意事项

① 档位、离合器、节气门、负载的切换，有助于找到噪声和振动的源头。

② 空调、转向系统等耗能负载对动力系统 NVH 有很大影响。

4. 评价路面

动力系统 NVH 评价通常在停车场、城市道路（或者模拟场景）、试验场直线性能路（或者普通城郊公路及高速公路）上进行。动力系统 NVH 评价通常在平整路面上进行，但也需要考虑起伏的山路，此时，可以评价 NVH 在负载更大时的表现。在高温、高原工况下车辆散热系统负荷高，动力系统 NVH 表现会与日常工况有所区别，也需要关注。

3.3　风噪

3.3.1　概述

风噪是由于汽车高速行驶时，空气与车体撞击、摩擦及气流回旋，所产生的一种空气动力学噪声。减小风阻、降低扰流、阻止 / 削弱空腔内的空气流动、提高车身动态和静态密封性、削弱声音反射和传递是降低风噪的主要手段。

风阻与速度的平方成正比，随着车速的增加，摩擦阻力迅速增加，很多风噪水平较差的汽车在 80km/h 时，风噪就会很明显。一般来说，汽车的风噪主要集中在车辆的风窗玻璃、A 柱、B 柱、C 柱、车顶、尾门。

3.3.2　用户对风噪常见的评语

评语 1 我的车开起来好像进风，很闹心。

评语 2 各位有没有觉得 PLUS 风噪有点大啊，我跑 70km/h，关上车窗，风噪就挺大了。高速上 120km/h，噪声让人耳鸣，真让人抓狂。

评语 3 风噪是真的吓人，今天开了一把高速，好家伙！那声音真的吓死人，一点不符合二十几万的身价啊，太差劲了！平时 80km/h 还没什么感觉，100km/h 往上越来越大，后悔买这车了。

评语 4 车子开到 40km/h 以上，风窗玻璃右侧就会有明显的风噪声，速度越快声音就越明显，让我很反感。因为这个原因去了 4S 店 4 次，都没有给我解决问题。我开了两次试驾车，声音明显要小很多，而且声音是断断续续的，在接受范围之内。可我的车，还有其他买了这个车的车主，我们只能忍忍就过去么？已经影响到了正常行驶了！

评语 5 我和这位车友遇到的问题差不多，但我的车是在 60km/h 的时候，两边嘶嘶的声音，像收音机没收到信号的声音。车速越快声音就越大，100km/h 速度下简直难以忍受。我的车是顶配，提车半年，目前行驶了 9000km。

3.3.3　评价方法

1. 影响风噪的主要因素

车身及外饰附件的设计、制造水平对风噪的大小起着决定性作用，影响风噪的主要因素有两方面：

① 车身及其外饰附件的造型与设计，例如车身局部的造型，两个零部件之间的间隙、段差，如图 3.3.1 和图 3.3.2 所示。

② 车身密封性，例如密封条的数量、性能、车内外声音传递路径、隔音/吸声材料、车身制造精度等，都在很大程度上影响风噪的水平。

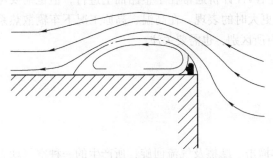
图 3.3.1　表面不平顺容易产生风噪

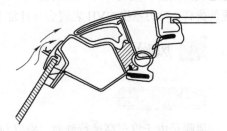
图 3.3.2　表面有突起部件容易产生风噪

2. 风噪产生的主要位置

如图 3.3.3 所示，评价风噪时需要重点关注的区域如下：

① 车前端风噪，包括风窗、发动机舱盖等处。

② 前门、A 柱、后视镜附近。

③ 中部区域、B 柱、C 柱附近。

④ 车尾区域、D 柱附近。

⑤ 车顶、天窗附近。

⑥ 其他位置。

图 3.3.3　某车型的风噪主要位置示意

3. 与风噪水平密切相关主要因素

风噪产生的主要因素见表 3.3.1，这也是在评价中需要加以关注的具体位置。

表 3.3.1　风噪产生的主要因素

外部激励源形式	泄露噪声原因		传递损失	
	动态密封 要素：压紧力、压缩负荷、车门变形量、密封条间隙、门 / 密封条匹配	静态密封	玻璃 / 板	密封
后视镜涡流	前 / 后门头道密封条	行李舱 / 尾门密封	前 / 后侧门玻璃	中部、顶部水切密封
A 柱 /B 柱 /C 柱涡流	前 / 后门二道密封条	风窗玻璃密封	前 / 后风窗玻璃	头道密封条
刮水器及刮水器盖板湍流	玻璃导槽密封	前 / 后三角窗	三角窗玻璃	二道密封条
车顶行李架湍流	中部外水切密封	外后视镜密封	天窗玻璃	玻璃导槽
风窗玻璃导水槽湍流	顶部外水切密封	车门把手密封	固定式侧窗玻璃	水切密封
进气格栅湍流	天窗密封	泄压口密封	侧门板	侧拉门密封
空腔共鸣	行李舱可翻转玻璃密封	固定式侧窗玻璃	尾门 / 行李舱板	行李舱 / 尾门密封
扰流板共鸣	行李舱 / 尾门密封	固定的侧拉门玻璃	可拆卸车顶	天窗密封
下车体空气流动噪声	侧窗密封	限位器密封	顶棚	可拆卸车顶
可拆卸车顶噪声	侧拉门密封	翼子板空腔	顶棚内饰板	侧窗密封
开侧窗风噪声振	可拆车顶密封			侧拉门密封
开天窗风噪声振				可拆车顶密封
后视镜底座				

4. 典型的风噪声

① 嘶嘶声：一般由于风窗玻璃、车门及侧窗密封状态不良而产生。

② 口哨声：一般由于车身缝隙尺寸问题产生，或由于后视镜、天线等表面结构件外形设计不合理而产生。

③ 啸叫声：气流通过狭小缝隙时产生的高频噪声。

④ 气流声：空气流经车身各部位的扰流噪声，当造型不够平滑时会产生。

⑤ 撞击声：空气直接击打型面而不是顺畅流过时造成，如空气直接冲击在较垂直的风窗玻

璃上时产生的噪声。

⑥ 吸气声：空气泄漏点，在高速行驶时由于车内压力大而车外压力小，造成的空气向外漏的噪声。

⑦ 声振：当打开天窗／一个车窗时，车内压力无法平衡时产生的强烈而有规律的声振，在耳膜上形成很大的压力，类似直升机螺旋桨的声音。

5. 评价风噪时需要关注的重点

① 风噪大小如何，与竞品比现处于什么水平。

② 噪声的类型是什么，啸叫声，口哨声，嘶嘶声，还是其他的形式。

③ 风噪从什么地方发出。重要度：驾驶员侧 > 副驾驶员侧 > 后排。

④ 风窗玻璃和 A 柱因为离驾驶员近且是主要噪声源，日常使用时只有前排乘员的场景占绝大多数，所以需要重点关注，且评价结果中权重高。

⑤ 在什么特定的工况下出现此风噪，记录出现风噪的车速、风向等信息。

⑥ 是否有空气泄漏的声音（严重的质量问题）。

⑦ 是否有异常的声音。有时即便整体噪声水平低，但异常的声音会严重影响整体噪声水平。

3.3.4 风噪评价项目及操作方法

1. 风噪评价项目

风噪评价项目见表 3.3.2。

表 3.3.2 风噪评价项目

评价项目	分数	备注
风噪总体性能		
100km/h 风噪		嘶嘶声、口哨声、啸叫声、气流声、撞击声、吸气声
120km/h 风噪		嘶嘶声、口哨声、啸叫声、气流声、撞击声、吸气声
130km/h 风噪		嘶嘶声、口哨声、啸叫声、气流声、撞击声、吸气声
车窗、天窗声振		

2. 评价操作方法

1）高速环道直线段或者直线性能路以 100km/h 的车速匀速行驶，保持 10s 以上，评价风噪的大小、位置、形式，并与目标、竞品对比。

2）操作 1）中高速环道直线段或者直线性能路的另一侧，以同样的方式评价风噪。

3）按照操作 1）、操作 2）的方式，分别以 120km/h、130km/h 的车速匀速行驶，评价此时的风噪。

4）以 80km/h、130km/h 车速匀速行驶，评价开单侧车窗或天窗的风振噪声。

评价路面选用高速环道直线段或者直线性能路。其他车速的风噪根据需要评价，但通常不作为开发目标和验收标准。

3.4　路噪

3.4.1　概述

胎噪是路噪的一种，除了胎噪，路噪还包括水飞溅、石子敲击等环境隔绝类噪声。路噪在整车 NVH 性能中所占权重很大，随着动力系统 NVH 控制水平逐渐提高，及汽车的新能源化，路噪在中速行驶 NVH 中所占比重越来越大。

从胎噪的生成机理及表现形式来看，分为结构传递和空气传递两种。一部分为胎面花纹的泵气效应、胎面振动、轮胎花纹与路面摩擦、撞击产生的辐射噪声；另一部分为轮胎受路面激励产生的作用力，通过悬架传递到车身，引起车身振动，从而向车内辐射噪声，传递到车内乘员耳旁。两部分胎噪的传递路径如图 3.4.1 所示。

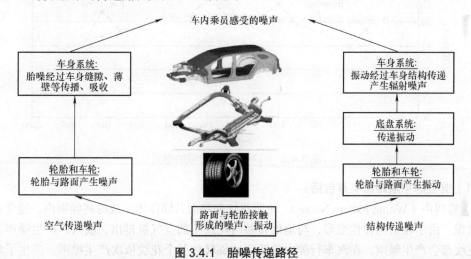

图 3.4.1　胎噪传递路径

路噪的产生离不开各种路面激励，与平顺性问题产生的机理相近，因此评价路面也基本相同。两者对比，平顺性评价时应考虑更多类型的破损路面，而路噪评价时考虑更多类型的平路、粗糙路面、小输入路面。对于经验丰富的评价人员，此两项评价可以同时进行。

3.4.2　用户对路噪常见的评语

评语 1 别折腾了，我四门加了隔音棉、换了密封条，还是不行。想要解决必须内饰全拆掉做底部隔音，再更换静音轮胎！没必要了，开车听听音乐就感觉好多了。其实准确地说这车挑路，在平整的马路上开一点都不吵，就是不平路面或有碎石的路面噪声很大。

评语 2 稍微烂点的路车内轰隆隆的，一下子从买菜车掉到三四万车的级别。今天拉了几个女神，说了句我特别心酸的话：你这车应该不到十万吧，我老板的车就很安静。

评语 3 路过一些砂石路面时，底盘会发出"嗶嗶啪啪"的沙子和石子打底盘的声音。以前的车就有这种苦恼的声音，本来安静的车厢，一下子"稀里哗啦响"，好像很多日本车都有这个问题。网上查了下，好像说是轮胎问题，换一种型号的轮胎就行，但是新轮胎舍不得。

评语4 隔音不好，外面车一经过就听到唰唰的声音，都传到我车里了。别的车按喇叭的声音也听得特别清楚，总感觉就在耳边。

评语5 雨天过积水路面时，很浅的积水，2～3cm最多了，明显感觉水打到底盘的声音特别大，不知道大家有没有同样的问题？求解？

3.4.3　评价方法

1. 胎噪

相比动力系统NVH，胎噪的噪声源少，涉及的系统、零件较少，噪声类型也相对较少，典型的胎噪及频率如图3.4.2所示。

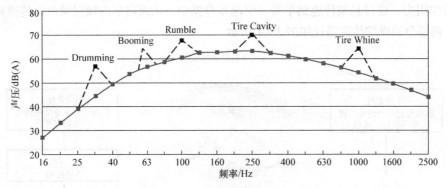

图 3.4.2　几种典型的胎噪的形式

（1）典型的平顺路面噪声包括：

1）啸叫声（Whine/Pattern Noise）。轮胎花纹和路面共同作用形成的高频噪声，通常在水泥路面出现。由于轮胎的弹性变形，与地面接触时花纹中的空气被排出、吸入，产生噪声。每个轮胎花纹都会产生噪声，在汽车行驶中轮胎高速旋转使各个花纹依次产生噪声，产生了如同齿轮等旋转件常见的啸叫声。此种噪声形式也称之为泵气效应，如图3.4.3所示。

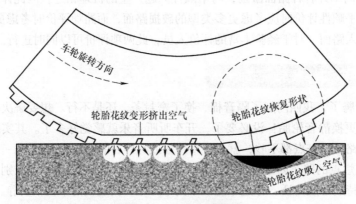

图 3.4.3　泵气效应图解

2）轮胎摩擦声。轮胎花纹与路面接触产生的摩擦噪声。

3）尖叫声。汽车在干燥平滑的路面上急转弯、紧急制动或者急加速产生的声音。由于轮胎花纹受到水平力作用，轮胎与地面相对滑动引发的自激振动。

4）掠风声。车轮在前进和旋转时，气流与轮胎表面接触产生的噪声。

（2）典型的粗糙路面噪声

1）轮胎滚动声。轮胎滚动时与地面接触产生的振动，通过悬架传递到车身形成辐射噪声，以及轮胎滚动的噪声通过空气传播到车内，车内乘员感受到轮胎滚动的噪声。一般在粗糙路面、破损路面上容易感知。

2）共鸣声。特定路面、特定车速下，轮胎振动传递激励车身产生的低频共振声音。一般在粗糙路面、破损路面上容易产生。

3）严重共鸣声。特定路面、特定车速时产生的低频共振声音。与共鸣声相比，低频的共振声音会对耳膜产生压力。一般在粗糙路面、破损路面上容易产生。

4）空腔共鸣声。当遇到路面持续激励时，轮胎内空气波动受到外界持续干扰，产生了驻波，从而造成的噪声，声音如同在空坛子内吹口哨。一般只在粗糙路面上产生。

（3）典型破损路面噪声

1）轮胎滚动声。轮胎滚动时与地面接触产生的振动，通过悬架传递到车身形成辐射噪声，以及轮胎滚动的噪声通过空气传播到车内，车内乘员感受到轮胎滚动的噪声。

2）轮胎拍打声。当路面有连续的较大接缝时，轮胎与路面产生的拍打声音。此时的车速和路面接缝的距离会对结果有较大影响，通常在水泥路面上出现较多。

3）共鸣声。特定路面、特定车速下，轮胎振动传递激励车身产生的低频共振声音。

4）严重共鸣声。特定路面、特定车速时产生的低频共振声音。与共鸣声相比，低频的共振声音会对耳膜产生压力。

5）悬架撞击声。破损路面、冲击路面等场景下，悬架各部件受到冲击产生的声音。

2. 环境隔绝能力

（1）水飞溅噪声

当驾驶通过湿滑路面和水坑时，溅起的水花会冲刷在底盘、轮罩及相关零部件上产生噪声，评价汽车隔绝此类噪声的能力。

（2）交通噪声

在道路上驾驶时，汽车能降低外部噪声影响的能力，包括其他车辆经过时产生的风噪、路噪、动力系统噪声、喇叭声等。

（3）隧道噪声

通过隧道时风噪声低，由于声音反射大，动力系统噪声和路噪都会被放大，评价此时噪声大小、与进入隧道之前噪声的差别。

（4）砂石路噪声

当驾驶通过砂石路面时，卷起的石子会敲击底盘、车身产生噪声。评价是否容易将石子卷起来敲击在车身上、石子敲击之后声音是否很大。

（5）开放噪声

声音在某一位置很大，由于密封不好，所有的声音都无遮挡地传入车内。

3.4.4 路噪评价项目、操作方法及路面

1. 路噪评价项目

路噪评价项目见表3.4.1。

表 3.4.1 路噪评价项目

评价项目	分数	备注
路噪总体性能		
胎噪		
平顺路面噪声		啸叫声、轮胎摩擦声、尖叫声等
粗糙路面噪声		轮胎滚动声、空腔共鸣声、共振声等
破损路面噪声		轮胎滚动声、共振声、轮胎拍打声等
冲击路面噪声		悬架撞击声等
环境隔绝能力		
水飞溅噪声		涉水路面噪声传递
交通环境隔绝		其他车辆的噪声是否容易传递进来
隧道噪声		噪声大小、进入隧道前后反差
砂石路噪声		砂石路面是否容易卷起石子、敲击声音是否容易传递
开放噪声		密封不好，声音无遮挡

2. 评价操作方法

1）分别以 80km/h、100km/h、120km/h 在柏油平路上匀速行驶，评价轮胎啸叫声、轮胎摩擦声、开放噪声。

2）分别以 80km/h、100km/h、120km/h 在水泥平路上匀速行驶，评价轮胎啸叫声、轮胎摩擦声、开放噪声。

3）分别以 60km/h、80km/h、100km/h 在粗糙路面上匀速行驶，评价轮胎滚动声、共鸣声、严重共鸣声、空腔共鸣声、开放噪声。

4）以 50km/h 车速在破损路面上匀速行驶，评价轮胎滚动声、共鸣声、严重共鸣声、悬架撞击声。当路面破损程度不同时，速度需要适当调整。

5）以 20km/h、30km/h 车速在减速带上行驶，评价悬架撞击声。

6）以 60km/h、80km/h 车速在有规律的接缝路上匀速行驶，评价轮胎拍打声。

7）在嘈杂的交通环境中行驶，评价对外界噪声的隔绝能力，包括其他车辆的噪声、喇叭声等。

8）通过积水路面，评价溅水之后的声音隔绝能力。

9）通过砂石路面，评价石子敲击声音，包括石子敲击频次，声音隔绝能力。

3. 评价路面

评价路面如图 3.4.4 所示。

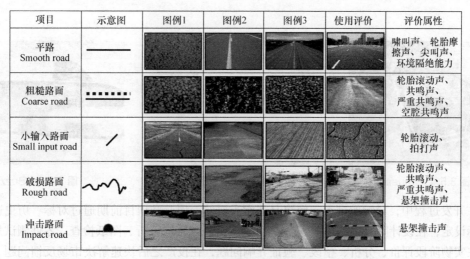

项目	示意图	图例1	图例2	图例3	使用评价	评价属性
平路 Smooth road						啸叫声、轮胎摩擦声、尖叫声、环境隔绝能力
粗糙路面 Coarse road						轮胎滚动声、共鸣声、严重共鸣声、空腔共鸣声
小输入路面 Small input road						轮胎滚动、拍打声
破损路面 Rough road						轮胎滚动声、共鸣声、严重共鸣声、悬架撞击声
冲击路面 Impact road						悬架撞击声

图 3.4.4　典型的路噪评价路面

3.5 异响

3.5.1　概述

异响不同于其他 NVH 属性，是用户不期望听到的，但可以完全消除的声音。随着新能源汽车的广泛应用，风噪、路噪水平逐步降低，更多的异响凸显出来。当出现异响的时候，用户会认为是汽车出了故障而需要进行维护、修理。无论是合资品牌还是自主品牌，异响问题都是汽车开发和质量控制的难题，尤其是高里程导致的异响出现频次增加，严重程度增强，都会造成顾客的抱怨。这一方面给品牌质量带来了负面影响，另一方面也增加了厂家质保期的维修成本。因此异响一旦出现，无论大小，都是必须改善的。

异响指标的完成与否是整车能否上市的重要依据之一，很大程度上影响用户的满意度，各车企都致力于解决异响问题。异响最直接的影响如下：

1）异响的多少代表着车辆的质量好坏，改善质量问题可以提高用户满意度和品牌忠诚度。

2）降低质保期的维修成本。

S&R（Squeak & Rattle）是所有异响的统称，典型的异响形式包括：

① Squeak：由相邻部件之间相对运动，表面摩擦产生的声音。比如密封条和车门之间有摩擦作用（如图 3.5.1 和图 3.5.4 所示），导致有的车在路过颠簸路面时产生异响。Squeak 声音通常是高频的，一般在 200 ~ 10000Hz。

② Rattle：由相邻部件之间相互撞击产生的声音。比如线束卡子失效，造成线束与内饰板之间的撞击异响（如图 3.5.2 和图 3.5.5 所示）。Rattle 声音一般在 50 ~ 8000Hz。

③ Buzz：由于受到激励，结构刚度不足，固有频率接近激励频率，部件自身共振而产生的共鸣声或振动。比如内后视镜在特定车速下产生共振（如图 3.5.3 和图 3.5.6 所示）。

图 3.5.1　Squeak1　　　　　图 3.5.2　Rattle1　　　　　图 3.5.3　Buzz1

图 3.5.4　Squeak2

图 3.5.5　Rattle2

图 3.5.6　Buzz2

在开发过程中，异响的排查、解决是非常重要的一项。在项目前期通过对标、历史追溯进行目标设定，在设计阶段根据规范、CAE 分析、材料兼容性分析、图纸检查、零件测试规避问题，在实物阶段评价、分析、整改、验证异响问题，在投产之后快速解决市场反馈问题、积累异响问题数据库、完善设计规范，在不同阶段都需要分别满足相应的整车异响目标。

本章节中会侧重于异响的检查方法。由于动力系统非常复杂，因此动力系统中的异响通常由动力系统 NVH 工程师来解决，本文中未涉及。

3.5.2　用户对异响常见的评语

评语 1 车子买回去没多久，就发现左车窗升降时有异响，非常的刺耳。没过多久发现右侧车窗也有同样的异响，就找到 4S 店检查修理。刚开始 4S 店工作人员说正常，毕竟是无框的车窗，密封不是太牢，后来工作人员也表示受不了，太刺耳了！

评语 2 今年 8 月 23 号提的车，我也知道这个价位的车不可能一点声音没有，但是低速和转弯的时候，四个门嘎吱的声音太大了。昨天在 4S 店修了一下午，说已经是最佳状态了，现在声音确实小了，但还是可以听到声音，并且刚打开车门时车门就抖动，像跳舞一样。

评语 3 2017 款的车，才开了 3000 多 km，开到现在我已经受不了了！一直有莫名其妙的异响，有时候从 B 柱传过来，有时候从发动机舱传出来，就像玻璃窗抖动的嗞嗞异响。好歹也四十多万的车，异响怎么这么严重！

评语 4 第一个异响位置是前排乘客侧的车门，声音就像玻璃晃动声音一样，无论路面平坦还是颠簸都一样，时有时无的；第二个异响是中控台，声音像是塑料件松动产生的，4S 店简单检查认为有两处，一处用类似减振海绵的东西贴了下，还有一处必须拆中控台，实在是不想拆新车，但中控台异响也是目前为止每天都会出现的，很犹豫该不该动；第三处异响来自后排，颠簸路面上才有，听起来是轻微的晃动，既不是金属松动也不是塑料件松动声音，感觉就像是座椅晃动的声音。

3.5.3　评价方法

1. 异响常见部位

常见的异响发生部位如表 3.5.1 所示。

表 3.5.1　Squeak、Rattle、Buzz 发生的典型部位

Squeak	Rattle	Buzz
门密封条与门框胶条	车门锁闩和锁扣	关车门时玻璃振颤
车门锁闩和锁扣	杂物箱铰链及锁机构	内后视镜振动
侧窗玻璃与水切、升降器	行李舱遮物帘	车门防水膜抖动
车门内扶手	线束与车身 / 内饰板	天窗遮阳帘抖动
座椅蒙皮	安全带与高度调节器	制动盘防尘罩共振
扶手箱	减振器	
门内饰板	衬套	
制动盘、轴承	悬架等受力较大部件紧固螺栓	

2. 异响产生的几个典型原因

① 设计不稳健、规避不够。如设计间隙不够、约束方式选择不当、接触面材料不兼容、系统 / 零件匹配不佳、动刚度不足，耐极限温度性能考虑欠缺等。

② 零部件制造的一致性不好、尺寸变差大。如尺寸公差变差过大导致间隙过小、材料配方改变导致形状 / 软硬 / 摩擦力变化等。

③ 生产工艺不合理、一致性不好。如涂胶尺寸 / 厚度 / 形状不合理、螺栓拧紧力矩不足、装配次序不合理等。

典型异响问题产生原因及解决方法如表 3.5.2 所示。

表 3.5.2　典型异响问题产生原因及解决方法

原因	异响形式	解决方法	零部件举例
间隙不够	碰撞异响	控制间隙	车门
摩擦系数不匹配	摩擦异响	材料匹配、润滑、隔离、紧固	密封条
缺少润滑	摩擦异响	使用合适的润滑油、润滑脂	玻璃升降器
刚度不足	撞击、振颤异响	系统优化，提高刚度或降低敏感性	车门
一致性差	撞击、摩擦异响	提高供应商、工厂生产过程能力	仪表罩
生产工艺问题	各种异响	改进生产工艺	门饰板
缺少固定点	撞击、摩擦异响	增加固定点数量及位置	线束

3. 异响量化指数系统

所有异响都应该被解决，但通常工程师会根据异响的严重程度，制订解决问题的优先顺序，下面的公式可以将异响的严重程度进行量化。另外，通过此公式，也可以帮助工程师制订和验收项目开发各个阶段的异响目标。通过此公式可以定义单个异响问题严重程度；统计少数车辆的异响指数，有助于把握项目开发过程的健康状态及问题解决排序；统计大样本量的异响整体指数，有助于控制量产一致性。

针对此异响指数公式，各车企可以根据自身使用的路面、各自车型定位来定义系数，比如越野车的感知系数、路面系数可以适当降低，而豪华高档车则需要适当增大。计算异响指数需要考虑所有相关车辆，单车异响指数 SR 的计算方法如下面的公式。

$$SR = \sum_{i=1}^{n}(I_{part} \times I_{road})$$

此公式中 I_{part} 是评价人员异响感知系数：

$I_{part} =1$，绝大多数评价人员或用户能够感知并且感到烦扰。

$I_{part} =0.5$，一半以上评价人员或者用户能够感知并且感到烦扰。

$I_{part} =0.3$，大多数评价人员或者用户能够感知但异响比较轻微。

$I_{part} =0$，没有异响或者极少数人发现轻微异响。

公式中 I_{road} 是路面系数：

$I_{road} =1$，问题发生在普通平滑的公路上。

$I_{road} =0.5$，发生在粗糙路面上。

$I_{road} =0.1$，发生在典型的异响评价路面上，包括扭曲路、比利时路、绳索路、正弦波路等。

评价方式、问题的权重需要尽可能与用户实际使用情况相匹配。评价时需要考虑不同的环境因素影响，包括路面、温度、湿度、天气等条件。在异响路面路谱、车速设定时，需要考虑用户实际使用过程中是否会遇到此类路面，不可一味地使用高强度路面，更不可直接使用强化耐久试验的路面。

4. 异响评价方法

汽车零部件很多，有时候无法直接找到声音的源头，首先需要确认异响的来源，然后通过有效的查找方法来确认源头、传递路径。问题的查找方法往往也是问题的解决办法，常用的查找方法如下：

① 分析零件的运动轨迹。

② 零件的动静态受力分析。

③ 振动源及传递路径分析。

④ 分析材料的弹性变形、摩擦特性。

⑤ 分析尺寸公差。

⑥ On/Off，可以将零件拆下、装上后分别评价，以确认问题零件。

⑦ 将问题零件特定参数放大、缩小确认问题原因。

⑧ ABA，将问题车和无问题车零件对调排查。

（1）静态评价

在车辆静止的状态下可以快速发现一些较为明显的异响，以及一些可能存在的异响风险。通过操作运动部件、敲击／按压固定部件、播放特定声音文件，初步快速地判断是否有松散的部件和共振，如开关车门等开闭件、调整出风口机械部件、调整玻璃等电控部件。

例：车门

① 车门内外把手操作时是否有摩擦声音。

② 车门内外把手拉动过程是否有摩擦声音。

③ 车门内外把手是否有回弹撞击声音。

④ 不同车窗开度时关门过程是否有振颤。

⑤ 开关车门是否有密封条摩擦声音。

⑥ 开关门时铰链是否有摩擦异响。

⑦ 开关车门是否有内饰件挤压异响。

例： 侧窗玻璃

① 玻璃升降过程是否有摩擦异响。

② 玻璃升降过程是否有咯吱异响。

③ 玻璃升降到极限是否有撞击声音。

④ 玻璃升降过程是否有晃动。

⑤ 玻璃升降过程是否卡顿、运行不畅。

（2）整车异响道路评价

在实际公共道路、特殊试验道路驾驶，去评价异响问题。公路更贴近用户的实际使用工况，但是由于激励小，有时发现的问题程度低且可再现性低，更多时候用于对问题的严重程度进行定性。在特殊道路上评价异响问题，可以将特定问题放大，且重复性好更容易查找问题的原因。

1）典型异响评价路面如图 3.5.7～图 3.5.15 所示。

图 3.5.7　扭曲路

图 3.5.8　比利时路

图 3.5.9　鹅卵石路

图 3.5.10　搓衣板路

图 3.5.11　钉头路

图 3.5.12　正弦波路

图 3.5.13 井盖路

图 3.5.14 绳索路

图 3.5.15 振动带

2）异响路面及所评价的典型问题。在特定的路面下，根据设定的车速，可以针对性地评价不同类型的异响。典型路面及评价的异响问题种类如表 3.5.3 所示。

表 3.5.3 典型异响路面及所检查问题种类

路面	可发现的问题	一般引起问题的部件
角铁路	大冲击引起的内饰件异响	内饰件
绳索路	轻微冲击引起的内饰件异响	内饰件
扭曲路	车身、内饰板摩擦异响	车身、胶套、门板
比利时路	底盘、内饰件异响	底盘、内饰件
鹅卵石路	底盘、内饰件异响	底盘、内饰件
搓衣板路	共振异响	内饰件
粗糙路	内饰件异响	内饰件
钉头路	内饰件异响	内饰件
正弦波路	底盘、内饰件异响	底盘、内饰件
井盖路	底盘、内饰件异响	底盘、内饰件
振动带	共振异响	底盘、内饰件

（3）整车异响道路模拟机评价

除了道路评价之外，在试验室内借助道路模拟机评价异响问题的车企也越来越多。道路模拟机如图 3.5.16～图 3.5.18 所示，其优点如下：

① 激励源可以根据需要输入随机信号、正弦扫频等，使用、更换路谱方便快捷。

② 可以在评价道路采集路谱，作为激励源进行台架试验，评价异响问题。

③ 人员可以在车边进行检查，容易查找问题的原因。

④ 减少发动机、风噪、路噪的干扰，直接找到异响的源头。

⑤ 一致性好，当出现异响时可以无限延长振动输入时间，直至最终复现异响问题。

⑥ 不受环境影响，且环境仓之内可以模拟不同的环境温度、光照、湿度。

⑦ 可以快捷地进行零部件试验。

⑧ 根据不同车型设定不同的输入强度。

⑨ 可以通过测量设备（传感器、数据采集器、分析软件）进行深入分析，测量加速度值识别零部件异响风险、分析解决方案、积累数据库、对标分析。

整车道路模拟机也有自身的缺陷，如设备价格贵，每次只能评价一辆车，由于无法加载侧向和纵向载荷，与实际道路行驶会有细微差别。

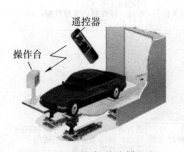

图 3.5.16　整车道路模拟机　　图 3.5.17　环境仓道路模拟机　　图 3.5.18　零部件道路模拟机

3.5.4　异响检查的主要工具

1. 检查异响常用设备

检查异响常用设备如图 3.5.19 所示。

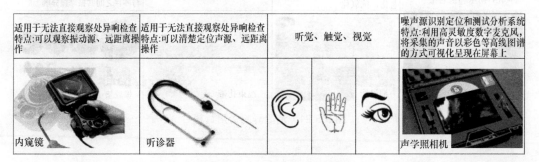

图 3.5.19　检查异响常用设备

2. 结构拆解常用工具

结构拆解常用工具如图 3.5.20 所示。

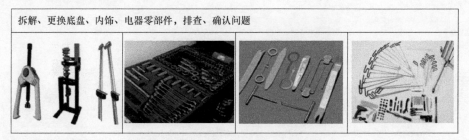

图 3.5.20　异响问题排查常用结构拆解工具

3. 消除异响常用材料

消除异响常用材料如图 3.5.21 所示。

适合干涉类问题的隔离措施 特点：耐磨，但不防水	适合干涉类问题的隔离措施 特点：防水、隔振效果好，但不耐磨	适合干涉问题的隔离和共振类问题的支撑 特点：隔振效果好、耐久性差、不防水	适合干涉问题的隔离和共振类问题的支撑 特点：弹性好、支撑性强、耐久性差、不防水
 毛毡	 泡棉	 海绵填块	 棉花填块
适合干涉和摩擦类问题 特点：耐磨，隔振效果好，但不防水	适合干涉类问题 特点：黏性好，隔振效果好	适合固定、隔音类问题 特点：黏性好、隔音/密封效果好、密封面积大	适合于摩擦类问题的分析和解决 特点：润滑效果好，不适用于高温连续摩擦位置
 布基胶布	 3M窄胶带	 3M宽胶带	 润滑脂
适合于电气开关异响润滑 特点：高低温适应性好、抗氧化、防水和抗老化	适合于金属件直接的摩擦异响润滑 特点：高低温适应性好、抗老化、抗氧化	适合干涉类问题 特点：使用方便、固定良好	适合于车门、杂物箱盖等具有开启功能的干涉 特点：具备缓冲功能、避免零件与零件之间共振摩擦异响
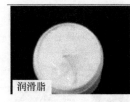 润滑脂	 润滑脂	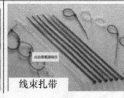 线束扎带	 橡胶垫

图 3.5.21　消除异响常用材料

第 **4** 章

动力系统

4.1 动力系统概述

4.1.1 什么是动力系统

作为交通工具，用户期望汽车动力强、受控、经济性好，这些诉求都受动力系统影响。动力系统的软硬件，直接影响到能量的产生、传递、作用（如图 4.1.1），进而影响用户的体验。动力系统的属性分为很多种类，其中用户可以直观体验的包括加速性、驾驶性、手动变速器和自动变速器，从这几个维度评价车辆，需要了解动力系统主要的软硬件的构成、基本工作原理等。

动力系统就是指发动机点燃燃油产生驱动力，传动系统将发动机产生的驱动力，经过一系列机械结构，传递到车轮的整个系统，即生成、传递动力的系统。动力系统包括发动机及附件、离合器、变速器、分动器（只用在四驱车上）、传动轴（或半轴）、差速器。从驱动形式布置来看，主要包括前置前驱、前置后驱、后置后驱。

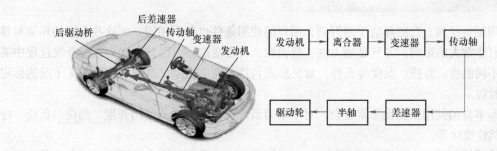

图 4.1.1 前置后驱汽车动力传输过程示意图

除了硬件之外，软件系统控制发动机、变速器、四驱的工作方式，也直接影响动力系统的表现。发动机控制单元（PCM）控制进气、喷油、点火，变速器控制单元（TCM）控制换档时机、换档快慢、档位。

4.1.2 动力系统的发展路径

在汽车的发展历史中，动力系统先后经历了蒸汽驱动、内燃机驱动、电驱动几个过程，目前又在向混动及其他能源形式发展。本章主要介绍内燃机车辆评价方法。由于石油的短缺和环境保护的需要，油耗与排放法规变得越来越严格，见表4.1.1。当与整车其他性能产生冲突时，需要优先考虑油耗和排放要求。

表 4.1.1 《乘用车燃料消耗量评价方法及指标》（征求意见稿）重要指标

区分	现行版（GB 27999—2014）4 阶段					修订版（GB 27999—2019）5 阶段					
行业目标	5.0L/100km(NEDC 基准)					4.60L/100km(WLTC 基准)					
达标要求	年度	2016	2017	2018	2019	2020	年度	2021	2022	2023	2024	2025
	要求	134%	128%	120%	110%	100%	要求	123%	120%	115%	108%	100%
NEV 及 节能车倍数优惠	年度	2016	2017	2018	2019	2020	年度	2021	2022	2023	2024	2025
	NEV	5.0		3.0		2.0	NEV	2	1.8	1.6	1.3	1
	节能车	3.5		2.5		1.5	节能车	1.4	1.3	1.2	1.1	1
	节能车：≤ 2.8L/100km					节能车：≤ 3.2L/100km					

为了降低油耗，小排量增压发动机、高燃烧效率的发动机、更多档位的变速器、更优化的标定已经逐渐成为主流。小排量增压发动机最高转速通常在 2200 ~ 3800r/min 之间，搭配多档位的变速器，可以很好地调整发动机的转速，使其在最佳的转速范围内工作。而这个转速及更低的转速范围，是用户日常驾驶最常用的转速，需要充分评价，并对评价结果给予更高的权重。

4.1.3 动力系统性能的影响因素

中国幅员辽阔，自然环境千差万别，用户的使用条件也各不相同，而这些不同的环境对整车属性有非常大的影响，尤其是动力性、驾驶性、自动变速器。因此在动力系统开发过程中需要考虑不同温度、海拔、湿度等条件，常见形式包括三高（高寒、高温、高海拔）工况的标定开发和验收。

汽车本身的使用工况也非常复杂，对于动力系统而言，包括节气门开度、档位、负荷、冷暖机、档位变化等。

动力系统开发（主要指 PCM 标定、TCM 标定）过程需要结合自然环境、汽车工况及用户使用习惯进行调校，主观评价是此过程中重要的手段。为提高评价的鲁棒性，需要考虑表 4.1.2 所有因素的组合。

表 4.1.2 动力系统属性评价需要考虑的因素

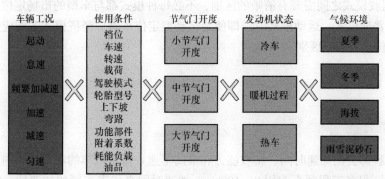

尽管开发过程非常复杂，需要针对动力性、经济性、驾驶性进行各种平衡和取舍，但对于驾驶员来说，只需要关注加速踏板操作以及车辆性能，即加速踏板位置 / 踩下速度、车辆速度、车辆加速度之间的对应关系。用户期望当踩下加速踏板的时候，动力就会有提升。随着加速踏板行程加大，动力提升的时候发动机转速也会提升，但高转速意味着油耗高、NVH 变差，而这些也是中国用户关注的。因此用户期望车辆在低转速下动力足够、输出平稳、控制可靠，可以满足绝大多数的驾驶需求，只有特殊情况才在高转速运行。通常来说 3000r/min 以下的动力系统性能对中国用户来说更重要，尤其是 2000r/min 左右。

如 1.4.3 节所述，城市低速行驶工况应该作为评价的重点关注项。加速性、驾驶性、变速器性能都需要针对此工况进行相应的开发、验收，并与环境变化相结合。

4.1.4 评价注意事项

① 动力系统评价的核心在于车辆响应是否快速、平稳、受控。

② 加速踏板的不同位置对评价结果有很大影响，在评价之前熄火状态下，需要仔细体会踏板不同位置的区别，能够清晰地区分 1/3、2/3、1/2 等主要的踏板位置。

③ 加速踏板的踩下速度对动力系统属性也有直接的影响。

④ 载荷对动力系统性能表现影响很大，在评价过程中需要保持高度的一致性。

⑤ 评价加速性如何，不仅应关注加速的时间长短，也要关注加速过程中带给用户的体验。

⑥ 加速性、驾驶性、变速器性能有较多重叠内容，难以分割，因此有些车企会将其中的两条或者三条合并。

⑦ 驾驶性中包括冲击、噪声方面内容，与动力系统 NVH、变速器性能有重叠部分，在评价过程应根据其产生机理分类。例如加速时，尤其是从制动减速状态马上切换到加速过程时，传动系统内部产生撞击，如原因是换档逻辑，应归类为变速器问题；如原因是传动系统间隙，则应归类为驾驶性问题；如无法找到问题原因，则应从动力系统 NVH 调查。

⑧ 恶劣环境下性能可以有衰减（如高原环境下加速降档时机晚），但是不能有明显的性能衰退，且要与竞品相比较。

⑨ 在动力系统评价时，以正常模式为主，但也需要考虑其他驾驶模式。包括：

a. 四驱模式：2H、4H、4L。

b. 动力模式：运动模式、普通模式、经济模式。

c. 地形管理系统：沙地模式、雪地模式、泥泞模式、草地模式、岩石模式。

d. 自动变速器的 D 位、S 位、手动模式。

⑩ 不同驾驶模式之间需要有清晰的区别，不必每种模式都与车型的市场定位相匹配。例如有经济模式、普通模式、运动模式时，即便是运动型定位车辆，经济模式的响应速度、加速快慢也要与普通模式有明显区别。

4.2 加速性

4.2.1 概述

通常，工程师会用加速时间、爬坡能力和最高车速来衡量汽车的动力性，加速性是动力性中重要的一项。很多工程师喜欢用 0—100km/h 加速时间来代表车辆的加速性，但这并不够合理，主要因为：

① 0—100km/h 加速并不是中国用户的常用工况，中国用户日常驾驶很少使用大节气门开度或者全节气门开度加速，且 100km/h 车速过高。

② 在 0—100km/h 加速过程中，起步响应、中途加速、加速时间都会对用户的感受造成影响，单纯的加速时间不足以反映加速性能。

动力性参数（发动机排量、功率和转矩等）是车主买车时考虑的重要指标，在车企定价的时候，也起着决定性作用。车企在开发汽车的时候往往以此为依据将车辆划分档次，据此而决定车辆的配置。发动机的转矩大，则具备了良好加速性的先天条件，这些参数都会对加速性产生决定性的影响。但是良好的数据并不一定能带来良好的用户体验，主要是因为：

① 用户对于在低转速区发动机的转矩是否足够很敏感。由于驾驶习惯、交通状况、新驾驶员比例较高等原因，汽车经常在低转速下运行。

② 由于燃油经济性的原因，很多汽车的高档位速比设计得很小，导致高档位传递转矩小而动力性变差。

③ 有些车由于舒适性的原因，发动机和变速器的标定调校也更趋向舒适而非动力性，因此响应时间和换档过程变长而影响动力性。

因此加速性评价需要考虑更多加速方式，从用户使用场景角度出发评价。好的加速性可以给用户带来愉悦的驾驶感受，还可以使驾驶更安全。但加速性提升可能会导致经济性、驾驶性变差，这也是评价过程中需要关注的方面。

4.2.2 用户对加速性常见的评语

评语 1 我开的是 2.5L 排量的旗舰版，今天在红绿灯处和一辆跑车比加速，我的车一共四个人，对方车上两个人，我开启了 Sport 模式，起步的时候超过了他两个半车身，可到 100m 后被他反超了三个车身。

评语 2 我的车子排量 2.7L，在红灯起步、120km/h 以内行驶、超车时，和 1.6L 排量的轿车感觉差不多的。要是不怕费油，可以把 "ECO" 关掉，加速性立马好了很多。朋友买了和我一样的车，昨天坐我的车，说加速比他的车要肉得多，而且从 60km/h 到 80km/h 加速有抖动感。我最近也感觉加速踏板有点重，提速比新车那时慢了一些，是不是要洗节气门了，才走了 1.4 万 km。

评语 3 为什么我的车同款同年生产，深踩加速踏板降档就没有这么给力，总是深踩下去，要等半秒变速器才做出动作，和这车一比，表现完全不同。

4.2.3　评价方法

1. 加速快慢

如下所示，以不同组合方式加速，评价加速性能，此过程中单纯地感受加速的快慢，多久可以加速到目标车速：

① 不同的节气门开度（如典型的 1/3 节气门开度、2/3 节气门开度、全节气门开度等不同节气门开度工况）。

② 不同的加速方式：

a. 从静止起步加速到 50km/h。

b. 从静止起步加速到 100km/h。

c. 从 30km/h 加速到 80km/h。

d. 从 80km/h 加速到 100km/h。

e. 从 80km/h 加速到 120km/h。

f. 变工况加速，在城市工况频繁加减速之间切换。

g. 不同车速下模拟超车过程。

③ 不同的档位组合加速。

用户日常驾驶的城市、市郊、高速等工况有较大差异，在这些不同的道路交通环境下，用户加速方式会有较大的区别，因此评价需要考虑不同场景下的加速响应，同时侧重于目标用户使用最多的场景。

2. 加速响应

用户感受加速快慢不仅受加速时间的影响，也受加速过程中车辆响应的影响，如图 4.2.1 所示。如无特殊需求，自动变速器只需要使用 D 位模式评价。

① 迟滞。踩下加速踏板之后加速响应是否及时，是否有一段时间车辆没有加速，过了这段时间之后车辆才开始加速，如图 4.2.1 上两条曲线中的①所示。如同其他属性一样，空行程可以使系统不会过于灵敏而难以操控。但是过大的空行程（此处为加速滞后响应）则会带来车辆响应迟钝的感受。目前，汽车开发中改善迟滞现象依然是主旋律。

急加速超车或者城市工况频繁加减速时，更容易发现迟滞现象，而这两种工况也是用户需要尽快加速的时候。

② 任意转速区间加速快慢，在所有的转速区间是否都有适当的动力去加速。需要关注档位较高，转速偏低的工况下，动力不足，高档低矩（小马拉大车）引起的感受。

③ 任意位置的加速踏板响应是否灵敏，是否都有适当的动力去加速，使用户能够感受到动力输出的及时性。

④ 加速度斜率是否合理（如图 4.2.1 上两条加速曲线中的②）、加速度响应是否有突变，包括平滑、降低、突增等。

⑤ 有效的踏板行程长度，此长度足够长，则意味着踩下踏板的大多数行程都能感受到加速，驾驶员更有信心感，如图 4.2.1 中③所示。

⑥ 没有响应的加速踏板行程，踏板行程的末端加速响应慢，此区间范围通常较小。当踩下踏板

过程越快时，此区域越大，如图 4.2.1 中④所示。当此区域变长的时候，有效踏板行程长度变短。

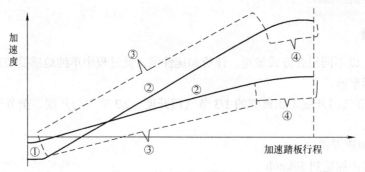

图 4.2.1　加速踏板响应曲线

评价加速响应时，需要关注涡轮增压器（如果有的话）介入时机，以及自动变速器换档时机的影响。对于涡轮增压发动机来说，涡轮增压介入之前往往动力性不够好，而涡轮介入之后动力性充沛。使涡轮介入的时机提前、减小涡轮介入前后的转矩差别，会使整个加速过程更平顺，同时有更好的预期性。自动变速器的升、降档也会对加速性产生很大影响，因此自动变速器换档时机设定需要充分考虑用户驾驶场景。

3. 加速踏板操作

评价在加速、匀速行驶过程中，加速踏板的操作是否符合预期。评价加速踏板操作时，首先确保姿势正确。驾驶过程中右脚跟着地，可以靠脚部旋转来控制节气门的开度，脚掌可以在加速踏板和制动踏板之间自由切换。

① 踏板总行程：踏板总行程不宜过长，否则由于脚踝旋转角度有限，加速时不容易快速踩下全部踏板行程，影响全节气门开度加速的感受。

② 踏板空行程：踏板空行程即车辆没有加速反馈的踏板行程，此行程需要适中，过长的空行程会带来加速响应慢的感受，过短的空行程使加速过程过于敏感。

③ 适当的加速踏板预载荷：在车辆没有加速反馈之前，踏板的自由行程也应该存在力的反馈。与其他踏板一样，加速踏板预载荷行程范围应该小于空行程范围。

④ 合适的踏板力：用户在踏板踩下和保持过程中，踏板力大小不同。相对而言，通常踩下踏板力要略大而保持踏板力略小。踏板力不宜过重，否则会带来加速乏力的感觉。但也不宜过轻，过轻的踏板力会造成加速过程不容易感受和控制，且不能给脚提供支撑感，易疲劳。

⑤ 踏板力线性度：踏板力和踏板行程应呈线性关系，过渡过程平滑不突兀，如图 4.2.2 所示。

⑥ 踏板到底的反馈：当将加速踏板踩到底之后，需要给驾驶员清晰的力的反馈。

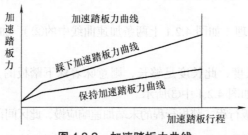

图 4.2.2　加速踏板力曲线

4. 声音品质

好的声音品质可以给用户良好的加速感觉。为突出加速过程中的澎湃动力感受，有些车企会针对运动型汽车，利用主动声浪，降低排气阻力，突出适当的低频声音，消除加速过程中出现的杂音，使加速声浪、转速随着节气门开度的增加而提升，给用户带来强劲动力的感受。

4.2.4　加速性评价项目及操作方法

1. 加速性评价项目

加速性评价项目见表 4.2.1。

表 4.2.1　加速性评价项目

评价项目	分数	备注
加速性总体性能		
加速快慢		
原地（蠕行）起步动力性		部分节气门开度、全节气门开度时的加速响应、加速快慢、动力输出平稳性
城市工况加速动力性		
高速加速动力性		
加速响应		
加速迟滞		初始加速响应快慢
加速线性感		线性感、加速度斜率、线性区域
加速踏板响应死区		加速过程没有响应的踏板行程
加速踏板操作		
加速踏板行程		自由行程、总行程、到底反馈
加速踏板力		踩下/保持力大小、力曲线
加速声音品质		杂音、醇厚、运动感

2. 评价操作方法

手动变速器操作方法如下，当评价自动变速器时使用 D 位，其他条件相同。

1）从怠速停车状态开始，以 1/3 节气门开度、1 档开始加速，逐级换档直至加速至 50km/h，评价此过程中部分节气门开度加速能力。

2）从怠速开始以 1 档最大节气门开度加速，在最大转矩时换档，逐级换档直至加速到 100km/h。评价最大节气门开度加速能力。

3）从 30km/h 的车速开始，以 1/3 节气门开度、3 档加速到 70km/h。评价部分节气门开度城市工况加速能力。

4）从 30km/h 的车速开始，以最大节气门开度、3 档加速到 70km/h。评价最大节气门开度城市工况加速能力。

5）从 80km/h 的车速开始，以 1/2 节气门开度、4 档加速到 100km/h。评价高速时部分节气门开度加速能力。

6）从 80km/h 的车速开始，以用户常见节气门开度和档位，加速至 120km/h，评价部分节气门开度加速能力。

7）从 80km/h 的车速开始，以最大节气门开度、4 档加速到 120km/h。评价高速时最大节气门开度加速能力。

8）保持 3 档、50km/h，先踩下 1/3 节气门开度，再踩下 2/3 节气门开度，评价加速响应滞后性、加速响应线性度。

9）在以上各种加速过程中，评价加速踏板行程、踏板踩下力、踏板保持力、踏板人机工程。

10）在以上各种加速过程中，评价加速声音品质。

11）在以上各种加速过程中，评价踏板力、踏板行程、加速度的关系，线性响应区间是否合理，线性度斜率是否合理。

在实际评价中，可以用更多的节气门开度来评价。

加速性评价时，也有必要考虑山路条件下的加速能力和加速响应快慢。

4.3 驾驶性

4.3.1 概述

驾驶性是指在驾驶员的调整节气门、换档等操作下，发动机、控制系统以及动力传动系统性能。总体而言，用户期望动力系统响应快速、平稳、受控、可预期。

除了硬件软件，开发对驾驶性也有直接的影响。如产品开发过程中的发动机控制系统（ECU/PCM）软件开发，不同工况下针对性地设定发动机的进气、喷油和点火，以及变速器的换档曲线、换档过程等。根据车辆市场定位调校驾驶性，使之符合目标用户需求，在上述这些开发过程中主观评价也是最有效的工具。

根据用户通常的驾驶习惯，评价的内容包括启动、怠速、起步、换档、车速调整、城市工况、频繁加减速、瞬态工况等各种工况下的驾驶性。

驾驶性中的典型问题现象：

① Hesitation（滞后）、Sag（动力下降）、Flat（加速平缓乏力）。

② Bump/Shuffle（加速冲击 / 耸动）。

③ Stumble（严重的转速波动）、Surge（转速波动）。

④ 回火、排气管放炮、爆燃。

4.3.2 用户对驾驶性常见的评语

评语 1 我的车 1 档换 2 档，能感觉到顿挫一下，昨天试了另一台，就很平顺，是变速器问题吗？如果去 4S 店能不能解决？

评语 2 高速行驶的时候松开加速踏板，转速降不下来。比如说开到 100km/h 转速

3000r/min 多，松开加速踏板转速还不降，这样会不会比较耗油？我开别的车都会降下来。

评语 3 车辆难启动，启动时间过长是什么原因，有遇到过、解决了的吗？汽油泵换过，蓄电池换过，火花塞、点火线圈也换过，都没有搞定。尤其是跑热的车，停下后过个把小时再启动，点火时间很长，反而冷车就很干脆地启动了。

评语 4 新车刚出磨合期。这几天早晨冷车启动的时候，发动机转速会一下飙升到3000~4000r/min，得两分钟左右才会恢复正常，那声音听着怪吓人的，再加上现在的油价这么高，心疼啊！去了维修站，他们也没辙。

评语 5 低档位加速的时候车辆一窜一窜的，还有感觉刚开始加速的时候车子挺慢，但是过了几秒以后突然又开始加速了，偶尔也会出现急速不稳，匀速行驶的时候未见顿挫的情况。现在不清楚到底什么情况了。如果说火花塞有坏的，那也不至于偶尔会顿挫吧。前几天保养完还开过高速，也没见抖过。过了一两天又开始出现顿挫，不知为何。保养的时候换了火花塞、汽油滤清器，清洗了节气门，没重置 KAM 数据，不知道跟这个有没有关系。

4.3.3 评价方法

若没有空调等负载启动时，通常车辆运行平稳，启动负载时车辆运行可能会不平稳。启动负载时，车辆需要消耗更多的发动机输出功率，当发动机的功率不足、发动机标定与负载不匹配时，就会出现发动机运转不稳定的情况，尤其是在急速工况下。启动负载主要包括：

① 开启汽车电器，包括加热（前后窗玻璃除霜、座椅加热、后视镜加热）、车窗、前照灯等用电设备。

② 开启空调压缩机。

③ 转动方向盘，从初始位置转动到最大位置。

1. 发动机起动

（1）发动机启动过程

发动机启动过程中主要评价启动时间、一致性、转速过冲。评价的过程需要考虑外界环境，如温度的不同，以及竞争对手的表现。重复启动间隔不能少于10s。

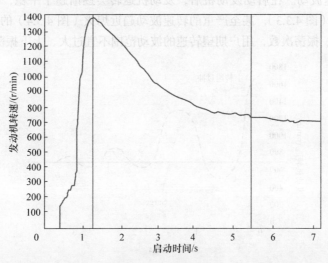

图 4.3.1 启动时间

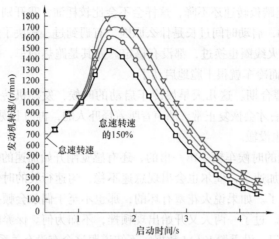

图 4.3.2 四次启动转速过冲均过高

1）启动时间。在常温下，现在的汽车都可以做到非常快速地启动，启动时间少于 1s，如图 4.3.1 所示，启动机拖动次数不超过 2 次，否则会给用户带来信心不足的感觉。

国标对于低温启动要求很宽松，因此需要和竞品车比较，通常低温启动要至少考虑 -40℃的环境温度。

2）一致性。评价启动发动机时间长短的一致性如何。当环境温度不变时，启动时间需保持一致；当环境温度变化时，用户不应该感觉到启动时间有明显差异；在极端低温环境下，启动时间需要与竞品车相比较。

3）转速过冲。在启动过程中，转速通常要超出怠速转速再回落，超出的部分称之为转速过冲。转速过冲不宜过高，过高的转速过冲会使用户感觉噪声大且油耗高。通常转速过冲不超过怠速转速的 150%。图 4.3.2 所示为四次启动的转速曲线，其转速过冲均过高。

（2）启动成功之后

除了上面的三个主要指标，在启动成功后还需要评价发动机转速波动、发动机抖动、转速回落到平稳状态的时间快慢。

1）发动机转速波动。在启动发动机后，发动机运转会逐渐趋于平稳，在这个过程中会出现发动机转速波动（图 4.3.3），甚至严重的转速波动趋近熄火（图 4.3.4）的状态。评价转速回落的快慢、平稳性、振荡次数，用户期望转速的波动范围不宜过大、上下振荡次数不宜过多。

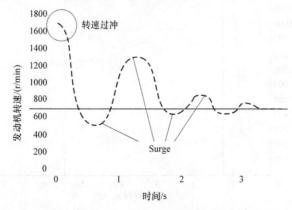

图 4.3.3　Surge（转速波动）

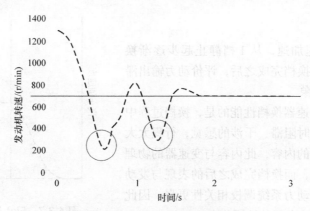

图 4.3.4　Stumble（严重的转速波动）

2）发动机抖动。用户有时不会关注转速的变化，但会很容易关注到转速变化带来的发动机、车辆抖动。评价抖动大小、恢复稳定状态的时间。

2. 急速

启动发动机后，关注发动机急速稳定性，包括发动机转速波动、发动机运转的平稳性、抗干扰能力。评价需要包括是否开启负载两种状态。

3. 起步

对于多数手动变速器车辆，用户期望很小的节气门开度即可以实现平顺地起步，这样可以很好地适应不同驾驶经验、驾驶风格的驾驶员（主要体现在节气门 / 离合器操作动作的不同），在此过程中不应该有：

① 动力下降（图 4.3.5）、转速波动、甚至要熄火的感受。

② 加速冲击 / 耸动（图 4.3.6），不平顺的感受。

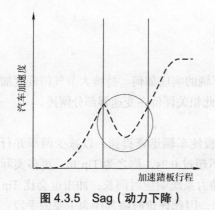

图 4.3.5　Sag（动力下降）

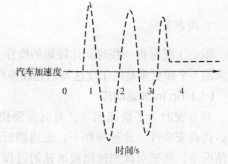

图 4.3.6　Shuffle（耸动）

③ 加速平缓乏力（图 4.3.7）。

评价起步过程时，模拟不同风格驾驶员的操作下（不同的节气门开度和速度），转矩输出是否足够、响应是否及时、起步是否平稳、加速是否可控。

对于自动变速器车辆，通常不会出现将要熄火的状态，但是动力不足同样会造成起步抖动和加速乏力的感受。对于运动型汽车和普通家用型汽车，调校应该有所区别。

4. 换档

分别以不同转速加速，从 1 档静止起步逐渐换到最高档位，在每次换档完成之后，评价动力输出滞后、顿挫和冲击的现象。

此评价区别于变速器换档性能的是，换档过程中的难易程度（如换档时阻滞、干涉的感觉，行程太大等）属于变速器评价的内容，此内容与变速器的物理结构、换档逻辑相关，而换档完成之后的表现与发动机、传动系统匹配、动力系统调校相关性更强，因此换档之后的评价内容放在驾驶性评价中。

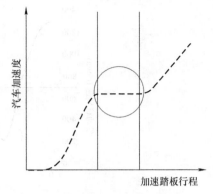

图 4.3.7　Flat（加速平缓乏力）

5. 车速调整

在道路有限速等情况下，为了使车速适应限速要求，很多时候需要轻微调整车速。在不同的车速下，通过节气门开度控制，使车速增加或减小 3 ~ 5km/h，评价此时车速是否容易控制、响应速度、调整精准性、可预期性如何。

6. 城市工况，频繁加减速

在早 / 晚高峰期（不同的拥堵情况、信号灯时长、信号灯数量）、交通状况一般、交通状况极好等几种情况下，模拟用户日常驾驶评价：

① 动力输出响应滞后性，重点关注起步过程和减速再加速的过程。

② 动力输出的平稳性和可预期性，重点关注起步之后加速能力和加速度连续变化（交通流量变化改变了驾驶模式）的过程，考虑不同节气门开度操作。

③ 收节气门开度过程中车辆发动机制动的平稳性，参见"7."小节的"（3）"中的内容。

④ 制动时是否有动力系统的冲击振动和噪声。

⑤ 上述工况中传动系统的冲击。

7. 瞬态工况

瞬态工况是指一些时间比较短的操作，评价此时车辆的响应如何。持续大节气门开度加速带来的不平顺更多是由于变速器的连续换档造成的，因此相关评价在变速器部分阐述。

（1）Tip In 加速响应

在驾驶时为了快速超车，有时需要快速踩加速踏板使车辆迅速提速，以减少两车并行时间，提高安全性。此种操作下，加速踏板踩下的过程不超过 0.2s，称之为 Tip In。更多实际驾驶情况下，驾驶员踩加速踏板加速的过程更长，此时动力系统响应时间长，冲击也会比 Tip In 小很多。由于 Tip In 也是典型工况，且更容易发现问题，因此评价时将其作为主要的手段。评价响应滞后性（如图 4.3.8 所示）和平顺性（主要是车辆的前后耸动，如图 4.3.9 所示）。

用户往往通过降档增矩提速，此时档位低、速比大，转矩传递也比高档位大。同时在 Tip In 时由于转矩变化、传动系统惯性和间隙，导致低档位时产生的冲击比高档位大，因此评价时通常以低档位为主。

需要注意的是，在进行 Tip In 加速操作时，除了发动机的运转变化外，同时也可能包括自动变速器的降档动作（恰好在变速器的换档点），因此评价时可能会存在高档位比低档位更不平顺，冲击更大的现象。为确认冲击的原因，通常可以使用变速器的手动模式进行判断。

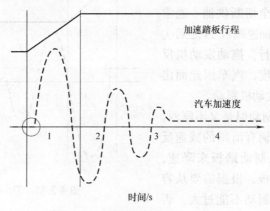

图 4.3.8　匀速状态下 Tip In 响应

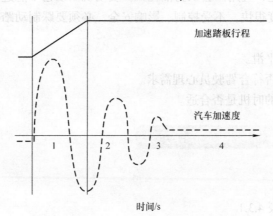

图 4.3.9　Tip Out 之后 Tip In 响应

（2）Tip Out 响应

在加速完成之后，快速地在 0.2s 之内完全松开加速踏板，此时的动作称之为 Tip Out。评价在驱动力变化时的顿挫冲击，如图 4.3.10 和图 4.3.11 所示。

和 Tip In 相同的是，此时工况的变化有可能不只是发动机的运转变化，同时也包括变速器的升档动作（因为恰好在变速器的换档点），换档动作可能会带来更多的不平顺。

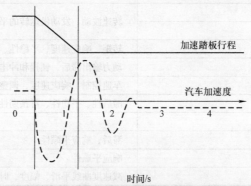

图 4.3.10　Tip Out 响应

（3）发动机制动

当松开加速踏板之后，节气门只是怠速开度，有时甚至会完全切断供油（通常2000r/min以上转速松开加速踏板2s之后）。此时，汽车靠着惯性滑行，拖动发动机反转，无法维持之前的速度，汽车因此而出现减速，此过程称之为发动机制动。

用户希望有发动机制动但是又不剧烈。适度的发动机制动使车辆有清晰的减速反应，这样不需要迅速踩制动踏板来降速，或者只需要轻踩制动踏板，根据需要从容控制车辆速度。发动机制动不能过大，否

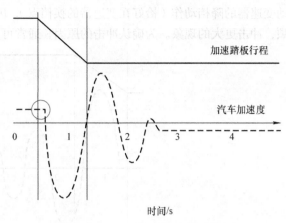

图 4.3.11　Tip Out 响应滞后

则会造成前后耸动不舒适，且用户会认为油耗大。发动机制动也不能过小，否则会感觉尽管松开加速踏板车辆仍然速度很快，不受控制、影响安全，必须要踩制动踏板才能控制车辆。评价发动机制动要素：

① 减速度曲线是否平滑。

② 车速下降快慢是否符合驾驶员心理需求。

③ 减速度开始出现的时机是否合适。

4.3.4　驾驶性评价项目及操作方法

1. 驾驶性评价项目

驾驶性评价项目见表 4.3.1。

表 4.3.1　驾驶性评价项目

评价项目	分数	备注
驾驶性总体性能		
发动机启动		
发动机启动过程		启动时间、启动一致性、转速过冲
启动成功之后		发动机转速波动、转速回落、发动机抖动
急速		
不启动负载		转速波动、发动机运转的平稳性、抗干扰能力
启动负载		
起步		转矩、响应速度、平稳性、加速可控
换档		动力输出滞后、顿挫和冲击
车速调整		车速控制、响应速度、调整精准性、可预期性
城市工况，频繁加减速		滞后性、平稳性、可预期性、冲击振动、噪声
瞬态工况		
Tip In		滞后、响应平顺性
Tip Out		响应平顺性
发动机制动		减速度曲线平滑、幅度、时机

2. 评价操作方法

1）开启 / 关闭所有消耗功率的功能这两种工况下，启动发动机，评价启动时间、启动一致性、转速过冲、转速波动、回落速度、发动机抖动。注意：受蓄电池影响，通常需要有约 10s 以上的启动间隔。

2）怠速状态下，开启 / 关闭所有消耗功率的功能两种工况下，评价工况变化过程中发动机转速波动、发动机运转的平稳性、抗干扰能力。

3）手动档评价最小节气门开度平稳起步能力，评价起步过程的转矩输出大小、响应快慢、平稳性，对不同经验驾驶员的适应性。

4）分别以不同转速加速，从 1 档静止起步逐渐换到最高档位，在每次换档完成之后，评价动力输出滞后、顿挫和冲击的现象。

5）在不同车速下调整加速踏板，使车速在 3km/h 上下变动，评价车速控制、响应速度、调整精准性、可预期性。

6）模拟城市拥堵工况频繁加减速，评价动力输出响应快慢、平顺性、可预期性、传动系统冲击。此过程中开启 / 关闭所有消耗功率的功能。

7）保持 3 档 50km/h 匀速行驶，踩下加速踏板到 2/3 位置，加速到 70km/h，评价加速踏板踩下的 Tip In 加速过程中响应迟滞。

8）操作 7）之后，马上松开加速踏板，降速到 50km/h，评价松开加速踏板之后 Tip Out 响应平顺性和发动机制动。

9）操作 8）之后，快速踩下加速踏板到 2/3 位置，评价 Tip In 响应迟滞和平顺性。

评价过程中充分考虑冷态和热态两种工况。

4.4 手动变速器

4.4.1 概述

在汽车发展的一百多年历史中，绝大多数时间里使用手动变速器，只有在最近 20 多年里随着技术的进步和成本的控制，自动变速器、CVT、双离合变速器、AMT 等才开始逐渐普及，并且占比逐渐超过了手动变速器。由于手动变速器是纯粹的机械结构连接，天生具备经济性好、结构简单、维修成本低、动力性好、响应快速等优点，可以体验更多的驾驶乐趣，至今仍然受到很多资深用户青睐。

通过结合、断开不同速比的传动齿轮，控制单元（PCM）可以协调发动机的转速以匹配车轮的实际转动速度，发挥发动机的最佳性能。在切换不同传动齿轮时，首先需要踩下离合器踏板，切断动力传动，再切换齿轮组合进行变速。由于输入轴和输出轴的转速不同，为使不同齿轮之间啮合顺畅，需要同步器的作用。换档过程同样也离不开变速杆、拉线的作用。以上这些机构对用户的换档体验影响较大，也是手动变速器评价过程中的重要关注点。

符合用户期望的手动变速器，具有换档力轻、换档反馈清晰、换档操作便利等特点。

4.4.2 用户对手动变速器常见的评语

评语 1 几年之前买的一辆手动变速器的车，每次上大坡时2档换1档经常换不上，搞得随时坡道起步。最近看上了一辆二手5速手动变速器的锋驭，不知道现在的变速器和以前的是不是一样，有没有改进过？

评语 2 我的车子目前行驶了4300km，挂档有些费劲儿，尤其1档、2档挂档有那种涩涩的感觉，不像大众以前的手动变速器那样顺滑，有吸入感，论坛上看了这个系列的车都有这些现象。假如是变速器有问题，那么应该给个说法；假如是驾驶员操作的问题，那么厂家是不是该组织车主培训一下怎么做换档才没问题，或者出个书面的变速器使用手册，详细解说一下要养成什么样的换档习惯才行？

评语 3 前几天开车去清远，刚上高速就提示变速器出现故障，加油没有动力，只能打400服务电话安排拖车拖走，现在车在4S店，等待厂家反馈处理结果，有遇见过这种情况的车主吗，问题严不严重啊？等着开车回家过年呢，这下可麻烦大了。

4.4.3 评价方法

1. 静态换档特性

在用户实际使用过程中，除1档、倒档外，很少用户在急速情况下换其他档位，所以静态换档评价基本上是以熄火状态感受为主（此时模拟用户在4S店选车等场景）。在熄火状态不需要同步器介入，因此换档的手感主要取决于换档拉线和换档机构，此时感受到的换档特性与动态换档特性相比会有一定的区别。

（1）选档

在入档之前，横向移动变速杆选择将要入档的位置，此过程称之为选档，如图4.4.1中箭头所示。好的选档力和选档行程使驾驶员既能够轻便地操作，也能够传递清晰的位置感，使驾驶员可以盲操。评价选档力大小、波动、选档行程大小、左右对称性。

（2）换档力的感觉

从空档开始，随机换入各个档位，评价换档感觉，包括换档力、卡滞力、黏滞力，以及不同档位之间力的变差。

图4.4.1 选档行程

1）换档力。换入到任意档位，在此过程中感受换档力的大小是否合适，随着行程增加换档力是否逐渐增加，换档力增加的过程是否平滑。

2）吸入感。换档力在入档的瞬间突然消失，此时不需要手的推动，靠着惯性即可换入档位。这时感觉变速杆不是推入到档位的，而是被"吸进去"的，此种感觉称之为"吸入感"，如图4.4.2所示。

3）卡滞力。很多变速器在实际换档的过程中，往往不是很平顺，尤其是低速档位。在换档过程中感受到快速增加的阻力，换档过程有明显的生涩感，如图4.4.3所示。当换档过程越快速时，卡滞力会越明显。

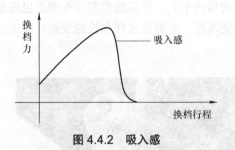

图 4.4.2　吸入感

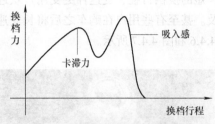

图 4.4.3　卡滞力与吸入感

4）黏滞力。在换档过程中有摩擦、黏滞的感觉，使换档感觉不清晰。此时不管速度快慢，始终在换档过程中感受同样的摩擦力。

5）不同档位之间力的变差。不同档位之间的换档力不应该有太大的区别，尤其是临近档位之间的换档力应该接近。

6）摘档力。它指当变速杆在档位里时，从档位里移出到空档时需要的力，摘档力不应该过小。

（3）换档精确性

在换档完成过程的最后阶段，评价换档精确性。

1）入档力反馈。好的反馈可以使换档动作完成时，在换档行程终点由于物理限位，产生一定的阻力，给驾驶员提供清晰的入档感觉。过大的入档力反馈会使驾驶员感受入档完成时冲击力大，而过小的入档力反馈则会导致感受过多的回弹、摩擦而使入档反馈模糊。

2）档位里的自由间隙、柔性。在每个档位里，试着向各个方向移动变速杆，操作方向如图 4.4.4 所示，自由间隙（变速杆在几乎不施加力的时候可以移动的距离）如图 4.4.5 所示。变速杆的自由间隙要尽可能小，以减少松旷的感觉。

在自由间隙之后，继续移动变速杆，克服阻力之后也可以适当移动一定距离，在此范围之内始终能感受到力，随着移动距离加大阻力也会加大，此移动范围即为柔性范围，如图 4.4.5 所示。过大的柔性使入档力反馈变差，不够清晰；柔性不是越小越好，小的柔性会使入档力反馈变得很大。

图 4.4.4　自由间隙

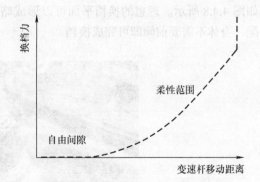

图 4.4.5　自由间隙之后是柔性范围

（4）变速杆和行程

长变速杆可以减小换档力，换档卡滞、摩擦也会由于力臂加长而减小，但是变速杆过长会导致换档行程长，操作的便利性下降。由于换档过程迅速、换档机构简洁、美观、换档操作方便，短的换档行程、变速杆更受用户欢迎，不仅在运动型汽车上，在其他类型的车型上也逐渐普及。甚至有些用户在购车之后将长变速杆改装成短变速杆。短的变速杆和长的变速杆对比如图 4.4.6 和图 4.4.7 所示。

图 4.4.6　短的变速杆

图 4.4.7　长的变速杆

同时，对于好的换档行程，每个档位行程都适中，且差别不大。

（5）换档机构 NVH

评价换档过程中换档机构的噪声，此处不评价由于变速器运转产生的 NVH 问题，在本书中此类问题归于动力系统 NVH。此处主要考虑在换档过程中评价防尘套摩擦的声音、换入档位时与控制台撞击的声音、变速杆自身的噪声、换档机构操作的声音等。

（6）换档人机工程学

评价在换档过程中是否方便操作、与周边部件是否有干涉、肘部空间、换档平面等。具体包括：

● 手从方向盘到变速杆的运动是否自然，两者之间的位置关系是否合理。必须对每个档位的换档进行评价。

● 评价每个档位换档时，手与其他零部件的距离，如中控台、驻车制动、座椅靠背、茶杯、收音机按钮、烟灰缸等。

● 评价换档平面角度是否合适。换档平面是指连接各个档位的球头位置，所形成的平面，如图 4.4.8 所示。理想的换档平面可以形成略微向上的角度，这样在操作时与身体的坐姿相匹配，身体不需要前倾即可完成换档。

图 4.4.8　换档平面

2. 动态换档特性

在动态行驶时根据对应的车速换入所有档位，评价变速器的动态换档性能。由于此时所换档位齿轮的角速度、线速度不同，变速器的同步作用对评价的结果会有很大的影响。因此，动态换档特性与静态换档特性可能会有很大的区别。

根据目标市场用户的习惯不同，需要考虑的升降档转速也不同。普通中国用户的升档转速通常在 2000r/min 或者以下，对于运动型车则转速会有较大提升。除升档之外，降档评价也需要考虑不同的转速。

通常动态换档力比静态换档力更大，受同步器作用的影响，换档过程的快慢会很大程度地影响换档力，评价时需要保持每次评价的操作方法完全一致。根据目标用户的不同，换档力大小需要调校在一个合理的区间内。

（1）起步升档

以不同转速逐级升档，在此过程中评价动态换档力大小、换档卡滞力、换档摩擦力、吸入感、各档位换档力一致性、在档自由间隙、顺从性、入档清晰反馈、摘档力等。当卡滞力过大时，甚至会出现换不上档的情况，此种情况也是各车企需要解决而不是让步的问题。

（2）行驶降档

向前行驶的过程中，以不同转速逐级降档，评价换档力大小、换档卡滞力、换档摩擦力、吸入感、各档位换档力一致性。降档时由于同步器作用效果的差别，往往行驶中降档比升档感觉稍差。当卡滞力过大时，甚至会出现换不上档的情况。此时需要更多考虑用户常用的转速，对于非常用工况下问题需要结合用户使用场景深入分析。

（3）倒档

由于倒档速度低，倒档齿轮多采用直齿轮且没有同步器，换档特性与前进位有所区别，具体应评价：

1）怠速原地挂倒档，评价换档力、入档感觉、噪声、冲击振动。

2）低速前进过程中挂倒档，评价倒档互锁功能。

3）低速前进减速到车辆完全停止，再换入倒档，评价换档力、入档感觉、噪声、冲击振动。

3. 离合器操作评价

（1）离合器踏板力

离合器踏板力不应该过大。离合器踏板力和踏板行程、位置相匹配，使驾驶员在踏板移动的过程中能够通过力的变化，感受踏板的当前位置，清晰地预判半联动点位置、接下来需要踏板力的大小和移动的幅度。离合器踏板力在踩下和保持的时候有所不同，踩下力要略大于保持力，以便驾驶员区分不同的状态，如图 4.4.9 所示。

目前较常见的问题是离合器踏板力过大。

（2）离合器踏板行程

离合器踏板自由行程、总行程不应该过大，在操作过程中可以确保驾驶员：

● 踩下过程使脚跟不会离开地板，可以使脚掌绕脚跟旋转。

● 能够始终靠前部脚掌操作踏板。

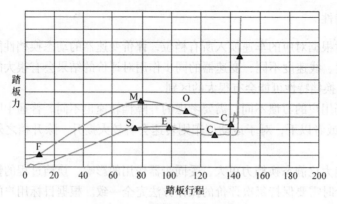

图 4.4.9　离合器踏板力曲线

（3）半联动点位置

半联动点位置不宜过低，也不宜过高，否则不容易判断半联动点位置。过低容易导致熄火、离合器经常处于半联动而异常磨损、离合器切断不彻底等问题。过高则容易导致熄火、换档时间过长、脚部姿态难以调整等问题。

（4）半联动点调节区域

过短的半联动点区域对普通用户来说难以精确操控，易导致熄火。过长的半联动点区域则使换档过程时间长、摩擦片磨损过多、动力传递效率降低、起步 / 换档过程变慢。通常运动型汽车较家用汽车的半联动点区域更短。

（5）踏板终点的反馈

离合器踏板踩到底部时，需要清晰的力的反馈，给驾驶员清晰的信号。

（6）离合器人机工程学

考虑驾驶员腿部和脚部的位置、角度，具体评价：

- 离合器踏板操作性：宽窄、大小、角度、形状、表面摩擦力等。
- 踏板的横向位置：过于靠左影响脚部空间、过于靠右侧腿部向内、姿势不便用力。
- 踏板相对于搁脚板之间的位置：高度差、距离。

4.4.4　手动变速器评价项目及操作方法

1. 手动变速器评价项目

手动变速器评价项目见表 4.4.1。

表 4.4.1　手动变速器评价项目

评价项目	分数	备注
手动变速器总体性能		
静态换档特性		
选档		选档力大小、波动、选档行程、左右对称性
换档力的感觉		换档力、卡滞力、黏滞力、不同档位力的变差
换档精确性		入档反馈、自由间隙、柔性
变速杆和它的行程		短的变速杆、短的换档行程、每个档位行程适中

（续）

评价项目	分数	备注
换档机构 NVH		防尘套摩擦声、控制台撞击声、换档机构操作声
换档人机工程学		操作便利性、与周边部件干涉、换档平面
动态换档特性		
起步升档		换档力大小、卡滞力、摩擦力、吸入感、各档一致性、自由间隙、顺从性、入档反馈
行驶降档		
倒档		换档力、入档感觉、噪声、冲击振动、倒档互锁
离合器操作		
踏板力		离合器踏板力大小、离合器踏板踩下力和保持力
踏板行程		离合器踏板自由行程、总行程
半联动点位置		半联动点位置
半联动点调节区域		半联动点区域长短
踏板终点的反馈		清晰的力的反馈
离合器人机工程学		离合器踏板操作性、踏板的横向位置、踏板相对于搁脚板之间的位置

2. 评价操作方法

（1）静态换档

静态换档在熄火状态下评价，模拟用户在 4S 店体验展车时的情形。

1）变速器处于空档位置时，左右移动变速杆，感受选档力的大小、力的波动、选档行程、对称性。

2）踩下离合器踏板，换入到各个档位。评价静态换档特性，包括换档力、吸入感、卡滞力、黏滞力、摘档力。

3）与 2）相同的操作，评价各个档位换档行程长短、换档平面角度、入档力反馈。

4）从在档位置摘档，评价变速杆的自由间隙、摘档力。

5）从在档位置向前方、左侧、右侧推动变速杆，评价变速杆的自由间隙、柔性。

（2）动态换档

1）在静止状态下起步，以 2000/3000r/min 转速换档，逐级换档到最高档位，评价动态换档力大小、换档卡滞力、换档摩擦力、换档感觉（吸入感）、各档位换档力一致性。

2）与 1）同样的操作评价换档清晰感：自由间隙、柔性、入档清晰反馈、摘档力。

3）向前行驶的过程中，分别以 2000/1500r/min 逐级降档，评价换档力大小、换档卡滞力、换档摩擦力、吸入感、各档位换档力一致性。

4）急速原地挂倒档，评价换档力、入档感觉、噪声、冲击振动。

5）低速前进，减速到 5km/h，迅速挂倒档，评价倒档互锁功能。

同样的操作，减速到汽车完全停止，再换入换档，评价换档力、入档感觉、噪声、冲击振动。

（3）离合器操作

1）在换档过程中踩下离合器踏板，评价离合器断开过程中，离合器踏板自由行程、离合器踏板总行程、离合器踏板终点位置清晰反馈。

2）在换档过程中结合离合器，评价结合离合器半联动点位置、半联动点区域长短。

3）评价离合器踏板力大小、踩下/保持离合器踏板过程中的力曲线。

4）以不同的节气门开度起步，评价起步过程中离合器踏板的操作、评价节气门和离合器的配合、评价节气门/离合器/驻车制动配合的容易程度。

在变速器冷态和热态下分别评价换档性能。

4.5 自动变速器

4.5.1 概述

变速器的换档策略由变速器控制模块（TCM）判断、执行，相比手动变速器，解放了左脚的离合器和右手的换档操作，操作简单、方便；接收信号、判断、响应时间相比驾驶员操作会更短；所换档位、换档时机判断通常也更合理，因此当下国内市场自动变速器已经超过了手动变速器成了主流。自动变速器有多种形式（如表 4.5.1），在评价之前首先要了解该变速器的形式，根据其结构特点，考虑适当的方法以正确地评价其性能。

表 4.5.1 主要自动变速器种类

	液力变矩器	CVT	双离合	AMT
结构原理	液力传递和齿轮变速变矩。液力变矩器是 AT 最重要的部件，由泵轮、涡轮和导轮等组成，兼有传递转矩和离合的作用	可变直径的两个滑轮和一条钢带组成，工作时通过改变滑轮的直径变速。理论上有无限多个档位	挂入一个档位时，另一个离合器及档位已经位于预备状态，只要当前档位分离就可以立刻接合下一个档位	结构与手动变速器很相似，变速杆/离合器被电控系统替代
特点	1.可靠 2.耗能高 3.结构复杂，成本高，体积大	1.传动效率、燃油经济性最好 2.结构简单，体积小，成本低 3.维护保养的成本高	1.换档更直接，动力无中断 2.燃油经济性好 3.传动直接，换档可以非常迅速	1.成本低 2.结构简单 3.传动效率高
评价关注	1.换档平顺性 2.换档响应快慢 3.换档时机早晚 4.多档位变速器顿挫	1.加速响应快慢、迟滞 2.急加速转矩大小是否足够 3.无级变速，动力输出是否平顺	1.频繁半离合是否过热 2.低档是否顿挫 3.换档动作快慢	1.换档顿挫感是否明显 2.换档过程可能产生动力中断 3.是否有 D 位蠕行功能

自动变速器的主观评价中，换档平顺性及响应速度是最重要的指标，直接影响用户使用过程的驾驶品质和舒适程度。换档平顺性和换档响应速度两者之间会互相影响，同时由于交互作用，自动变速器性能对驾驶性、动力性、NVH、经济性也有很大影响。

1. 换档平顺性

除 CVT 变速器之外，其他类型的变速器都是由多组不同传动比的齿轮组成的档位，换档的过程就相当于换一组不同传动比的齿轮，不同运转速度的齿轮结合必然会产生冲击；另一方面，离合器结合、松开也会产生冲击。

2. 响应速度

变速器要完成换档动作都要有两个过程，一个是接受指令，开始执行换档；另一个就是内部机构动作，完成换档。这两个过程的快慢一方面取决于机械结构的物理特性，另一方面取决于软件控制策略。

4.5.2　用户对自动变速器常见的评语

评语 1　车速 20km/h 是个坎。原地起步一脚油上 10km/h，如果这时你踩制动踏板再给油，顿挫非常大。20km/h 以内对这车没有一定的熟练度，保证你天天有顿挫感。尤其经济模式，顿挫到无法忍受了。过了 20km/h 就好了。普通模式顿挫少，运动模式最爽，"想怎么轰油门，就怎么轰"。

评语 2　我的车型 2018 款两周年纪念款 1.4T 自动进取版，目前行驶 4000 多 km，大概地问一下，有多少车友有我这样的问题，一共有两个：

1）过减速带异响，类似咔哒、咔哒的响动！

2）爬坡速度慢的时候，降档同样响动！

在地下车库安静的时候会听到这两种响动，比较明显，大马路上面听不到！我就想问问各位车友，你们有同样情况的吗？是不是只有我的车有问题。

评语 3　2016 自动时尚型，最近半年车子临停起步的时候，会在 1 档一直不升档。停车熄火后，再重新启动，症状就消失了。由于是偶发性的，不会一直出现这种症状，去 4S 店也查不出来，4S 店解释说他们看不到故障，不敢拆修。

评语 4　冷车行走换档时有明显的冲击感（换档前），1500r/min 左右冲击一下，有点像假换档的感觉，冲击之后再踩加速踏板才成功换档。这种情况出现在 1 档换 2 档，2 档换 3 档之后就没有了，这种情况有时有，有时无，出现这种情况是在换过自动变速器油之后的 1 个月！请问是什么问题？谢谢各位的解答！

4.5.3　评价方法

1. 静态换档特性（原地换档）

评价发动机怠速状态下，操作换档机构时，换档特性与汽车的响应特性。踩下制动踏板解除档位锁止功能，将变速杆从 P 位移开，切换到不同档位，在此过程进行评价。

（1）换档感觉

当换档器是拉线式时，与手动变速器换档感觉类似，在换档过程评价：

① 换档力的感觉，在移动变速杆、入档、入档之后整个过程中力的大小如何，力的建立如何，有没有吸入感。

② 换档过程是否有过大的卡滞力、摩擦力。

③ 不同档位之间力的差别。

④ 操作力给驾驶员以清晰的入档反馈。

⑤ 是否容易跳过需要换的档位。

⑥ 换入档位之后车辆响应的快慢。换入档位之后车辆不应该有换档冲击，但是希望有轻微的响应给驾驶员入档的反馈，响应时间延迟越短越好，不应大于0.5s。

由于物理结构的原因，拉线式换档器的操作力、摩擦力、卡滞力通常都会较大。当换档器是电子换档器时，其换档感觉更容易体现品质感。

（2）换档行程

评价方法与手动换档机构相同，短的换档行程、变速杆更受用户欢迎；每个档位行程都适中，且差别不大。

（3）静态换档过程NVH

考虑P、R、N、D的不同档位及先后顺序组合评价NVH，如P>D，R>D，R>P，D>R等不同的换档顺序。典型的NVH类型问题：

① 解锁机构噪声。

② 变速杆移动过程的摩擦声。

③ 换档机构移动过程的操作声。

④ 换档机构入档过程与控制台的撞击声。

⑤ 换档成功之后的冲击（Shift Bump）。

（4）换档机构人机工程

参见第5章"操作便利性"的内容

2. 动态换档特性

行驶时，自动变速器的控制单元（TCU）根据各传感器传送过来的信号，比如节气门开度、发动机转矩、当前档位、车速、制动等，分析驾驶员的驾驶意图，综合判断变速器是该升档还是该降档。

（1）D位升档质量

在变速器位于D位时，在不同的车速情况下，以不同工况评价自动变速器升档质量，操作方法考虑几种工况：

① 静止起步保持1/3节气门开度加速，逐级升到最高档位，在此过程中评价升档质量。此场景模拟日常驾驶中，起步加速工况。

② 以2/3节气门开度、全节气门开度（如果有的话，使用Kick Down功能），按照同样的方法升档，评价此过程中的升档质量。此场景模拟支路向主路并线等需要快速提速的场景。

③ 以1/2及以上节气门开度加速降档，之后松开节气门评价升档质量。此场景模拟快速提

速或者加速超车之后，保持匀速行驶的工况。

由于低档位时传递的转矩更大，因此传递的冲击也更大，评价时需要花更多的时间。在评价过程中重点关注：

① 升档时机是否符合预期。

② 升档过程的快慢。

③ 换档冲击、噪声大小和频繁程度。

④ 所升档位合理性。

⑤ 转矩输出是否足够，是否会导致高档低矩现象。

（2）D 位降档质量

在变速器位于 D 位时，在不同的车速情况下，以不同工况评价自动变速器降档质量，操作方法考虑几种工况：

① D 位行驶时松开加速踏板，评价在逐级降档过程中自动变速器降档质量，重点关注车辆完全停止之前的档位切换过程。

② 行驶过程中制动，降低车速直到完全停止，评价此过程降档质量。

③ 不同速度踩下加速踏板实现降档增矩，评价此过程降档质量。

由于低档位时传递的转矩更大，因此传递的冲击也更大，评价时需要花更多的时间。在评价过程中重点关注：

① 降档时机是否符合预期。

② 降档过程的快慢。

③ 换档冲击、噪声大小和频繁程度。

④ 所降档位合理性。

⑤ 转矩输出是否及时。

⑥ 转矩输出是否足够，是否满足加速的需要。

（3）城市工况

在交通拥堵，需要频繁改变车速的城市工况下评价变速器换档性能。在城市工况时评价升降档特性，评价关注内容与（2）、（3）相同，评价方法如下：

① Tip In/ 正常加速时降档。

② Tip Out 时升档。

③ 不同车速下，多次变化节气门开度，如从 1/4 节气门开度到 1/2 节气门开度再到全节气门开度的过程。

④ 城市拥堵工况走走停停的过程，不断加速、制动、再加速的过程。

⑤ 急速情况下 D 位和 R 位，其输出转矩在坡路上的保持能力。

⑥ 起步、停车、D 位和 R 位切换之后加速是否有冲击、噪声。

⑦ 低速蠕行模式动力是否足够。

⑧ D 位制动踏板保持力如何。

（4）手动换档模式

自动变速器的手动模式与手动变速器不同，其传动、控制依然由 TCM 完成，由于其传动效率、经济性与 D 位相同，用户日常驾驶时通常不会使用手动模式。如图 4.5.1 所示，手动模式操作主要通过变速杆或换档拨片操作完成。

图 4.5.1　典型的自动变速器手动模式

相比自动模式，手动模式可以在更大转速范围内保持档位不变，通常转速在 5000r/min 左右才会升档，以持续提供稳定的动力。因此尽管使用频率很低，但为了确保用户在特定场合使用，自动变速器需要有手动模式。在评价的时候尽可能考虑各种复杂工况，如图 4.5.2 和图 4.5.3 所示：

①保持手动模式上长坡。

②保持手动模式下长坡，利用发动机制动，减轻制动系统负荷。

③平路降档增矩超车。

④冰雪路面高档位起步、驾驶。

⑤入弯前手动降档，保持车辆匀速的同时，确保出弯时大转矩可以快速加速。

在评价过程中，重点关注：

①手动模式换档响应快慢。

②转矩输出是否及时、足够。

③从 D 位切换到手动模式过程的平顺性。

④手动模式自动升档、降档的转速是否合理。

图 4.5.2　手动模式使用场景 1

图 4.5.3　手动模式使用场景 2

（5）其他工况

经济模式、运动模式按照本章 4.2.1~4.2.3 小节的方式来进行，但经济模式允许动力减弱和响应变慢，而运动模式则需要保证动力足够、响应及时，经济模式、标准模式和运动模式三者之间都需要有清晰的区别。

4.5.4 自动变速器评价项目及操作方法

1. 自动变速器评价项目

自动变速器评价项目见表 4.5.2。

表 4.5.2 自动变速器评价项目

评价项目	分数	备注
自动变速器总体性能		
静态换档特性		
换档感觉		换档力、卡滞力、摩擦力、档位差别、入档反馈
换档行程		短的换档行程、档位行程差别不大
换档机构 NVH		解锁机构噪声、换档冲击、摩擦声、控制台的撞击声、换档机构操作的声音
换档机构人机工程		换档行程、换档平面、入档反馈
动态换档特性		
升档质量		升档时机、快慢、可预期性、冲击和噪声、档位合理性、转矩输出
降档质量		降档时机、快慢、可预期性、冲击和噪声、档位合理性、转矩输出
瞬态换档		换档时机、快慢、可预期性、冲击和噪声、档位合理性、转矩输出
手动换档模式		换档行程、换档力、摩擦力、冲击、响应快慢、平顺性、保持档位转速

2. 评价操作方法

（1）静态换档特性

1）怠速停车时，踩下制动踏板，评价自动变速器换档解锁声音大小。注意电子换档器没有解锁电磁阀机构，表现也与拉线式换档器不同。

2）怠速停车时，不同档位之间切换，包括 P＞R、P＞N、P＞D、R＞N、R＞D、R＞P、N＞D、N＞R、N＞P、D＞N、D＞R、D＞P、D＞M、M＞D。评价换档力大小、各档位间换档力一致性、摩擦力、换档感觉。

3）在 2）的操作中，评价换档行程、换档平面、入档反馈。

4）在 2）的操作过程中，评价换档机构的换档冲击、噪声、抖动。

5）在换档过程评价换档机构的 NVH，包括换档手柄、换档拉线、防尘套、控制台等。

（2）动态换档特性

1）将变速杆置于 D 位，分别以不同节气门开度（如 1/3、2/3、WOT）在从静止起步到可达的最大车速时，评价升档过程的快慢、升档的时机和可预期性、平顺性。

2）不同档位下，以最大节气门开度加速之后松开加速踏板，评价升档的时机、快慢、平顺性和发动机制动力大小。

3）不同档位下，以 2/3 节气门开度、最大节气门开度加速，评价降档之后的转矩输出是否及时，降档的时机、快慢、平顺性，以及所降档位是否合理。

4）不同档位下，制动减速到停止，评价减速过程中降档的平顺性，尤其是将要完全停止时的平顺性。

5）在不同档位下 Tip In / Tip Out，评价降档之后的转矩输出是否及时，降档的时机、快慢、平顺性以及所降档位是否合理。

6）模拟城市工况频繁加减速工况，评价转矩输出是否及时，升降档的时机、快慢、平顺性。

（3）手动换档模式

1）以不同车速行驶，在行驶过程中使用手动模式切换档位，评价响应快慢和平顺性。

2）手动模式驾驶时，加速至最高转速，评价升档转速是否和车型定位匹配。

3）评价手动换档模式人机操作是否合理，包括推动变速杆、按钮、换档拨片等形式。

评价过程考虑冷态和热态两种工况。

第5章

人机工程

5.1 人机工程概述

5.1.1 什么是人机工程

人机工程学（Ergonomics）是一门建立在很多基础学科之上的综合交叉学科，其应用范围非常广泛。人机工程学把人—机—环境系统作为研究的基本对象，运用生理学、心理学和其他有关学科知识，根据人和机器的条件和特点，合理分配人和机器承担的操作职能，并使之相互适应，从而为人创造出舒适和安全的工作环境，核心是使不同的作业中人、机器及环境三者间协调，使工效达到最优。

汽车的人机工程学是人机工程学的一个分支，本文中提到的人机工程学特指汽车人机工程学。可以将汽车看作一种机器，其使用过程满足人—车—环境系统的适应性原则，汽车的设计需要考虑驾驶、乘坐、使用的各个场景，考虑布置空间与人体尺寸、人体反应特征与时间和动作、操作过程中心理和生理的动态变化等，其观察、操作、反馈和显示方式为驾乘人员提供便利性、舒适性、安全性。

5.1.2 人机工程主观评价基础简述

在人机工程设计开发中需要考虑很多要素，这些要素同样也是主观评价关注的要点，下面给出的是在汽车人机开发过程中最重要的要素：

① 通过分析人体的尺寸，确定车内的有效空间以及各部件、总成的布置位置和尺寸关系。

② 通过人体生理结构研究，使座椅设计符合人体乘坐舒适性的要求。

③ 通过人体操纵范围和操纵力的测定，确定各操纵装置的布置位置，以使驾驶员感到操纵自然、准确、轻便。

④ 通过对人眼的视觉特性、视野效果的研究，以保证驾驶员正确地观察和操作驾驶、娱乐、舒适相关的设置。

人机开发过程中需要多轮次的人机校核，其间需要主观评价的参与，主要通过虚拟现实、台架、油泥模型、效果图等手段在设计初期提出问题。

1. 驾驶室内人机工程布置

在总布置中整车人机工程的范围很广，但由于很多内容与用户体验关联度低，本文中只给出驾驶室内人机工程布置，如图 5.1.1 所示。通常以驾驶员为中心，近处与驾驶控制相关，远离驾驶员处与娱乐控制相关。从垂向看，越靠近上方信息观察越好，越靠近下方控制操作越好。

图 5.1.1　驾驶室内人机分区

（1）最佳视野区

通常此处是放抬头显示（HUD）的地方，与外界场景融合，相比于仪表，它不需要驾驶员经常切换焦距和视角，一般显示精简的、与驾驶强相关的关键信息。此处与外部交通环境融为一体，为减少对视野的影响，需要减少信息量且颜色对比度不宜太强。

（2）车内最佳视野区

这个区域一般用来放置悬浮屏，只显示不操作，因为离驾驶员远，不宜操控，但观察方便。

（3）状态区

仪表其实就是一个状态栏，重点展示与车辆强相关的信息，比如发动机、变速器、车门锁、轮胎等驾驶关键信息及导航、媒体等的娱乐关键信息。它比 HUD 好的地方是它更可靠，不会受到强光干扰。

（4）黄金按键区

这个区域是最接近驾驶员的，可以快速准确地操作。这个区域原则上是布置驾驶强相关的按键，目前的常见做法是用来控制仪表、媒体播放、接挂电话、自适应巡航等。考虑对称性原则，通常左侧控制仪表，右侧控制车机。

（5）娱乐操控区

这个区域是一个折中区域，它不是很低，离驾驶员不是很远，能够完全触摸到，目前大多数汽车的主系统都布置在这个区域。操作、显示方式需要考虑前排乘客操作的便利性，因为这个屏幕是前排驾乘人员共享的。

（6）快捷控制区

这个区域视野比较差，但是操作便利性很好，适合做一个高频、短周期的操作，比如空调控制，驾驶模式设置等。界面设计上一定要层级浅，以减少驾驶分心。

（7）盲操区

这个区域不需要驾驶员低头看即可完成，通常设计与驾驶强相关操作，包括换档、驾驶模式切换等。

2. 人体尺寸

人机工程开发中所有尺寸设计都基于人体尺寸进行，为确保人体尺寸适应性，设计过程通常会参照一定的标准进行。常用的 SAE 和国家标准都有一定的局限性，主要因为：

① 我国现行国家标准 GB10000-1988《中国成年人人体尺寸》，该统计时间距现在已经过去30 年，这 30 年里由于生活水平的提高，身体尺寸发生了很大的变化。

② 由于 SAE 的人体尺寸是以西方人为样本测量的，和亚洲人会有较大不同，针对中国市场的设计不能照抄 SAE 数据。数据表明西方人比东方人身材更高大，有臂长、腿长、手脚大的特点；在高度、围度和宽度尺寸上，西方人体测量尺寸均大于东方；在头颈部和上身长度方面，东西方人体尺寸差距并不大。根据中国标准化研究院研究结果，表 5.1.1 体现了东西方人体主要的尺寸差别。

表 5.1.1　东西方人体测量学尺寸差异　　　　　（单位：mm）

测量项目	5th 百分位（女性）		50th 百分位（男性）		95th 百分位（男性）	
	δ	ε（%）	δ	ε（%）	δ	ε（%）
质量 /kg	5.60	12.84	15.06	23.35	28.67	33.36
大腿围	56.78	12.51	83.90	16.55	130.66	22.53
前臂长	25.46	13.55	34.08	14.98	35.84	13.99
腰宽	15.82	6.33	36.51	12.20	68.40	19.84
坐姿膝高	40.12	9.43	59.55	11.99	66.41	12.29
踝围	26.69	13.90	26.79	11.21	19.57	7.21
臀围	103.67	12.84	85.71	9.20	158.44	15.30
手长	8.12	5.14	16.24	8.78	24.58	12.61
肩峰宽	28.99	9.22	32.94	8.55	35.83	8.56
胸围（水平）	74.56	10.08	75.66	8.12	136.90	12.76
腰点高	81.10	9.70	74.59	7.77	90.88	8.71
腰围	16.79	2.72	58.91	7.25	111.03	11.07
足长	7.02	3.30	15.24	6.10	20.61	7.64
肩高	60.90	5.15	81.84	6.02	112.90	7.75
腋窝前点高	59.37	5.50	67.65	5.39	119.13	9.00
上臂长	12.66	4.87	13.04	4.15	13.67	3.94
身高	43.98	2.97	66.49	3.93	103.50	5.76
头长	1.57	0.90	3.15	1.60	0.83	0.39
坐高	11.13	1.39	5.56	0.61	13.92	1.43
外踝高	−10.40	−16.00	−2.94	−3.97	2.87	3.63
头宽	−10.04	−6.81	−9.56	−5.85	−12.99	−7.35

3. 汽车驾驶员眼椭圆

驾驶员以正常驾驶姿势坐在座椅中时，不同的汽车驾驶员眼睛位置在车身坐标系中的统计分布图形，称为眼椭圆。眼椭圆是车身设计中的几种工具之一。通过眼椭圆定义，可以针对视野特性进行设计：

① 前/后风窗玻璃透明区域、刮水区面积及前/后方视野。

② 内外后视镜位置、角度、尺寸、调节范围。

③ A柱、B柱、C柱、车门、顶篷、天窗等的尺寸对视野的影响。

④ 仪表板、仪表、车机等的反光校核。

4. 驾驶员手伸及界面

驾驶员手伸及界面是指驾驶员以正常姿势入座、身系安全带、右脚踩在加速踏板上、一手握住方向盘时，另一手所能伸及的最大空间廓面。驾驶室内的一切操纵旋钮、拨杆、按键等的位置均应在驾驶员手伸及界面之内，这是驾驶室设计中的一条重要原则。当驾驶员操纵汽车行驶时，其精神总是处于较为紧张的状态。因此，必须保证驾驶员在身体躯干部位不大变动的情况下，能方便地操纵方向盘、踏板以及各种旋钮、拨杆、按键等。

5.1.3 评价注意事项

① 对视觉相关的评价，需要在不同的光线强度下进行，考虑不同的视角。

② 好的设计使人的操作过程动作尽可能少，更多在于最后确认。

③ 手的反应速度比脚更快、更敏感，快速、细微的调整应该由手而不是脚来完成。

④ 操作部件的同时可视，比盲操更好。

⑤ 常用操作功能置于最方便区域。

⑥ 紧急操作功能布置与驾驶员距离近，易识别，操作方便，避免误操作。

⑦ 同一系统的、类似的操作功能布置在一起。

⑧ 类似的功能、布置方式、操作方式、色彩等符合对称对应性。

⑨ 界面、硬件的布置避免信息量过大，减少干扰，重点突出。

⑩ 操作方式避免驾驶员产生错觉、误操作。

⑪ 操作方向与响应方向相同，包括部件动作、仪表显示等，同时操作开关与控制显示位置协调。

⑫ 连续操作时，车辆、零部件的反馈和操作之间呈线性关系。

⑬ 响应快慢符合预期。

⑭ 操作频次越高，操作力应越小。

⑮ 人手动作水平135°或315°方向的运动速度最快，且手抖动次数最少。

⑯ 右手推东西时，从右向左的运动速度快，而从左向右的运动速度慢。

⑰ 操作和响应方式符合人们所熟悉的方式，当采用新颖的设计方式时，应该简单易学。

⑱ 操作支点：腰椎作为脚蹬操作的支点，肘部作为前臂的支点，前臂作为手腕支点，手腕作为手关节支点，脚后跟作为踝关节支点。

⑲ 操作力、速度、行程、准确性与人体特性相适应。

⑳ 每次操作之后的系统的视觉、听觉、触觉反馈是否能够被理解（包括不同提示音的区别度，物理按键力反馈的线性程度等）。

㉑ 驾驶员和乘客是否能够用较少的体力和脑力完成需要的操作，并且在驾驶和非驾驶的时候，都能够方便地进行操作。

㉒ 人体的操作速度与操作部件的形状、位置、式样、大小、操作方向等相关。

㉓ 评价人员包括不同身高、体重、年龄、性别的人员。

㉔ 考虑不同季节，鞋、帽、衣带来的体验区别。

㉕ 考虑身体处于放松和端坐等不同姿态时，带来的体验区别。

5.2　操作便利性

5.2.1　概述

用户调查数据显示，超过 60% 的时间里，车内只有驾驶员，因此很多车辆的设计会更多考虑驾驶员的体验。不同市场定位的车辆在操作便利性设计方面仍然会有较大的区别：偏好运动的车辆会营造"飞机驾驶舱"的感觉，仪表板、操控件、副仪表板朝向驾驶员倾斜，环绕包围的驾驶空间使驾驶员与车内其他空间相对独立，同时驾驶相关的操作如换档、驻车制动等应方便操作；而家用车辆的设计则更偏向简单、平直、实用。除了与驾驶相关的特性之外，操作便利性的评价也需要关注与舒适、娱乐等相关的操作。

人在驾驶、乘坐时操作，以骨骼为杠杆，关节为轴，肌肉收缩为动力。合理设计的操作便利性，可以使驾驶员更舒适、便捷、快速地操作车辆，减少驾驶员分心、出错的概率，提高驾驶的安全性；不合理的设计导致操作忙乱、时间长、易出错等，并在一定程度上会影响车辆性能的发挥。人机工程学的开发需要覆盖不同人群范围，当对操作便利性评价的时候，主要从下面的几个维度进行分析：

① 操作位置　　　　⑧ 关联性
② 操作空间　　　　⑨ 调节范围
③ 操作姿势　　　　⑩ 安全性
④ 操作发力　　　　⑪ 稳定性
⑤ 便利性　　　　　⑫ 人群适应性
⑥ 易懂性　　　　　⑬ 环境适应性
⑦ 逻辑性

5.2.2　用户对位置及操控常见的评语

评语 1　早在几年前就看到朋友的变速杆是飞机式档杆，不仅手感好，造型看着也帅气，看起来确实很有档次。当时就想着以后买车一定也要选这种拉风的造型。一转眼现在轮到我买车了，不过看过好多款车后都没下手。这个月初我看到了这款新能源的高续驶版，它的变速杆就是飞机档杆造型，变速杆周围的按键布局也很有科技感，于是一见倾心了。

评语 2　正常速度行驶，脚肯定是要放在加速踏板上的，或者把脚抬起来不加油。堵车或者路况复杂时，脚是放在制动踏板上的，一是可以控制低速时的速度，二是遇到紧急情况可快速踩制动踏板。我的车制动踏板、加速踏板高度基本一致，来回切换感觉很得心应手。开朋友的车制动踏板比加速踏板高很多，每次脚挪到制动踏板上就会卡一下，必须稍用力把脚跟抬起来才行，而且加速踏板距制动踏板距离太近，稍不注意就相互影响，实在不理解这种设计有什么好处，遇到紧急情况制动反应要慢上 0.5s。

评语 3　座椅前高后低，踩制动踏板的时候膝盖总是碰到方向盘转向柱，很难受！座位也不能太往后调，不然胳膊抓方向盘费劲，脚够不到加速踏板，不知道加速踏板为什么躲在那么里面。

评语 4　空调内循环按键太小了，标识也不清晰，而且离驾驶员很远，需要操作的时候必须先看一下，不然一定会按错。手忙脚乱操作完了，车外的尘土也没有了，眼镜一层灰尘。

评语 5　车买了很久了，也不知道方向盘上还有两个能换档的东西，昨天朋友告诉我叫换档拨片，这才知道。可是从来没有用过，也不知道有什么好处。现在的变速杆挺好用的，没有必要用那个拨片换档。

评语 6　这车行李舱门可以无钥匙开启，当锁车状态下站在行李舱旁边，只要钥匙在身上装着，直接就可以按行李舱门开关打开行李舱。不过我觉得为啥不配置电动行李舱门呢？要是配置了电动行李舱门的话那就更好了，性价比也更高了。

5.2.3　评价方法

1. 驾驶相关的操作便利性评价

评价驾驶相关的操作便利性的过程，可以模拟驾驶员正常开车的顺序，按照进入车辆、调节座椅 / 方向盘 / 后视镜、系安全带、启动车辆、起步、加速、停车、下车等顺序进行，在每个环节中评价操作便利性如何。评价操作便利性需要考虑在驾驶、舒适、娱乐功能操作时的便利性，考虑图 5.2.1 中显示的各相关要素。

在评价时，需要模拟不同身高、性别、驾驶经验的用户来进行评价，才能涵盖更多用户的使用场景。评价驾驶相关操作，需要具备熟练的驾驶技能。

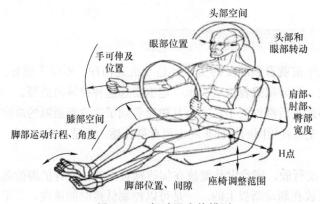

图 5.2.1　驾驶员人体模型

（1）座椅调节

初次开一辆车的时候，首先要调节座椅位置。驾驶员座椅位置会影响所有的控制操作，因此需要驾驶员的坐姿固定下来之后，才能去调节其他相关的设置（如方向盘、后视镜）。身体的姿态可以在一定角度范围内调节，以满足不同身高乘员的需求（图 5.2.2），尤其是长时间驾驶时，身体各部位能够得到充分的支撑不容易疲劳。

而驾驶员座椅位置调节与视野、踏板和方向盘的位置紧密相关，四者之间需要协同调节和设定。调节座椅位置，首先根据踏板位置调节座椅前后位置，其次根据视野和方向盘上下位置调节座椅高低，再次根据方向盘前后位置调节靠背角度，当仍然不舒适时再次微调座椅。

当驾驶 SUV 车辆时，很多用户喜欢更好的视野，因此坐姿相对较高；而当驾驶轿车时，很多用户更喜欢放松的姿势，因此坐姿会更低、靠背倾斜角度更大。在整个评价过程需要模拟实际用户的坐姿。更多的调节方式、更大的调节范围可以使乘坐更加舒适，高级车辆具备的调节能力通常更强。

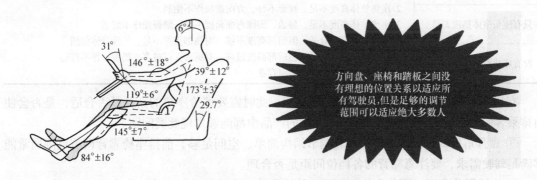

方向盘、座椅和踏板之间没有理想的位置关系以适应所有驾驶员，但是足够的调节范围可以适应绝大多数人

图 5.2.2　驾驶操作人体舒适角度

1）调节范围。如图 5.2.2 所示，足部、小腿、大腿、臀部、躯干的姿态需要在合适的角度和位置，操作起来才会感觉自如方便。当角度和位置不合适时，驾驶操作费力甚至肢体不协调，长时间驾驶容易疲惫，乘坐舒适性也下降。有的高端车后排可以实现座垫前后、座垫高低、靠背角度调节，使之更好匹配其商务用途。有的车后排座椅靠背可以在 20° 范围内调整角度，适应端坐和放松等不同的姿势。

① 座椅前后调节范围。由于导轨结构简单、空间足够，通常前排座椅的前后调节范围都能满足驾驶的需求。对于手动调节座椅，评价时可以关注调节过程中各档位之间的距离间隔是否合适。

如图 5.2.3 所示，驾驶员腿托可以增加座垫的长度，使之更好地适应不同人群。

② 座垫高度调节范围。座垫的高低会对躯干、腿部、足部的姿势，以及方向盘、踏板的操作产生很大影响。常见的座椅高度调节方式如图 5.2.4 ~ 图 5.2.6 所示。

在很多车型上，座椅高度调整设计不够周全，如调节方式不足或者调节范围不足，导致座椅高度不能适应更多的驾驶员。典型问题见表 5.2.1。

图 5.2.3　腿托可调

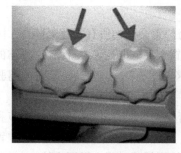  

图 5.2.4　座垫整体 + 前部高度调节　　图 5.2.5　座垫后部高度调节　　图 5.2.6　没有座垫高度调节

表 5.2.1　座垫调节方式及典型问题

调节方式	对用户的影响
座垫整体 + 前部高度调节	1. 座垫整体过高，当方向盘距离合适时，脚不容易踩到踏板；当可以踩到踏板时，方向盘位置过近
只有座垫整体高度调节	2. 座垫整体高度不足，视野不好、方向盘操作不便利
	3. 座垫整体高度不足，膝盖、脚踝弯曲角度不足，踏板操作不舒适
	4. 座垫整体高度合适，但前部高度不够，对腿部支撑不足，导致身体前倾
没有座垫高度调节功能	5. 座垫整体高度合适，但前部高度过高，对腿部支撑过多，踏板操作不舒适
	6. 以上的一条或者几条同时存在

　　有很多车辆的前排乘客座椅不能调节高度，此时需要评价座垫的高低是否合适，是否会使前排乘客的坐姿过高或者过低。在很多主流的产品中都能够发现此类问题。

　　③ 靠背角度调节范围。由于棘轮调节结构简单、空间足够，前排座椅靠背调节范围通常能够满足驾驶需求，要注意靠背的各档位间距是否合理。

　　④ 头枕调节范围。评价头枕上下调节的档位数，头枕前后距离的调节范围。

　　头枕上下调节档位数至少 3 档，如图 5.2.7 所示，或者固定式但是高度适应性强。

　　对于普通车辆，前后调整（图 5.2.8 和图 5.2.9）并不是必备功能，可以根据市场竞品表现评定是否配置此功能。评价时考虑前后调整的便利性、调整距离和牢固性。

图 5.2.7　头枕高度调节档位　　图 5.2.8　头枕前后距离调节 1　　图 5.2.9　头枕前后距离调节 2

　　2）调节机构的操作便利性

　　① 调节机构的空间布置及调节方式。考虑调节机构的空间布置是否便于操作，关注座椅调节过程中是否会与周边部件干涉，调节过程中目光是否始终能够看到，是否有座椅位置记忆的方式。当既有物理按键又可以在车机上进行调节时，操作会更容易，这也是目前的趋势。

　　评价的原则：门板上的电控 + 记忆 > 座椅上的电控 + 记忆 > 座椅上的电控 > 手柄式手动 >

旋钮式手动。

如图 5.2.10 所示，座椅电控调节按键布置在门板上，肉眼可以看到按键，操作空间大，调整过程可以同时观察调整的范围，座椅布置更靠近门板以更好地利用空间。

如图 5.2.11 所示，座椅电控调节按键布置在座椅侧面上，盲操的时候可以根据形状分辨作用不同的调节按键和调节的方向，空间小不便手动操作，无法目视。

图 5.2.10　门板上的座椅电控调节按键　　　　图 5.2.11　座椅侧面的座椅电控调节按键

如图 5.2.12 所示，相比旋钮式，手柄式手动调节机构操作方式便捷，上下调整操作时，手指所受空间限制小。

如图 5.2.13 所示，旋钮式手动调节机构处于 B 柱和座椅之间，操作空间小，狭小的空间内旋转，手指发力不符合人机工程。

图 5.2.12　手柄式手动调节机构　　　　　　图 5.2.13　旋钮式手动调节机构

② 操纵力。对于电动控制方式来说，操纵力都能满足用户需求。但是对于手动调节机构来说，设计的不同会带来不同的操纵力。如旋钮式的座垫高度调节机构、旋钮式的靠背角度调节机构操纵力都会比较大；当身体在座垫上向前调节时，由于身体向后的作用力，座垫的调节力通常会比较大。

③ 易懂性和可操作性。从操作性、逻辑性、防错、适应性等方面评价调节机构的形状、尺寸大小等，以及是否容易理解、是否容易操作。

如图 5.2.10 所示，按键形状和座椅的形状高度吻合，很容易理解，且按键分离不容易按错。

如图 5.2.11 所示，按键形状和座椅的形状比较吻合，但是距离有些近，盲操时容易互相干扰。

如图 5.2.12 所示，靠背调节使用手柄形式，宽度合适、与周边零件不干涉，很容易操作。因此当座椅调节为机械形式时，需要避免旋钮式，只采用手柄式或者类似结构。

如图 5.2.14 所示，按钮在内侧，同时按下两侧的按钮，并向上提才可以调节头枕高度，难以操作。

如图 5.2.15 所示，按下按钮可以轻易调节前后倾角，从而调节与头部距离。

如图 5.2.16 所示，解锁后，可以直接扳动头枕调节角度。

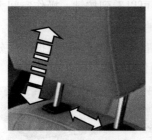

| 图 5.2.14　头枕调节 1 | 图 5.2.15　头枕调节 2 | 图 5.2.16　头枕调节 3 |

（2）踏板

需要评价加速踏板、制动踏板、离合器踏板、驻车踏板，好的踏板设计使操作舒适、方便、快捷、安全可靠，评价关注以下内容：

1）高度。合理的高度可以使脚在操作时，脚后跟始终停留在地板同一位置，整个脚部围绕脚后跟旋转，在旋转过程中可以确保靠脚掌操作踏板。需要避免操作时脚悬空、操作时脚在地板上前后移动、操作时无法靠脚掌操作。

加速踏板和制动踏板之间高度差合理，脚在加速踏板与制动踏板之间移动时，不会被卡住，且不会抬起过高。典型问题如加速踏板和制动踏板高度差太大，脚在移动过程容易干涉。

2）前后位置。踏板的前后位置与座椅、方向盘相对应，能够使三者之间前后调整到舒适位置。同时三个踏板之间不应该出现某个踏板过于靠前或者靠后的情况。

3）左右位置。踏板的左右位置使腿部姿势舒适，便于腿和脚发力，避免相互之间的位置过近，或者与仪表板、车身过近。典型问题：

● 离合器踏板过于靠近中间位置，导致左脚向右过多，腿部姿势不够舒适。

● 制动踏板靠近左侧，脚从加速踏板移到制动踏板只能踩到制动踏板右侧边角。

● 与仪表板过近，踩下过程中脚部与之干涉，如图 5.2.17 所示。

4）尺寸。踩踏面积大小适合操作，在不影响其他布置的情况下越大越好。如图 5.2.18 所示，地板式加速踏板尺寸大，操作更便捷，与运动型风格汽车更加匹配。如图 5.2.18 所示，驻车制动踏板尺寸过小。

5）防滑。踏板表面具有横向花纹（图 5.2.18），在雨雪天气鞋底湿滑时，操作踏板过程中不会打滑。当表面是纵向花纹时（图 5.2.17），虽然有利于排除水分，但摩擦力较横纹、花纹稍差。

6）角度。整个踏板操作的过程中，踏板的运行轨迹和脚部旋转的角度相同。

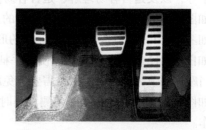

| 图 5.2.17　加速踏板 1 | 图 5.2.18　加速踏板 2 |

（3）方向盘

1）方向盘的调节范围。在根据踏板位置调节好座椅位置之后，需要据此相应地调节方向盘。当后背靠在座椅靠背时，手腕可以搭在方向盘上边缘，确保紧急情况下大幅度转向时能够完成动作。调节后的方向盘不会遮挡仪表信息。评价：

- 方向盘中心位置是否与座椅位置对齐，即驾驶员手扶方向盘时是否处于座椅的中心位置。
- 方向盘上下调节范围是否足够，可以适应不同人群。无论价格、档次高低，方向盘的上下调节功能已经成为各种车型的必备配置。
- 方向盘伸缩调节范围是否足够，可以适应不同身高的驾驶员。注意有些车辆即便有伸缩调节能力，依然有可能调节范围不足。目前在很多价格十万元以上的自主品牌车型上已经同时具备了上下和伸缩调节功能（图 5.2.19）。

2）方向盘调节机构。对于普通用户而言，方向盘不需要经常调节，因此中低端车辆方向盘调节多为机械式，而电子式方向盘调节更多出现在高端车辆上。

评价时注意调节、锁止手柄（或其他机构）的位置，手操作的空间、宽度、操作力度，包括松开和缩进调节的过程。

如图 5.2.20 所示，方向盘调节机构宽，且操作空间大，方便操作。

如图 5.2.21 所示，方向盘调节机构窄，且操作空间小，只能用一个手指操作。

图 5.2.19　方向盘调节　　　图 5.2.20　方向盘调节机构 1　　　图 5.2.21　方向盘调节机构 2

3）方向盘的操作便利性。正常驾驶时双手放在方向盘 3 点、9 点位置（图 5.2.22），以确保在紧急情况下双手操作力和操作幅度平衡，减少过大的动作，同时也可以顺利完成交替式换手动作。通常来说，运动型车辆不适宜大直径的方向盘，D 形方向盘应用更广泛，而大型 SUV 通常可以选用直径大些的方向盘。方向盘重要部位定义如图 5.2.23 所示。

考虑驾驶时手掌和手指的位置及姿势，包括：

① 方向盘直径大小是否便于操作。

② 方向盘 3 点、9 点处结构是否便于扶握。

③ 方向盘轮缘的粗细是否合适，手掌扶握时的操作便利性。

④ 方向盘轮缘软硬如何，运动型车辆通常较硬，而家用车辆通常较软。

⑤ 方向盘轮缘的弧度是否与手掌形状贴合，是否过渡圆滑，当手指环绕时不应有硌手的感觉。图 5.2.24 所示的轮缘弧度不圆滑，设计不合理。

⑥ 评价方向盘 3 点、9 点位置的拇指休息区设计是否与拇指贴合，长度是否合理。

⑦ 转动方向盘过程中手是否容易误碰方向盘按键。

⑧ 握住方向盘的时候是否还能够方便地操作方向盘上的按键和按喇叭。

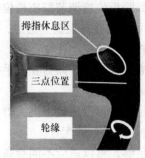

图 5.2.22　正确握方向盘姿势　　图 5.2.23　部位定义　　图 5.2.24　轮缘弧度不圆滑

（4）换档机构

通常来讲，拉线式换档机构的操作便利性不如电子换档机构，电子换档机构中的变速杆、旋钮与按键换档方式的优劣取决于内饰设计布置，以及车辆风格定位。由于电子换档操作更便捷、更省力，与周边零件干涉少且占用更少的空间，设计局限更小，造型对整体风格更有利，目前已经逐渐成了很多车型的选择。

1）位置。由于与驾驶员位置更接近，在操作时不需要身体离开靠背，布置在副仪表板上比布置在仪表板上的方式更合理。

当副仪表板较低时，换档操作时身体姿势下探，操作不够便利，因此抬高的悬浮式副仪表板已经成为趋势，使包括换档在内的操作更便利。

怀档方式操作时手不需要离开方向盘，但是位置较远，更适合坐姿端正的车型；且设计形式较老，难以体现科技感和时尚感。

2）解锁。拉线式自动变速器变速杆从 P 位移出时，需要首先踩下制动踏板，再使用解锁按键来解锁；而有的电子换档只需要踩下制动踏板即可解锁。

通常 D 位和 R 位之间切换时，也需要解锁操作。

评价解锁方式的便利性及解锁按键尺寸大小、角度、位置等是否方便操作，操作过程是否有卡滞。

3）换档方式

① 拉线式换档机构。蛇形换档（图 5.2.25）在换档时需要横向大范围拨动，每个档位的行程和位置规律性不强，很多时候需要低头目视操作才能完成，不够顺畅，换档过程相对较长，变速杆通常也较长，对于很多中国用户来说不是一个好的选择。

直拉式换档（图 5.2.26）相比蛇形换档，换档过程更直接方便，结合仪表的档位显示可以更快地完成档位切换。换档过程对横向的干涉也会更小。调查结果显示直拉式换档机构相比蛇形换档机构更受中国用户欢迎。

除此之外，还需要评价变速杆球头是否舒适、变速杆长度是否合理、行程是否过长等。

② 电子换档机构。电子换档器在形式上灵活多变，因此形状往往更合适操作。普通家用车换档方式以尺寸小、行程短、操作力轻为原则。

图 5.2.27 所示机构操作时手臂不需要移动，只需手指转动，操作方便，当点火、熄火时旋钮自动升降还可以增加仪式感。

图 5.2.28 所示机构与传统的变速杆相似，变速杆球头的握感更舒适，可以快速操作，操作

时会带来力量感与更多的驾驶乐趣，适合用于运动型车。

图 5.2.25　蛇形换档机构　　　　　　　　　图 5.2.26　直拉式换档机构

图 5.2.29 中按键式换档布置在副仪表板上，操作方便，但是位置较分散，手臂需要移动，且不容易盲操。

怀档形式布置在方向盘右侧，换档操作十分便捷。但如前文所述，设计形式老旧，美观程度低不受欢迎，且与用户习惯不符，对于普通车型来说并不适用。

图 5.2.27　电子换档机构 1　　　图 5.2.28　电子换档机构 2　　　图 5.2.29　电子换档机构 3

4）换档过程。评价解锁、选档、换档过程中，是否与周围干涉，如放置了水杯的茶杯架、驻车制动、前排乘客腿部等，尤其手动变速器的倒档、6 档等不在中心位置的档位。

评价手动变速器变速杆或者拉线式自动变速器的换档平面（参见第 4 章 4.4.3 小节的换档人机工程学）是否合理，是否有向上倾斜的平面。

评价自动变速器的手动模式、S 位是否便于操作，换档拨片是否容易操作，以操作时手不离开初始位置为宜。同时手动模式和 S 位，对于普通用户来说使用场景少，需要避免正常使用D 位时误操作。

（5）驻车制动

相比西方国家，中国用户的驻车制动使用频率高得多，驾驶员几乎在所有的长时间停车情况下，都会使用驻车制动。甚至在等红灯的短暂停车时，由于路面不平，很多用户也会使用驻车制动。

1）电子驻车制动和 AutoHold。电子驻车制动几乎已经成了标配的驻车制动方式，取代了以往的机械驻车制动，在普通车辆上得到了广泛的应用。如图 5.2.30 所示，通常电子驻车制动和 AutoHold 作为同类功能布置在一起。

从启动、解除的操作方式评价电子驻车制动和 AutoHold 操作便利性。包括位置是否便于操作，按键操作方式是否简单便捷。但安全是驻车制动最重要的要求，如不佩戴安全带时无法自动解除电子驻车制动和 AutoHold，可以增加驾驶安全性。很多车辆在熄火时会自动启动电子驻车制动功能，既增加了便利性也增加了安全性。

2）手拉式机械驻车制动。评价驻车制动位置、形状、尺寸、手柄粗细、解锁按键长度、总行程是否便于操作，拉起、放下、解锁释放力度，拉起、释放的过程与周边是否干涉。

由于占用空间大、操作行程大、制动力小，此种驻车制动的使用逐渐减少，更多地出现在低端车、越野车或者运动型车上。

3）脚控驻车制动机构。评价踏板位置是否容易踩到，踏板尺寸、踏板踩下力度、踏板行程等是否合理。

除了大型 SUV 或皮卡，乘用车中已经很少使用此种驻车制动形式。如图 5.2.31 所示，虽然此种制动形式节省空间，腿部发力容易，但由于设计古老、无法精确控制而接受程度很低。

图 5.2.30　电子驻车制动

图 5.2.31　脚控驻车制动

（6）其他

1）点火

①一键启动。评价内容：

a. 视线和操作是否被遮挡（如方向盘）。

b. 按键与驾驶员位置距离是否适合操作。

c. 按键尺寸大小是否合适操作。

d. 按键是否有夜间指示背光。

e. 钥匙放置区域是否合理，感应范围是否足够。

②机械点火。评价内容：

a. 钥匙孔插入是否方便。

b. 钥匙转动过程是否方便。

c. 钥匙转动过程力的大小是否合适，是否容易卡滞。

2）驾驶模式、地形管理、驱动模式切换、ESC 开关等。评价在静态和驾驶过程中驾驶模式、地形管理、驱动模式等切换的操作便利性，包括开关的距离、操作力、操作方式，操作时手与周边零部件的干涉等。

这些驾驶相关的各开关应该集成在一块区域（图 5.2.32 和图 5.2.33），便于操作。由于这些功能使用频率低，可以布置在仪表板上（图 5.2.32）。由于这些功能直接决定该车型的定位，因此应该具有单独的物理按键，可以快速操作，不应该通过仪表或者车机屏幕进行控制。

图 5.2.32　地形管理系统 1

图 5.2.33　地形管理系统 2

很多新设计的 SUV 都将副仪表板抬高（图 5.2.34 ~ 图 5.2.37），甚至将扶手箱延伸与副仪表板连成一个整体的悬浮式控制台，以便驾驶时胳膊搭在上面，不需要上下前后挪动，即可完成换档和其他控制操作。这样的设计不但增强了操作便利性，更强调了驾驶员的重要性，使驾驶环境更接近飞机驾驶舱。悬浮式控制台已经成为当下 SUV 的主流设计方式，甚至有些轿车也已经开始采用这种设计。

图 5.2.34　控制台　　　图 5.2.35　控制台上层　　　图 5.2.36　控制台中层　　　图 5.2.37　控制台下层

2. 驾驶以外的操作便利性

驾驶相关的操作对车辆的性能、安全有直接的影响，除此之外还有很多与驾驶非直接相关的操作，如调节娱乐、舒适等会间接影响安全驾驶及用户体验。按照 120km/h 的车速，如果分心 1s 车辆会行驶 37m 的距离。此时，制动到停车至少还需要 40m 的距离，也就是说当发现突发情况且驾驶员分心的情况下，最后车辆停住最少需要 77m 的距离。根据调查显示，分心驾驶发生事故的概率是正常驾驶的 23 倍。因此操作的设计必须简洁、快速，最好可以盲操，以减少驾驶员分心。

由于涉及的项目种类非常多，下面的阐述只是针对典型的配置、功能进行，实际评价过程中则需要完整地进行。

（1）车门车窗（包括行李舱盖、油箱盖、天窗）

1）锁。用户希望锁机构能够防止从外面开启，这样可以使车辆成为安全的独立空间；同时不能阻止从车内打开，避免紧急情况下人员的逃离受阻；为防止儿童误操作，可以对门窗的开关进行授权限制。评价锁的启动和解除的布置、方式等。

① 行驶之后的自动落锁和停车挂入 P 位自动解锁会给驾驶员带来更多的便利性，但是出于安全性考虑，需要具备开启、关闭此功能的能力。

② 中控锁按键需要方便驾驶员操作，通常布置在驾驶员侧车门上，如能同时方便前排乘客操作则更好（右侧车门也有中控锁，或中控锁布置在仪表板中间位置）。

③ 有些车辆设计两次拉动把手之后，才会打开车门，在一定程度上减少儿童误操作造成车门打开。

④ 由于门齐形式过于老旧，渐渐不被用户接受。

⑤ 通常认为儿童安全锁的便利性顺序：侧窗锁与儿童安全锁电动组合控制＞侧窗锁与儿童安全锁电动单独控制＞需要工具手动调节的儿童安全锁＞不需要工具手动调节的儿童安全锁。几种形式如图 5.2.38～图 5.2.41 所示。

注意：不需要工具手动调节的儿童安全锁尽管相对需要工具手动调节的儿童安全锁更便利，但是会导致儿童误操作，因此排序在最后。

 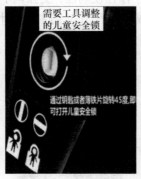  

图 5.2.38　儿童安全锁 1　图 5.2.39　儿童安全锁 2　图 5.2.40　儿童安全锁 3　图 5.2.41　儿童安全锁 4

用户也会期望在上锁时有状态显示，如按键背光或者锁体标识，如图 5.2.42～图 5.2.44 所示。

图 5.2.42　上锁状态 1　　　　图 5.2.43　上锁状态 2　　　　图 5.2.44　上锁状态 3

2）车窗。当所有车窗都可以一键升降时，不仅用户在操作时更加便捷，还可以实现使用智能钥匙在车外远距离开关车窗（包括天窗），在炎热的夏季进入车辆之前先散去热量。当有遥控一键开关所有车窗功能时，考虑操作便利性和防止误操作，操作力和操作时间需要适中。

受成本影响，很多车辆不能所有车窗均配置一键升降功能，但驾驶员侧的车窗一键升降功能在各档次车辆均应该体现。在停车场、收费站等场景，驾驶员需要缴费、收票 / 卡、起步换档，一键升降会使驾驶员更从容。

典型车窗按键位置问题：

① 如图 5.2.45 所示，位置过远，手需要伸出很长才能够到，很容易误操作前后车窗开关。

② 如图 5.2.46 所示，按键布置在车门内饰板顶部，带来复古风格，但是位置过高，操作不方便。

③ 如图 5.2.47 所示，按键布置在仪表板中间位置，可以方便两侧乘员同时操作，但此处空间过小导致按键尺寸过小，难以盲操，容易误操作。

图 5.2.45　侧窗按键位置 1　　　图 5.2.46　侧窗按键位置 2　　　图 5.2.47　侧窗按键位置 3

3）车门开关。相比遥控解锁、机械解锁，无钥匙进入、电吸门关闭、按键弹开 / 关闭车门减少了使用钥匙、开启车门过程的操作步骤，带来更多的便利性。

为了降低空气阻力，越来越多的新能源车将车门外把手设计成隐藏式。对于机械式开启把手，操作过程由于需要按压一端再拉动另一端，并不方便。在冬季雪后结冰时会带来更多的操作困难。

4）行李舱开启关闭。考虑使用行李舱时，很多情况下乘员都会携带着很多物品，因此很多车企设置了各种快捷的操作方式。好的设计可以不用钥匙操作、在开启过程不需要回到驾驶室操作、不需要放下手中物品、行李舱可以自动弹开一定角度且放入物品不需要再用手拉动、高大车辆不需要手动关闭。从操作便利性优劣来讲，开启方式通常按照如下方式排序：车外感应开启 > 行李舱盖上开关 > 遥控钥匙开关 > 室内物理开关 > 车机屏幕虚拟按键。

行李舱开启和关闭方式如图 5.2.48 ~ 图 5.2.55 所示。

图 5.2.48　行李舱开关 1　图 5.2.49　行李舱开关 2　图 5.2.50　行李舱开关 3　图 5.2.51　行李舱开启 1

5）加油。评价油箱盖的打开方式是否方便和新颖，与中控锁集成的遥控方式目前逐渐普及。打开加油口盖时，加油口盖的悬挂方式是否便捷，是否容易滑落。

行李舱遥控开启角度二

行李舱遥控开启角度三

行李舱盖上的关闭开关

电机驱动遥控行李舱盖关闭

图 5.2.52　行李舱开启 2　图 5.2.53　行李舱开启 3　图 5.2.54　行李舱关闭 1　图 5.2.55　行李舱关闭 2

（2）内外饰件

1）杂物箱开启。评价开启和关闭过程是否方便，距离驾驶员近，可以更好地兼顾前排使用；是否有阻尼，打开的过程不会过快导致物品散落或者碰到乘客腿部；打开角度是否适合取放物品。

如图 5.2.56 所示，杂物箱开启按键靠近中间右侧的位置，距离上便于前排两侧乘员操作，相比图 5.2.57 的传统开启把手，按键形式开启方便。

图 5.2.56　杂物箱开启按键

图 5.2.57　杂物箱开启把手

2）前后中央扶手。评价扶手前后、角度调节范围如何、宽窄如何、前后上下位置是否适合胳膊休息，人群适应如何。

① 如图 5.2.58 所示，中央扶手可以前后滑动，在驾驶和怠速工况都能使驾驶手臂得到支撑。

② 如图 5.2.59 所示，中央扶手角度可以调节，使中央扶手可以最大限度上满足各种身高尺寸乘员。

扶手可前后移动

扶手可高低调整

图 5.2.58　中央扶手前后滑动

图 5.2.59　中央扶手角度调节

3）门板扶手。评价扶手与人体相对位置、宽窄（包括前后）、倾斜角度是否适合放置手臂，与中央扶手的高度是否一致。

典型门板扶手问题如图 5.2.60 和图 5.2.61 所示。

图 5.2.60　门板扶手 1　　　　　　　　图 5.2.61　门板扶手 2

4）内外后视镜调节。评价外后视镜调节开关的位置、形状、力的大小是否容易操作，是否具备自动折叠功能，位置记忆功能会使后视镜调节更加便捷。

评价内后视镜角度调节是否便利。

（3）其他开关

由于汽车的功能越来越多，已经无法通过物理开关来控制所有功能，因此很多功能只能通过车机、仪表的虚拟按键进行设置。哪些功能需要物理开关，哪些功能只需要虚拟按键即可？从优先级考虑，重要的功能需要有物理开关，如空调（温度/出风模式/风速）、音响、危险警告开关等，以确保在驾驶时触手可及、操作简单、调节快速。而次要的功能则只需要通过虚拟按键控制即可，如音响音量调节、锁车提示设置等。空调开关由于按键较多，可以只保留激活开关，使操作界面在车机屏幕上显示。

评价物理开关的位置、距离、操作力度、调节方式，虚拟按键寻找难易、操作模式、激活方式、状态显示等。

① 如图 5.2.62 所示，危险警告开关按键小、位置远且操作时手指被其他开关阻挡，不方便驾驶员操作。

② 如图 5.2.63 所示，方向盘上的开关与 3 点、9 点位置过近，转弯时手指易误碰。

③ 如图 5.2.64 所示，空调内循环按键过小，正常驾驶时，即便一直观察，也不容易操作。

图 5.2.62　危险警告开关位置远且被挡　　图 5.2.63　转弯时易误碰　　图 5.2.64　内循环按键太小

5.2.4　操作便利性评价项目

操作便利性评价项目见表 5.2.2。

表 5.2.2　操作便利性评价项目

评价项目	分数	备注
操作便利性总体性能		评价驾驶员位置和主要控制机构（位置、空间、尺寸、角度）的调节能力、对各种身材驾驶员的适应性
驾驶相关		
座椅调节		调节范围、空间布置、调节方式、操纵力、易理解性
踏板		位置、高度、角度、尺寸、防滑
方向盘		调节范围、调节机构、操作便利性
换档		位置、解锁方式、换档方式、换档过程
驻车制动		电子驻车制动和 AutoHold、手拉式机械驻车制动、脚控驻车制动
其他		点火开关、驾驶模式、驱动模式、地形管理、ESC 等
驾驶以外		
车门车窗		锁、车门、车窗、行李舱、油箱盖锁
内外饰件		杂物箱、前后中央扶手、后视镜等
其他开关		灯光、刮水器、空调等物理开关、虚拟按键

操作便利性评价在车辆静态和驾驶状态下进行，与驾驶相关的评价需要在行驶中确认。

5.3　HMI

5.3.1　概述

广义的 HMI（Human Machine Interaction）即人机交互，就是汽车和人之间的信息交流、控制和反馈。在汽车开发领域中，HMI 侧重人与汽车的人机交互界面，本文中 HMI 核心作用是将其中重要的信息展示给用户，以及提供用户操作功能的方式，包括仪表、中控车机、抬头显示、语音控制、手势控制，以及所有与仪表、中控车机和抬头显示有交互的按键。HMI 开发工作包含了调研、用户测试、信息架构设计、功能流程设计、交互设计、视觉设计、可用性测试等。

好的 HMI 会带来更多的科技感，但根据数据统计，其目前并不是影响大多数用户购买的重要因素。用户购车时更重视外观造型、配置、空间、乘坐舒适性、耐久性能，对有驾驶乐趣的、科技感的理想车型有诉求，但以安全、实用、可靠性为基本前提。随着技术的飞速进步，各车企在传统属性上的表现几乎都能够达到用户的需求，并且企业之间的差异正在逐渐缩小。在这种情况下，各种新技术应用和用户体验的提升，越来越成为年轻人买车的考虑因素。

在 HMI 开发过程中，需要考虑人机交互的物理空间。在驾驶室内，以驾驶员为中心，最近的为驾驶控制相关，远离驾驶员的是娱乐控制相关。一共分为 7 个交互窗口的分区，包括最佳视野区、车内最佳视野区、状态区、黄金按键区、娱乐操控区、快捷控制区、盲操区，如图 5.1.1 所示。

　　车载显示屏在 HMI 中十分重要，通过它可以控制很多功能，起到人机交互界面的作用，在车辆行驶中使用频次高，因此高性能的车载显示屏要具备以下几个特点：屏幕尺寸具有竞争力、有科技感、高分辨率、高亮度及调节范围、耐低温/耐高温性能好。

　　在 HMI 评价之前，需要充分了解用户调研报告、行业设计趋势、UE 逻辑以及 UI 设计，在评价过程中考虑界面吸引力、信息交互过程、操作易用性、逻辑标识、适应性、响应速度、驾驶安全性等多个维度。HMI 的设计原则包括：安全性原则、信息优先级原则、完整性原则、认知经验原则、信息可视化原则、个性化原则。

　　在 HMI 评价之前，也需要充分了解市场主流产品特性，常见的主流产品及车企、车型匹配等信息见表 5.3.1 和表 5.3.2。

表 5.3.1　主流 OEM 匹配车机系统名称

OEM	车机系统名称	应用车型
吉利 + 科大讯飞	GKUI	帝豪、博越
福特	SYNC+	蒙迪欧、翼虎、锐界
菲亚特克莱斯勒	Uconnect	Jeep 自由光、大切诺基、克莱斯勒 300C
现代	Blue Link	索纳塔、途胜
宝马	iDrive	宝马 3 系、宝马 7 系
通用	MyLink/IntelliLink	科鲁兹、创酷、昂科威
起亚	Uvo	K4、K5、索兰托
奥迪	MMI	A3、Q7
雷克萨斯	Remote Touch	RX、NX
奔驰	MBUX	Benz S, Benz E, new Benz A
捷豹	InControl	
大众	MIB	
通用	安吉星	
凯迪拉克	CUE	
上汽荣威 + 阿里巴巴	斑马智行	RX5, RX8, Marvel X
特斯拉	Version（Linux）	Model S, Model X, Model 3
拜腾	QNX（主驾）	K-type, M-type
蔚来	Nomi	ES8, ES9
奇点	Tiger OS	iS6, iM8
威马	Living Engine	EX5
小鹏	Xmart OS 3.0	G3
车和家		ONE
东风风神 + 百度	WindLink 3.0	AX7
比亚迪 + 阿里巴巴	DiLink	秦，唐
长安	inCall	CS75，睿骋 CC，逸动 DT
广汽传祺 + 腾讯	inJoy	GE3
奇瑞 + 科大讯飞 + 百度	Lion	瑞虎 8

表 5.3.2　主流车型匹配车机尺寸

车型	液晶仪表		中控屏幕		
	尺寸（英寸）	分辨率	尺寸（英寸）	分辨率	方向
特斯拉 Model S/X	12.3	1920*720	15	1920*1200	竖
特斯拉 Model 3	无		17	1920*1200	横
拜腾 M-Byte	无		49		横
领克 01	10.25	1920*720	10.2	1280*720	横
蔚来 ES8	8.8		10.4	1600*1200	竖
荣威 eRX5	12.3		10.4	960*1280	竖
荣威 Marvel X	12.3		19.4	1200*1600	竖
比亚迪唐	12.3		14.6	1920*1080	可旋转
吉利 博瑞 GE	12.3		12.3	1280*720	横
小鹏 G3	12.3		15.6	1920*1080	竖
奔驰 E 级	12.3		12.3		横
奥迪 A6	12.3		10.1+8.6		横
宝马 5	12.3		10.25		横

5.3.2　用户对 HMI 常见的评语

评语 1　蓝牙功能不好使，用两部手机进行了四次尝试，怎么都连不上。后来 4S 店给讲解了一下怎么连接，过程特别繁琐，这样的操作方式也仿佛让人回到了十年前的 MP4 时代，用户体验不太好。

评语 2　语音识别功能算是这款车的一个亮点，我之前的车就有这一功能，当时就觉得十分方便，而且这台车的语音系统识别能力更好，用起来很舒服。这一功能使用起来还是挺方便的，通过语音进行一些操作也能提升驾驶安全性。不过要在繁多的中控按键中迅速找到语音按键还需要熟悉一段时间，要是厂家在多功能方向盘上设计一个语音按键，能够实现盲操作，就方便多了。

评语 3　大大的全液晶仪表盘，14in $^{\ominus}$ 的中控大屏，看电影什么的显示非常清晰，视觉效果特别棒。超大屏幕四曲面玻璃，高端大气上档次。黑色的大屏连接到变速杆周围，搭配起来非常高科技，很有高端品牌的感觉。

评语 4　思考了一下，中控屏幕在中央，驾驶员停车休息的时候，还有前排乘客全程，用什么样的中控大屏能玩游戏。玩游戏要求的是沉浸体验和强操作，感觉还是不太适合车里面玩。怎么玩游戏都不爽，无法目视前方，况且很多还都是单点触摸屏，要是有手柄还凑合。

评语 5　你改大屏有什么用啊，主要不还是看倒车影像。现在汽车屏幕虽然越来越大，但是由于内容的缺乏和交互体验不佳，大屏的作用并没有真正的发挥出来。我什么都没有改，屏幕上方放了个磁贴底座，手机直接上车开导航，车辆连接蓝牙，就可以用车载音响收听语音导航。原系统我试了 U 盘接入音乐、视频，都很好用，反而是那个 CarLife 很"鸡肋"，动

$\ominus$　1in=25.4mm。

不动就卡住。

5.3.3 评价方法

1. 仪表

汽车仪表为驾驶员提供汽车的参数信息，不同仪表信息显示不尽相同，通常包括车速表、里程表、转速表、机油压力表、冷却液温度表、燃油表、电量表等。仪表多数功能只是通过传感器显示车辆的运行状态，随着技术的进步，有些仪表开始增加了部分控制功能，包括驾驶辅助、导航、娱乐等。

（1）仪表基本参数及形式

按汽车仪表的工作原理不同，大致可分为三代。第一代汽车仪表是机械机芯表（见图 5.3.1），目前基本已经在现代汽车上淘汰；第二代汽车仪表称为电气式仪表（见图 5.3.2），现在仍然普遍存在；第三代为全数字汽车仪表，也称为液晶仪表（见图 5.3.3）。单纯的液晶仪表，以及液晶与电气仪表结合目前都比较普遍。液晶仪表设计更加灵活、分辨率更高，可以在仪表上同时显示地图、车辆状态、工况等信息。

从用户角度看，仪表形式和尺寸在很大程度上代表了车型性价比和技术先进性，设计上应具有市场竞争力，因此评价时考虑的权重较高。注意，有的车型将液晶仪表和电气仪表组合在一起，比如中间部分是液晶仪表，两侧是电气仪表，计算液晶仪表尺寸时通常只考虑纯液晶仪表部分尺寸。

图 5.3.1 机械仪表

图 5.3.2 电气仪表

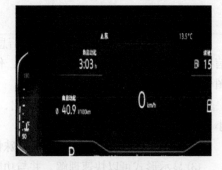
图 5.3.3 液晶仪表

（2）用户界面

1）显示性能。在不同环境温度、环境亮度的条件下，评价仪表显示的性能如何，主要考虑：

① 画质的精细程度，分辨率高低。

② 亮度、对比度和色彩失真度。

③ 可视偏转角度大小，在不同角度时观看清晰度如何。

④ 影像拖尾现象。

⑤ 显示异常，如白屏、黑屏、部分内容有时不显示，液晶"坏点"，某些位置始终不能正常显示。

⑥ 亮度适应性、亮度调整的范围，在夜晚是否刺眼、是否有夜晚和白天模式、当有多屏幕时能否联动调整。

⑦ 对于驾驶员和乘客来说，屏幕在阳光下是否反光、夜间屏幕是否反光到侧窗玻璃上影响视线、是否有角度调整减少反光的影响、角度调整是否便利。

⑧ 在各种温度环境下、长时间使用情况下性能是否有衰减。

2）显示模式

评价显示模式的数量、种类、差异性、美观性、科技感、立体感等。

由于液晶仪表设计自由度高，因此很多 OEM 通常会设计多种显示模式，使驾驶员感受不同的风格，风格需要和车辆的定位相匹配。当有液晶仪表，但显示模式少、显示模式仍然与电气仪表接近时，用户会认为仪表设计不够成功。

具有动画显示的仪表更具有仪式感和科技感，往往更受欢迎，此时的原则是能做彩色不做单色，能做动画不做单帧。比如开机 / 熄火时持续几秒钟的具有本车 / 主机厂特色的动画界面、点火瞬间指针变化、车速 / 转速变化过程中指针转动的动画、模式切换过程的动画等。

如图 5.3.4 和图 5.3.5 所示，同一款仪表可以具有多种显示模式，模式区别明显且各有特色。其模式显示内容与风格匹配，通过色彩、数字和形状的变化体现出立体感和科技感。

图 5.3.4　城市模式　　　　　　　　　　　图 5.3.5　越野模式

3）易懂性。由于仪表中显示的信息数量非常多，包括车辆状态信息、驾驶辅助信息、通信信息、舒适性信息、娱乐信息等，作为状态显示需要清晰明了、干扰因素少（图 5.3.6、图 5.3.7）。评价时考虑仪表信息：

① 重要信息放大，以使重点突出，同时出现的非重点信息弱化，通过图形虚化、形状变小、颜色淡化等方式实现。

② 使用常用、通用的标识，非特殊情况避免独创标识。

③ 显示形式可以快速理解，并与功能相关联，减少用户学习的时间成本。

④ 有报警标识时，需有文字、图像等指明问题所在。

⑤ 标识颜色使用合理，如黄色用于警告，红色用于报警。

⑥ 图标、数字等信息的大小合适。

图 5.3.6　重要信息应放大、突出　　　图 5.3.7　未显示 12V 蓄电池还是动力蓄电池故障

4）信息分区。评价分区是否合理，驾驶信息显示、导航界面、娱乐信息分布是否分类布置。

仪表信息庞杂，在驾驶时观看仪表信息需要快速、准确。当分区不清晰时，相关信息会分布在不同区域，无法轻易找到，调整、翻页时也会占用更多的时间。因此，需要将仪表划分为不同区域，来显示不同的信息。评价信息分区时考虑：

① 同类信息处于相同分区。

② 不同分区之间空间位置上有明显区分。

③ 重要信息，如驾驶类信息始终保持在主界面。

④ 避免信息堆砌。

⑤ 仪表信息越简单越清晰越好，减少层级，不显示弱相关信息。

如图 5.3.8 所示，转速、车速、油表、指示灯、里程信息分区显示，简单、直观、清晰、易懂，一目了然。

如图 5.3.9 所示，不论仪表中导航界面如何变化，与驾驶相关的关键信息的大小、字体、位置不会改变，且与导航界面不互相干扰。

如图 5.3.10 所示，仪表中三处分区清晰明了。

图 5.3.8　信息分区显示

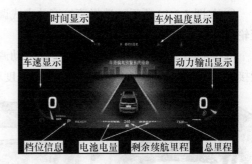

图 5.3.9　导航界面时仪表显示

图 5.3.10　液晶仪表三处分区显示

如图 5.3.11 所示，剩余里程和油耗属于同类信息，应该布置在同一区域。

如图 5.3.12 所示，信息杂乱，堆积在一起，视觉效果很混乱。

（3）交互

由于仪表的位置通常远离手指，因此只是显示区域，不会设置为控制区域，所有仪表的控制通常通过物理按键设置在方向盘上。

图 5.3.11　油耗和剩余里程位置　　　　　　　图 5.3.12　有分区但信息杂乱

1）物理按键。评价仪表控制方式是否合理，包括按键布置、按键尺寸、形状、操作方式、操作逻辑、手感等。当控制按键布置在方向盘上时，操作很便利；当控制按键在布置在仪表板时，则需要手离开方向盘，操作不便。

① 如图 5.3.13 所示，左侧按键用于仪表菜单选择和巡航模式选择，与驾驶相关；右侧按键用于控制车机娱乐系统和语音控制功能，按键的位置、形状对称，容易理解和操作。

② 如图 5.3.14 所示，选择滚轮滚动方式调整更加便捷，与手指接触面积始终不变，但是对滚轮操作力的大小和一致性要求比较高。

③ 如图 5.3.15 所示，开关需要上下拨动调整，连续拨动用时长，当开关在不同位置时与手指接触的角度会有不同的变化，操作难易程度和操作力也会有变化。

图 5.3.13　控制按键　　　　　　图 5.3.14　滚轮　　　　　　图 5.3.15　拨轮

2）层级。评价仪表菜单层级的合理性。

驾驶时视线会正视前方，不会集中在仪表区，如果调整过程中菜单有过多的层级，会使驾驶员分心查看，干扰正常驾驶。此时必须考虑：

① 驾驶相关的菜单层级不应该超过三级。

② 分层的方式具有逻辑性，同类别的功能放在一起，分类清晰。

3）交互响应。评价交互过程中的响应时必须考虑：

① 按键调节响应快慢如何，通常不宜超过 0.1s。

② 连续操作时，也需要有对应的连续响应。

③ 功能响应速度和操作之间的关系，是否符合人的期望。

④ 弹窗停留时间是否合适，过短的时间则驾驶员反应时间不足，过长的时间则干扰其他信息显示。

⑤ 有些功能在调整、触发的时候，同步还要有声音和振动提示。

⑥ 重要的信息需要常显或者点击"OK"才能消除，以保证用户注意到了这个信息。

⑦ 在菜单调整过程需要有快速退回方式，每调整一次可以退回到上一级目录而不是根目录。每个子目录都可以循环，在菜单中调整到最后一个选项时，继续调整，可以跳到第一个选项而不是停止不动。

2. HUD

（1）信息显示

这个区域是驾驶员的"最佳视野区"，与外界场景融合。相比于仪表，它不需要驾驶员经常切换焦距和视角，这个区域的信息布置数量一定要克制，因为会干扰驾驶员识别路面环境。通常，这个区域显示的内容包括：

① 车速。

② 限速 /ACC 设定车速。

③ 简单的导航信息。

1）信息显示质量。评价信息重要性、显示密度、字体大小、分辨率，以及与周边实体融入等对驾驶的帮助，是否会造成对驾驶的干扰。

如图 5.3.16、图 5.3.17、图 5.3.18 所示，HUD 显示的信息均是重要度很高的内容，内容简洁不杂乱。

图 5.3.16　显示效果较好的 HUD　图 5.3.17　显示效果较差的 HUD　图 5.3.18　实景导航在 HUD 中显示

2）色彩。颜色可以用来突出重点，当然看起来也更"靓丽"。但是要注意在显示醒目与对驾驶员注意力的干扰之间必须找到平衡。

如图 5.3.17 所示，深色 HUD 显示屏背景色影响视线对交通环境的观察，反而影响驾驶安全；反光情况比较严重；颜色对比不够显著，显示不清晰。

（2）HUD 控制

评价 HUD 开启、关闭操作便利性，是否可以调整 HUD 角度、高度、亮度等。

典型的调整方式如图 5.3.19 和图 5.3.20 所示。

汽车整车性能主观评价方法与实践

图 5.3.19　车机上调整 HUD

图 5.3.20　方向盘按键调整 HUD

3. 车机

近 20 年来车机发展经过了四个阶段，如图 5.3.21 ~ 图 5.3.24 所示：

第一个阶段，只有 CD 机，电台。

第二个阶段，可以通过 USB 接入 U 盘，手机播放音乐，通过蓝牙接听电话。

第三个阶段，可以通过手机镜像，在车端直接使用手机里的一些 APP。主要是 Apple Car-Play，Android Auto，Baidu CarLife 等。

第四个阶段，车辆开始连入互联网，可以进行车辆数据监控、实时导航、网页浏览、直接使用车载 APP，通过手机 APP 对车辆进行远程监控和操作。在这个发展过程中，触摸屏逐渐成为主流，屏幕尺寸也较前三个阶段明显增大，为用户提供更好的人机交互体验的同时，提高了内饰的视觉美感。

图 5.3.21　一代车机　　图 5.3.22　二代车机　　图 5.3.23　三代车机　　图 5.3.24　四代车机

（1）屏幕基本参数及形式

由于车辆功能日趋增多，很多控制、调整功能需要通过车机实现，且 360° 全景影像、倒车影像等显示功能也要通过屏幕显示，因此大尺寸的车机屏幕已经成为主流，如图 5.3.25 ~ 图 5.3.28 所示。评价车机屏幕，必须考虑：

①屏幕尺寸大小是否有竞争力。

②屏幕有效尺寸大小是否有竞争力。

③屏幕布置，宽屏还是竖屏，与周边内饰部件是否匹配。

④触摸屏还是单纯显示屏。

⑤若有多个屏幕，屏幕之间是否可以联动、同步显示信息、如时间、温度等。

图 5.3.25　贯穿 IP 的长屏幕

图 5.3.26　仪表车机联屏

图 5.3.27　可旋转屏幕

图 5.3.28　竖屏

（2）用户界面

1）显示性能。评价方法参见 5.3.3 评价方法中仪表显示性能相关内容，不再赘述。

2）显示模式。评价方法参见 5.3.3 评价方法中仪表显示模式相关内容，不再赘述。

3）易懂性。评价方法参见 5.3.3 评价方法中仪表易懂性相关内容，不再赘述。

4）信息分区。由于视角的原因，通常车机中显示与驾驶无关的信息，有些车也会将驾驶信息设计在车机屏幕上。与仪表不同的是，车机除了显示之外，还有控制的功能。表 5.3.3 为车机主要信息列表。

表 5.3.3　车机主要信息

分区	信息、功能	描述
导航区	快捷操作	个人设定的快捷操作方式，如空调、座椅加热等
状态区	长时间显示	时间、温度、蓝牙、网络等的状态
车况信息	基本信息	车速、档位、电量、里程、能量回收
	辅助信息	自适应巡航、车道辅助、限速等状态
	浮窗	激活的功能显示，如倒车影像、能量回收、电话等
	警告提示弹窗	提示、警告类信息
内容切换区	导航	导航显示、设定
	控制	灯光、锁、欢迎模式、驾驶模式、倒车影像等功能设置
	充电	预约充电、电流调节、充电付费等
	多媒体	声音、收音机、手机、APP 等
	舒适	空调、座椅加热、方向盘加热、氛围灯等

为了使信息更清晰易懂，通常都会对车机主界面进行分区，如图 5.3.29 和图 5.3.30 所示。评价分区方法：

① 同类信息处于相同分区。

② 不同分区之间空间位置上有明显区分。

③ 避免信息堆砌。

④ 快捷菜单区域，负责常用的空调、座椅调节、车辆控制、多媒体等功能。

⑤ 行车信息区域，承担了仪表的功能，显示驾驶、ADAS 相关信息，并且集成了后置摄像头、语音指令、充电设置甚至手动刮水器的入口。

⑥ 内容切换区域，是多媒体信息显示的区域，包括音乐、电话等。

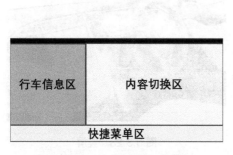

图 5.3.29　车机屏幕分区图示

图 5.3.30　车机屏幕分区举例

5）场景化设计显示形式。根据场景设置功能和内容展示，同一个功能在不同场景下显示的内容也不相同，需要满足当前场景下的功能需求。

例如：驾驶中用户常常会同时使用导航和媒体，当两个功能相对独立的时候，则必须打开一个退出或者最小化一个。因为在驾驶过程中导航功能相对重要，多媒体只显示歌曲名称、专辑的封面与少部分相关操作，如图 5.3.31 所示。当需要调整媒体时也可以随时将其放大，显示更多娱乐内容，如图 5.3.32 所示。

图 5.3.31　驾驶状态下车机显示

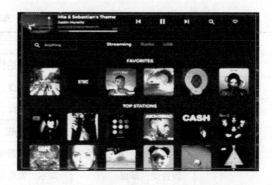

图 5.3.32　继续调整后显示更多娱乐功能

如图 5.3.33 所示，在设计路线剩余里程不足时，导航可以显示沿途的具体充电站位置。

（3）交互设计

物理按键和虚拟按键的位置和图标是否符合逻辑和中国用户使用习惯，按键的布置避免可能造成的误操作，按键、屏幕需要考虑环境的适应性。

1）物理按键。物理按键形式通常有按键、旋钮、触控等形式，如图 5.3.34 和图 5.3.35 所示，评价控制方式是否合理，考虑内容与操作便利性相同，包括：

① 按键布置、按键尺寸、按键形状、操作方式、操作逻辑、手感等。

② 物理按键响应是否灵敏。

③ 操作方式是否复杂。

④ 是否便于盲操。

⑤ 物理按键操作与车机的画面是否匹配。

图 5.3.33　导航时显示路线上的充电站

车机上相关功能很多，无法通过物理开关来控制所有功能。为了突出重要功能的操作，避免在驾驶中的干扰和分心，通常重要功能需要有物理按键控制，而其他功能则只需要虚拟按键控制。如：

① 与驾驶强相关：启停、档位、驻车制动 /AutoHold、驾驶模式、地形管理系统等。

② 与驾驶弱相关：空调、通信、音响电源、座椅加热 / 通风、锁等。

图 5.3.34　物理按键

图 5.3.35　触控按键

2）虚拟按键。按照当前的技术发展趋势，新型车机显示屏都可以通过手指触控操作，就是说不仅是显示屏也是控制屏。由于操作和显示不能集成一体，在使用上不够便利，单纯显示屏作用的车机屏幕已经失去了市场竞争力。虚拟按键评价：

① 按键的尺寸是否方便操作。

② 按键的响应是否灵敏。

③ 响应速度和操作之间的关系，是否符合人的期望。

④ 弹窗停留时间是否合理。

3）触屏手势控制。单指、双指、多指等不同方向的操作，如图 5.3.36 和图 5.3.37 所示，评价触屏手势控制的容易程度、灵敏度、响应速度等。

4）层级。按照 5.3.3 评价方法中有关仪表菜单层级评价中的方法，评价车机屏幕菜单层级的合理性。

如图 5.3.38 ~ 图 5.3.42 所示，一共需要五个层级才能进入的设置，操作过程太复杂，尤其是这些驾驶模式对用户很重要且常用。

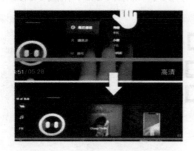

图 5.3.36　触屏手势控制方式 1

图 5.3.37　触屏手势控制方式 2

图 5.3.38　菜单层级 1

图 5.3.39　菜单层级 2

图 5.3.40　菜单层级 3

图 5.3.41　菜单层级 4

图 5.3.42　菜单层级 5

5）快捷菜单。在主菜单之外，通常都会设有快捷菜单，对常用功能可以迅速调整。评价快捷菜单具体包括：

①种类是否合适，必要的控制功能是否在。

②是否可以自主增减快捷菜单内功能。

③快捷菜单是否便于观看和操作。

如图 5.3.43 所示，用户可以设置的快捷菜单的选项，但这些快捷菜单选项不可以添加或删除；如图 5.3.44 所示，用户可以设置的快捷菜单的选项，也可以自动添加或删除快捷菜单的选项。

6）交互响应。评价方法参见 5.3.3 评价方法中有关仪表交互响应的内容。

图 5.3.43　用户可以设置的快捷菜单

图 5.3.44　快捷菜单，可以设置可以移动

（4）其他

1）亮度。评价屏幕在夜晚是否刺眼、是否有夜晚和白天模式、当有多屏幕时能否联动调整。

2）反光。对于驾驶员和乘客来说，屏幕在阳光下是否反光、夜间屏幕是否反光到侧窗玻璃上影响视线、是否有角度调整减少反光、角度调整是否便利。

4. 语音控制

语音控制不需要人们注意如何操控机器、调用功能，它只需要简单的语音命令即可，而在这整个过程中，人的注意力始终都围绕在周边驾驶环境，可以减少分心。另外，车机界面采用树级菜单结构，有些功能往往在三四层目录之下，使用语音控制可以直接操作功能，提高操作效率。语音控制清单范例参见表 5.3.4。

表 5.3.4　斑马系统语音控制清单

用户说	斑马车机的响应	用户说	斑马车机的响应
你有什么功能	我可以为你导航、放音乐、告诉你天气和交通信息等	我想抽烟	吸烟模式打开：天窗翘起一条缝，外循环打开
我饿了	导航到最近的餐馆	下雨了	天窗关闭
我想喝咖啡	导航到附近的咖啡馆	我想看星星	天窗打开
我迷路了	语音告诉你用户现在的位置	太冷了	空调温度调高
回家	导航到收藏夹里"家"的地址	太热了	空调温度调低
公司	导航到收藏夹里"公司"的地址	打电话给小明	拨打电话给通讯录中的"小明"
去公司	导航到收藏夹里"公司"的地址	打电话给×××××××××	拨打电话给×××××××××
离目的地还有多远	距离目的地还有××公里，还需要××小时	来点音乐吧	音乐打开
附近有星巴克吗	导航到附近的星巴克	来一首王力宏的歌	随机播放一首王力宏的歌
我想加油	导航到附近的加油站	打开江苏交通广播	打开江苏交通广播
附近有中石化加油站吗	导航到附近的中石化加油站	标准胎压是多少	标准胎压是 0.25MPa
不走高速	改变路径避开高速路段	平均油耗是多少	你可以在仪表中找到油耗信息

评价时考虑语音识别能力和声音适应性：

① 语音能控制的功能数量多少，如天窗、侧窗、空调、收音机等。

② 能够听懂的方言、口音、多国语言的数量。

③ 声音清晰度如何，不同环境下系统声音能被人听到。

④ 声音捕捉能力如何，不同环境下人员的声音能被系统听到。

⑤ 误触发的概率如何，如人在交谈中或者讲话时系统会误判为语音命令。

⑥ 调整能力，能否独立调整，调整音量范围如何。

⑦ 音量是否随车速增加，当车速提高时播报语音音量提高。

⑧ 设置特别唤醒词，能够设置的词条多少。

注意： 为避免误操作带来的影响，与驾驶相关的功能不能通过语音控制，需要通过物理按键控制或车机屏幕上点击虚拟按键操作。

5. 手势

手势控制交互方式开始被运用于一些高端车型，通过在车顶位置的摄像头识别中控台前方区域的手势动作，来给车辆下达指令，通常可以自定义，例如：手指画圆（调节多媒体音量）、空中点击和向右横扫（用于接电话和挂断电话）、双手指空中点击（功能可自定义）等。

评价手势控制功能：

① 手势识别准确度，包括识别不出手势动作以及错误识别成手势动作。

② 手势识别功能的数量。

③ 学习成本和记忆成本。

④ 操作便利性。

注意： 为避免误操作带来的影响，与驾驶相关的功能不能通过手势控制，需要通过物理按键控制或屏幕上点击操作。

5.3.4 HMI 评价项目

HMI 评价项目见表 5.3.5。

表 5.3.5　HMI 评价项目

评价项目	分数	备注
HMI 总体性能		
仪表		
基本参数及形式		液晶、电气、混合，尺寸大小
用户界面		
显示性能		画质的精细程度、分辨率、亮度、对比度和色彩失真度等
显示模式		模式的数量、种类、美观性、科技感、立体感、字体、颜色
易懂性		重点突出、标识易理解、颜色符合常识
交互设计		
物理按键		位置远近、按键尺寸、按键形状、操作方式等
层级		层级数量、分类方式、操作逻辑
交互响应		响应快慢、显示停留时间是否合适、声音和振动提示

（续）

评价项目	分数	备注
HUD		
信息显示		信息显示质量、色彩效果
HUD 控制		操作便利性，HUD 角度、高低、亮度等是否可调
车机		
基本参数及形式		
用户界面		
显示性能		画质、分辨率、亮度、对比度和色彩失真度等
显示模式		显示模式的数量、种类、美观性、科技感、立体感
易懂性		重点突出、标识易理解、颜色符合常识
信息分区		具有导航、状态、车况信息、内容切换等不同分区
场景化设计		满足当前场景下的功能需求
交互设计		
物理按键		位置远近、按键尺寸、按键形状、操作方式等
虚拟按键		按键尺寸、响应、操作进度、弹窗停留时间、声音 / 振动反馈
触屏手势控制		容易程度、灵敏度、响应速度
层级		层级数量、分类方式、操作逻辑
快捷菜单		自主增删快捷菜单、便于观看和操作
交互响应		响应快慢、显示停留时间是否合适、声音和振动提示
其他		
亮度		夜晚和白天模式、多屏幕联动调整
反光		阳光下反光、夜间反光、角度调整减少反光
语音控制		方言、误报、功能数量、特别唤醒词、响应速度
手势控制		手势识别能力、手势识别数量、手势易理解性、操作便利性

5.4　座椅

5.4.1　概述

　　汽车座椅的主要功能是为驾乘人员提供便于操作车辆、舒适安全、不易疲劳的驾驶及乘坐位置，要能适应不同体型的驾乘人员。

　　不同定位的车辆有不同的座椅设定和调校要求，但是都需要不同程度上满足下面的这些要求：

　　① 合适的座椅软硬度。

　　② 座椅的外形设计必须符合人体工程学，在乘坐时身体压力能均匀分布。

　　③ 座椅的布置应合理，特别是驾驶员座椅必须处在最佳位置。

　　④ 座椅必须安全可靠，应有足够的强度、刚度与耐久性，结构紧凑并尽可能地减小质量。

　　⑤ 有为满足驾乘人员舒适性、安全性所设的各种调节机构及附加功能。

⑥ 在保证舒适性的前提下力求美观。

对于 SUV 车型来说，用户通常期望更好的视野，驾驶员的坐姿会更直立一些，位置也会更高；而对于轿车来说，驾驶员的坐姿会低很多，并且微微后仰；对于一些赛车（比如各级别的方程式），驾驶员其实是"躺"在车内的。之所以要先设计坐姿，是因为确定了驾驶员的坐姿以后，才能根据人体的 H 点来设计座椅，包括位置、造型、薄厚、可调角度等。在整个评价过程需要模拟实际用户的坐姿。

座椅的结构很复杂，如图 5.4.1 和图 5.4.2 所示，这些不同的结构也是在评价中需要关注的内容。

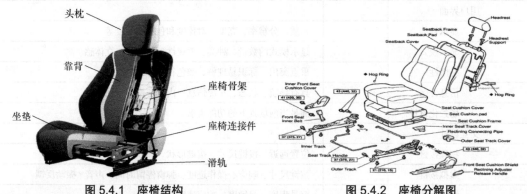

图 5.4.1　座椅结构　　　　　　图 5.4.2　座椅分解图

5.4.2　用户对座椅常见的评语

评语 1　本人长期从事办公室文书工作，腰部容易酸痛，所以对汽车的乘坐舒适性，尤其是座椅的舒适性，就非常关注。就我个人的体验来讲，我的车虽然车型定位偏运动，但前排座椅却出乎意料的舒服，后排座椅除了靠背太直外也接近理想状态，不比同品牌偏舒适定位车差。我曾听朋友吐槽过自己的车，说座椅包裹性不错，但座椅偏硬、且座垫太短，对腿部的支撑不足。因此我感觉很幸运。

评语 2　就我发现这个系列的车子有一个非常普遍的现象就是座椅包裹性极差，开车几十分钟感觉身体快散架了一样，腰都感觉快断了！不管是我爸的车，还是我姐夫的车，都是座椅不靠腰，反正怎么开都感觉不舒服！

评语 3　这款车定位于运动型轿车，因此座椅的舒适性和包裹性就显得同等重要。它的前排座椅的靠背支撑性非常好，两翼的托起可以紧紧贴合身体，而座椅的腿部侧面支撑相比腰部的侧面支撑稍差一些，这是因为座垫这部分的内部填充物相对比较柔软，从而兼顾日常驾驶的舒适性。

5.4.3　评价方法

1. 舒适性

座椅舒适性指乘坐期间内始终觉得柔软舒适，不会感觉硬或受到挤压，尺寸大小合适，同时可以提供良好的支撑。评价过程中必须同时考虑座垫和靠背。

（1）座椅软硬

同样的重量，接触的面积越多，人体感受到的力就越小，因此座椅通常较软以提高舒适性，反之则感觉座椅太硬，不舒适，如图 5.4.3 所示。软材质座椅短时间乘坐更加舒适，但长时间乘坐时，座垫、靠背过软的材质会局部下陷，身体缺少支撑反而导致疲劳，如图 5.4.4 所示。因此需要座椅的材料软，但必须有一定的韧性，具有较强的回弹性，在受压之后保持其型面的整体性，使人体受力均匀。

座垫、靠背发泡软硬、厚度、均匀性，蒙皮的软硬，缝线的张紧程度，都对座椅的软硬性能起着很重要的作用。当发泡材料越厚的时候，通常越容易实现更好的动静态舒适性，但是受空间影响，往往很难实现，需要在舒适性和空间布置之间进行平衡。评价方法：

① 臀部、腿部、靠背、头枕接触位置的软硬如何。

② 接触位置的侧面软硬如何，这些侧面的接触也会影响对座椅软硬的感受。

③ 座椅的发泡、蒙皮、骨架结构并非是完整的一块，在评价的时候需要关注不同位置的软硬是否过渡均匀，是否感觉到棱角分明、软硬不同。

④ 评价整个乘坐位置是否有明显的硬点。当发泡的厚度不足时往往容易引起此问题。

⑤ 蒙皮的硬度。柔软的真皮、仿皮和织物往往能带来较好的舒适感。

⑥ 不合理的缝线位置、缝线方式会使两块蒙皮之间不平整或者绷紧，从而导致更大的应力。尤其是夏季，衣物比较少的时候感受会更直接。

⑦ 在动态驾驶时评价座椅对振动的吸收作用。

图 5.4.3　压力集中感觉硬 / 压力分散感觉软

图 5.4.4　过软感觉支撑不足

（2）支撑性

由于人体腿部、腰部不是笔直的，如图 5.4.5 和图 5.4.6 所示，因此座垫、靠背表面的形状也需要带有一定的弧度，以更好地和身体形状相匹配，使接触面积尽可能的增多，起到支撑的作用。评价时考虑大腿、臀部、腰部、背部的形状与座椅形状的匹配程度，评价时关注座椅具体位置，如图 5.4.7 所示。

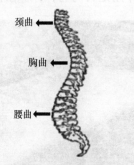

图 5.4.5　人体脊柱形状

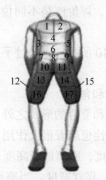

图 5.4.6　人体乘坐受力点

人体的脊柱是有自然S形弯曲的，因此座椅靠背要设计成上半部分凹陷、下半部分凸出的造型。要想让人坐起来比较舒适，座椅要对胸上部、后背中部和上部以及腰椎的下部有着比较强的支撑才可以。从图5.4.6中可以看出，靠背的受力点主要在1、2、3、4、5、6几个位置，因此评价的时候需要考虑这几个位置的形状是否符合人体曲线。

如图5.4.6中1、2点评价的时候，应关注驾驶员是否能够在驾驶的时候肩部靠着座椅转动方向盘，在驾驶时左右转动方向盘不会带动另一侧肩膀的转动。而乘客座椅则只需要单纯的支撑肩部的压力。

如图5.4.6中3、4、5点评价的时候，关注正常驾驶时靠背对背部的支撑是否合适。

图5.4.7　座椅受力点

如图5.4.6中6点评价时需要关注腰部支撑的位置是否合适、腰部支撑的高低调节范围、前后左右调节范围大小如何，如图5.4.8和图5.4.9所示。

图5.4.8　手动腰部支撑调节　　　　　图5.4.9　电动腰部支撑调节

如图5.4.6中10～17评价的时候需要关注座垫形状对臀部、大腿的适应性如何。正常坐姿下，臀部并不是平整的，因此座垫也应设计两处凹陷的形状，使座椅与臀部四周充分接触，避免局部支撑不足、支撑过多的现象。同理，座垫也需要针对腿部的形状设计。在把座椅调节到不同的坐姿时，评价座垫不同位置对腿部和臀部的支撑作用是否均匀，评价在相邻两个位置的过渡是否均匀。

如图5.4.10所示，座垫过平，会使腿部和臀部支撑不足。

（3）尺寸和角度

除了座垫和靠背的形状之外，座椅的尺寸和角度对乘员的舒适性也起着很大作用，必须评价座垫的宽度、长度、角度，距离地板高度，靠背角度。

1）座垫、靠背宽度。当座垫和靠背横向宽度不足时，身体在座椅上的位置不合理，支撑性会较差。

图5.4.10　后排座垫过平

此时如果侧翼支撑还比较硬，则身体会受到挤压，对舒适性影响较大。

2）座垫长度。不论是前排座椅还是后排座椅，座垫的长度会对舒适性造成一定的影响。合适的座垫长度应该能够对整条大腿都能提供支撑作用。而如果座椅座垫长度较短，只有大腿的一小部分得到了支撑，长距离乘坐就会很累。

3）座垫角度。座垫角度过平，则对腿部支撑不足，当脚放在地板时，只有臀部受力，长时间乘坐容易疲劳。当座垫角度过大时，则对腿部支撑过多，身体受力不均，也容易疲劳。微微向上的角度可以减少人体向前滑动，也会改善腿部的支撑，并使躯干的姿势处于合理角度。

4）靠背角度。靠背角度过直，则身体绷紧，无法放松。

5）座垫离地板的距离。座垫距离地板太高时，缺少小腿的支撑则大腿会悬空而疲劳。当座垫距离地板太低，则大腿与座垫没有充分接触，仅靠小腿支撑腿部，也会容易感到疲劳。

如图 5.4.11 所示，座垫短，腿部支撑不足。

如图 5.4.12 所示，座垫离地板高，脚部悬空。

图 5.4.11　后排座垫较短

图 5.4.12　后排座垫过高

（4）其他

1）头枕。评价头枕的尺寸、外形轮廓、角度（前后）调节能力、高度调节能力等。头枕的高低、角度调整会使之更容易适应不同身高的人群，环形的头枕对头部的支撑性更好。在严重的事故中，头枕可以避免颈部突然后仰而造成伤害，因此评价时头枕中央位置需要对应耳部位置。

如图 5.4.13 所示，可调头枕调整方便，可以根据不同驾驶需求，快速调整，更适合运动型汽车。如图 5.4.14 所示，在日常驾驶、休息时，环形头枕形状可以使乘员更好地支撑头部，适合商务及家庭日常使用。

图 5.4.13　前后可调头枕

图 5.4.14　环形头枕

2）安全带。

① 评价座椅安全带高度调节能力如何，能否适应不同身高、胖瘦体型的人群。

② 评价安全带的拉力是否过大，导致在使用安全带时勒得过紧。或者安全带拉力过轻，使

用安全带时松松垮垮，与身体无法贴合。

③ 评价安全带是否容易插入安全带锁扣，是否容易解除。

注意： 由于后排安全带通常没有高度调节功能，必须评价安全带是否能绕过身体合适的部位。

2. 包裹性

座椅包裹性通过座垫和靠背的侧翼实现，侧翼将腿部、背部包裹起来。在山路、破损路面，座椅座垫、靠背侧翼变形小，使乘员更好地固定在座椅上，减少横向晃动。座椅的包裹性和车型的定位有很大的关系，由于运动型的车辆通常有较大纵向和侧向的加速度，急转弯时其侧向加速度甚至达到 $0.7 \sim 0.8g$，如图 5.4.15 可以起到很好的包裹作用。

当座垫和靠背平、直的时候，包裹性都会很差。

当包裹性很强时，身体与座椅侧翼紧密接触，且座垫、靠背、侧翼均较硬，才能保证变形少，此时往往乘坐舒适性会变差。因此对于普通车辆来说，包裹性不需要过强，如图 5.4.16 所示状态即可。

图 5.4.15　包裹性好的座椅

图 5.4.16　包裹性一般的座椅

3. 座椅蒙皮

（1）材质及易打理性

评价座椅蒙皮的材质、手感、档次感、耐用性、易清洁性、透气性。

汽车座椅的材质一般可分为织物、仿皮和真皮三种，有些车型座椅还会使用多种材质拼接，如织物＋仿皮、仿皮＋真皮等。总体来讲，中国用户更倾向于真皮座椅、其次是皮革座椅、最后才是织物座椅。

① 一般来说，织物座椅由于成本低廉，通常用在价格较低的车型上。织物座椅的最大的优点是透气性高，不易存在"夏天烫、冬天凉"的情况，由于织物更容易染色，因此还可以有更丰富的色彩和图案选择。缺点是脏了之后不易清洁。

② 超纤仿皮座椅手感上已经非常接近真皮，由于耐磨、易清洁、不易老化等，当前应用非常广泛。值得一提的是，很多高品质的仿皮座椅，各方面性能完全可能优于真皮座椅，所以很多高端车型也在大量使用。

③ 真皮是天然皮革的统称，真皮通常来说耐用性好，不易腐烂、不易损坏。真皮的种类繁多，不同的动物皮料，处理技术上也有很大差异，品质、档次、价格也分很多层次，真正的全真皮基本上只会出现在豪华品牌的车型上。

（2）其他

① 座椅除了要具备一定的侧向支撑，还需要限制住驾驶员身体的来回移动。因此在设计汽

车座椅时就要考虑座椅与人体接触部位的摩擦力，有的用摩擦力更好的材质，有的会用几种不同材质拼接，达到增大摩擦力的效果。

② 座椅蒙皮的柔软触感会带来更多的品质感觉。

③ 良好的透气性在夏天能适当提高排汗的能力。

4. 座椅的调整能力

座椅的调整能力参照 5.2 节"操作便利性"中的内容。除此之外，更多的调整方式可以使乘坐更加舒适，高级车辆座椅具备的调整能力通常更强。包括：

① 当前排座椅调整到靠近后排位置时，会方便前排乘员照顾后排儿童，并且在休息时可以利用中央扶手箱使用笔记本电脑、iPad 等。

② 在驾驶员休息的时候，靠背角度调整足够大，能够达到接近与座垫水平的角度，且此时与座垫之间平整过渡，可以提供较好的休息环境。

③ 老板键方便后排乘客调节前排乘客座椅前后位置和靠背角度，从而获取自己所需的合适乘坐空间。

④ 当靠背角度很直的时候，人很难放松地休息。越来越多的汽车可以有 20° 的靠背角度调整，以改善后排乘坐舒适性，如图 5.4.17 所示。

⑤ 随着时代发展，不管是轿车还是 SUV，后排座椅放倒功能已经越来越普及。这样可以装载更多的物品，甚至实现野外露营，如图 5.4.18 所示。

⑥ 有的高端车后排可以进行座垫前后、高低、靠背角度调整，使之更好地匹配其商务用途。

图 5.4.17　座椅靠背角度调整　　　　　图 5.4.18　后排座椅放倒

5. 功能

评价座椅是否具有记忆、加热 / 通风、按摩等功能，考虑功能与市场主流竞品相比竞争力如何，性能如何。

（1）座椅记忆功能

评价内容如下：

① 记忆功能的数量。

② 是否可以和方向盘位置记忆整合一起。

③ 是否可以和后视镜位置记忆整合一起。

④ 是否可以和迎宾模式整合在一起。

⑤ 记忆存储、更改、使用是否便利，易于理解。

（2）加热/通风功能

评价内容如下：

① 具有加热、通风功能的座椅数量。

② 是否座垫和靠背都具有加热功能。

③ 座垫加热、通风面积。

④ 加热、通风的档位数量。

⑤ 加热、通风能够使乘员达到舒适温度的速度。

⑥ 通风、加热功能保持长时间舒适的能力。

（3）按摩功能

评价内容如下：

① 具有按摩功能的座椅数量。

② 座垫和靠背是否均具备按摩能力。

③ 按摩区域是否可以细化，不同细化区域按摩力度是否可以分别设定。

④ 按摩的力度及按摩力度的设定档位。

⑤ 不同乘员是否能够找到舒适的按摩方式。

（4）其他功能

考虑座椅是否具有特殊功能，实用性如何。如美臀座椅、零重力座椅、女王座驾、座垫尺寸延展、前排座椅靠背后方小桌板、前排座椅后部脚踏板、前排座椅头枕后方的屏幕等。

5.4.4　座椅评价项目、动态评价方法及评价路线

1. 座椅评价项目

座椅评价项目如表 5.4.1 所示。

表 5.4.1　座椅评价项目

评价项目	分数	备注
座椅整体性能		评价时需要考虑所有的静态、动态（巡航、特殊路面）工况座椅乘坐舒适性
舒适性		
座椅软硬		发泡、蒙皮、缝线的软硬、软硬均匀性、振动吸收
支撑性		胸上部、后背中部/上部、腰椎下部形状适应性
尺寸和角度		宽度、长度、角度、离地板距离、靠背角度
其他		头枕、安全带调节能力、人群适应性
包裹性		座垫和靠背的侧翼
座椅蒙皮		
材质及易打理性		材质、手感、档次感、耐用性、易清洁性
其他		摩擦力、品质感觉、透气性
座椅的调整能力		
调整范围		前后、高低、角度

（续）

评价项目	分数	备注
操作便利性		空间布置、调整方式、操纵力、易懂性和可操作性
功能		
记忆功能		数量、方向盘位置/后视镜位置/迎宾模式整合、便利性
加热、通风功能		数量、面积、档位数量、快速升降温、长时间保持
按摩功能		数量、按摩区域、按摩力度、档位
其他功能		用户惊喜的功能

2. 动态评价操作方法

以下为项目开发中座椅动态评价方法，每一圈需要 90min。在阀点商品性评价中不需要如此复杂流程。评价要求：

1）所有乘员都需要具备评价能力，掌握评价方法。

2）以两排座椅为例，每组有 5 个乘员。

3）动态评价过程按照本节中的方法和评价项目进行。

4）每个座椅需要收集 15 个样本信息，就是说需要进行共计 15 圈，三组人员。

5）乘员选择需要兼顾身材、性别、年龄等。

6）每一组人员轮换如表 5.4.2 所示。

表 5.4.2　驾评轮换表

	驾驶员	前排乘客	二排左侧	二排中间	二排右侧
第一圈	A	B	C	D	E
第二圈	B	C	D	E	A
第三圈	C	D	E	A	B
第四圈	D	E	A	B	C
第五圈	E	A	B	C	D

3. 评价路线

评价路线如图 5.4.19 所示

座椅评价时需要选用适当的路面，包括平路、破损路面和山路。

① 动态评价之前先静态评价蒙皮质感、材质、易打理性。

② 平路即普通的良好路面，可以选择城郊公路或者高速公路等。平路评价座椅软硬、支撑性、尺寸和角度，短期和长期乘坐的舒适性。

③ 破损路面即起伏不平、坑坑洼洼的路面。在评价时确保每次走过的是同一侧路面。评价在冲击较大的路面上行驶时，座椅的软硬、支撑性、变形量、缓冲吸收振动能力。

④ 山路即高低起伏、转弯较多的路面。评价座垫和靠背的侧向支撑能力，感受支撑的尺寸和软硬是否合适。

项目	示意图	图例1	图例2	图例3	使用评价	评价时长
平路 Smooth road	 ──					50分钟
破损路面 Rough road	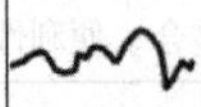 〰️					10分钟
山路 Mountain road	 ～			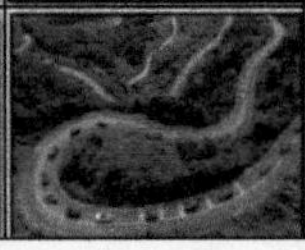		30分钟

图 5.4.19　座椅动态评价路线

5.5　乘坐空间

5.5.1　概述

宽大的乘坐空间使驾驶、乘坐更为舒适。随着生活水平提高，中国人的人体体型特征已经发生巨大变化，且大空间也往往代表着车辆尺寸更大，车辆更高级。越来越多的中国用户选择SUV（多用途运动型车，在我国以城市 SUV 为主），除了高大威猛、个性飞扬之外，宽敞舒适的乘坐空间也是很重要的原因。

乘坐空间主观评价时不会用尺去测量，更多的是感受不同位置乘坐时是否局促，与竞品比是否有竞争力。

5.5.2　用户对空间尺寸常见的评语

评语 1　本人 182cm，座椅放到底，头顶还有一拳左右的距离，前排和后排空间都很大。二郎腿一跷，我就这么坐着，我的腿距离前面的座椅还有好几拳的距离。

评语 2　我身高是 175cm，坐在后排的时候，居然是这样的感觉。前排已经按照我的身高调整好了，后排坐进去之后真的让我惊讶了一把，居然有这么大的空间！简直了！之前看到很多测评都说什么后排空间是什么一拳、两拳啥的，现在看来，可以用有一个小臂来形容了，绝不夸张。

评语 3　我一个 170cm 的人盘坐在里面都没有问题，甚至有时候家里装修可以当个小货车使用，我觉得还是蛮爽的。而且乘坐空间也完全不虚，后排乘坐三个人的时候感觉一点也不挤。

评语 4　我对空间要求不高，驾驶员位置感觉很好，我试过后排，感觉比前排小一些，其实就是腿部空间小一点。头部空间对我这个将近 180cm 的人来说还行，没出现过碰头情况，有点空余。后排座椅中间隆起几乎没有，比较平坦，坐中间也不会太难受。

评语 5 看外形感觉空间很大，内部空间中规中矩。我跟媳妇属于那种胖的行列了，给我们的感觉吧，不能说差，应该感觉还满意，就是再宽松一点更好。后排没问题，腿部、头部都挺合适。略微不足就是后排中间位置，顶灯位置有点突出。我 178cm，坐上靠前位置就碰头了。

5.5.3　评价方法

1. 头部空间

正常驾驶和乘坐时，头部与顶部、侧面、前后的空间，不应该过近，避免有压抑的感觉。

（1）前排头部空间

前排头部空间评价之前，首先要将座椅调整到适当位置，以模拟不同身高驾驶员的坐姿。有些车的前排乘客座椅高度不可调整，可能会存在头部空间不足的情况。高配车型通常有天窗，而低配可能会没有，评价时，需要考虑天窗对头部空间的影响。对于绝大多数驾驶员而言，通过座椅调整，前排头部至少要有 5cm 的空间，且不影响前方视野的观察，如图 5.5.1 所示。

（2）后排头部空间

后排头部空间会受车身造型、座椅高度、顶篷高度的影响。通常天窗、顶篷零部件的形状对后排头部空间影响大，需要考虑端坐和放松姿态下的头部空间。

如图 5.5.2 所示，后排头部空间不足，乘员在端坐的情况下，头部与顶篷接触。

图 5.5.1　身高 185cm 前排头部空间

图 5.5.2　身高 178cm 后排头部空间

同时车顶设计也需要规避结构对头部空间的影响，如图 5.5.3 和图 5.5.4 所示。

图 5.5.3　车顶结构凸出对头部空间影响

图 5.5.4　天窗对头部空间影响

2. 肩部空间

评价肩部与车门、车窗、其他乘员之间的距离。

（1）前排肩部空间

评价肩部与车门、车窗之间的距离，驾驶时，操作动作不受影响。

（2）后排肩部空间

评价肩部与车门、车窗、其他乘员之间的距离，乘坐时，身体处于放松姿态。当二排、三排座椅为三人乘坐时，考虑标准体重人员身材。

3. 肘部空间

评价肘部与车门、座椅侧翼、中央扶手箱之间的距离。

（1）前排肘部空间

评价肘部与车门、靠背侧翼、中央扶手箱之间的距离，应不影响正常驾驶姿势，不会感觉空间局促受压迫。

（2）后排肘部空间

评价与车门、其他乘员之间的距离，乘坐时，身体处于放松姿态。当二排、三排座椅为三人乘坐时，考虑标准体重人员身材。

4. 腿部空间

（1）前排腿部空间

评价正常驾驶、休息时，驾驶员腿部与仪表板、副仪表板、方向盘、车门饰板的距离。考虑不同驾驶习惯的人群，尤其是喜欢靠近方向盘的驾驶员。休息时，空间可以使腿部倚靠在车门内饰板和副仪表板上。有些车使用 D 形方向盘，在使造型时尚的同时，也可以增加方向盘和驾驶员腿部之间的空间。

前排乘客位置座椅可以前后移动调整腿部空间，空间通常不会有问题。更多时候关注与副仪表台、车门饰板之间的距离是否合理，是否影响舒适乘坐。

（2）后排腿部空间

评价后排乘客腿部与前排座椅、车门饰板的距离，以及中通道对腿部空间的影响。当后排乘员以放松姿态乘坐时，其腿部不应该接触到前排座椅。驾驶员后方二排腿部空间评价，需要考虑驾驶员座椅靠后的位置。如图 5.5.5 所示，腿部与前排座椅靠背只有约 5cm 空间，而图 5.5.6 中腿部空间足有约 15cm，空间很大。

当地板有中通道时，考虑中通道的高度、宽度是否影响腿部空间。

图 5.5.5　腿部空间小　　　　　　　　　　　图 5.5.6　腿部空间大

5. 脚部空间

（1）前排脚部空间

评价前排脚部空间大小、地板平整性、侧向限制、驾驶员歇脚空间。

驾驶员脚部空间更多考虑歇脚板的角度、宽度、长度在驾驶期间是否可以使驾驶员放松。

前排乘客脚部空间更多考虑左右脚地板的平整性，其形状是否使脚放上去之后舒适；放上脚之后，腿部的姿势是否舒适；上方是否有零件，脚挪动时是否会碰到。

如图 5.5.7 所示，歇脚板宽大、平整、角度舒适，脚部空间舒适。

如图 5.5.8 所示，前排乘客脚部下方车身结构凸出，右前脚部空间受挤压。

图 5.5.7　歇脚板

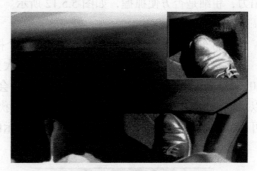

图 5.5.8　前排乘客脚部空间

（2）后排脚部空间

评价后排乘客脚部空间，包括高度、宽度，与座椅导轨之间是否干涉，中通道的影响。

左、右两侧后排乘客考虑前座椅下方，高度能否使脚容易放进去，放入脚之后座椅导轨的宽度是否影响两只脚的空间，是否很容易被导轨碰到，是否会碰到座椅下方零部件（如暖风脚部出风口）。如图 5.5.9 所示，座椅导轨抬高，可以增加后排乘客脚部空间。

后排中间座椅脚部空间考虑中通道的高度和宽度，是否便于将两只脚平放，没有中通道最理想（图 5.5.10），当有中通道时，高度不宜大于 10cm。图 5.5.11 中显示的通道过于高且宽，严重影响后排乘客脚部空间。

图 5.5.9　后排脚部空间

图 5.5.10　平整的中通道

图 5.5.11　高大的中通道

6. 进出便利性

评价上下车的便利性，需要考虑上车踏板、上车扶手、车门开度、车身造型、座椅位置、门槛等的影响。

（1）上车踏板

对于高大的车型，如大型 SUV 和皮卡等，离地间隙大，需要设计上车踏板。评价上车踏板时考虑踏板宽度、角度、与车身距离是否适合脚部踩踏，是否有防滑设计。当踏板是自动上车踏板时，可以随车门开启和关闭而自动伸出、缩回，既方便了上下车，也避免了日常驾驶时刮擦到其他物体。

（2）上车扶手

对于高大的车型，上车时还需要上车扶手。评价上车扶手的位置是否合理，角度是否方便用力，粗细是否方便抓握，如图 5.5.12 所示。

（3）车门开度

通常车门开度有 2 个或者 3 个档位，3 个档位选择范围大而优于 2 个档位。

考虑每个档位的开度合理性，包括最大开度和最小开度。最大档位时，开度大约 60° ~ 70°，使乘员能够以正常姿势进入车辆，而不会接触车身而弄脏衣服。商务型车辆，车门开度可以考虑加大（如图 5.5.13）；最小档位时，在狭窄停车场里面车门不会碰到其他车的同时，乘员可以侧身贴着车身进入车内，如图 5.5.14 所示的第 1 档车门开度过大。

图 5.5.12　上车扶手

图 5.5.13　加大的车门开度

（4）车身造型

评价进入车辆的过程，乘员身体倾斜角度是否合适。

有些车为了突出造型，在 C 柱附近向下倾斜较多，使乘员进入车内时容易碰到头部，尤其是车门开度较小、座椅位置靠后时。

（5）座椅位置

评价乘员是否可以不用调整座椅、方向盘，从车外直接进入并坐在座椅上。考虑座垫高低、前后位置对上车的影响。

图 5.5.14　第 1 档限位器开度

当车辆设置迎宾模式时，可以很大程度地提高进出便利性。驾驶员打开车门时，驾驶员座椅向后退让，使驾驶员上车更便利；启动发动机后，座椅自动调整到常用位置；熄火时，座椅向后退让，使驾驶员下车空间大，更便利；关门时，座椅再回到正常驾驶位置。

（6）门槛

评价进出车辆时，门槛高度和宽度的影响，使用过程便利性如何。

过高、过宽的门槛容易弄脏衣物，需要比通常更大的步伐才能进出。有的车辆为了增强侧向碰撞安全性而加宽了下车身的尺寸，使进出便利性变差。

（7）其他

当有三排座椅时，二排座椅前移的能力会影响三排的进出便利性，评价操作是否简便，二排座垫前后移动及靠背角度调整是否便于三排进出。

考虑车门开启时，把手位置和形状是否方便操作、影响进出。

如图 5.5.15 所示，D 型方向盘可以增加驾驶员腿部空间，提高了上下车的便利性。

如图 5.5.16 所示，二排座椅不但可以调整靠背角度，还可以向前移动，增加了三排座椅进出空间。

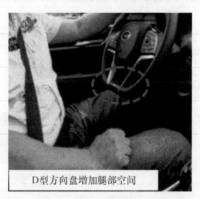

图 5.5.15　腿部空间

图 5.5.16　三排进出空间

5.5.4　乘坐空间评价项目

乘坐空间评价项目见表 5.5.1。

表 5.5.1　乘坐空间评价项目

评价项目	分数	备注
空间尺寸		评估所有座椅位置
前排乘员		
头部空间		头部到车顶、侧面、前后的距离
肩部位置		肩部到车门、侧窗及其他乘员的距离
肘部空间		肘部到门板、座椅侧翼、中央扶手箱距离
腿部空间		驾驶员与仪表板、方向盘、车门、副仪表板距离，前排乘客与副仪表板、车门距离
脚部空间		驾驶员左侧歇脚位置、前排乘客脚部下方地板、上方零件平整性

（续）

评价项目	分数	备注
进出便利性		上车踏板、上车扶手、车门开度、车身造型、座椅位置、门槛高度／宽度等的影响
后排乘员		
头部空间		头部到车顶、侧面、前后的距离
肩部位置		肩部到车门、侧窗及其他乘员的距离
肘部空间		肘部与车门、其他乘员距离
腿部空间		腿部与前排座椅、车门饰板距离，中通道影响
脚部空间		前排座椅下方放脚空间高度、宽度、中通道影响
进出便利性		上车踏板、上车扶手、车门开度、车身造型、座椅位置、门槛高度／宽度等的影响

5.6 储物空间

5.6.1 概述

汽车作为目前人们日常出行最常用的交通工具，已经走入了千家万户。但是，很多车主在买车的时候喜气洋洋，买回家一段时间后，就开始嫌弃爱车在一些使用项目上满足不了自己的需求，其中比较典型的问题之一，就是储物空间设计不够多、不够大、形状不合理，东西没地方放。由于物品的尺寸大小各不相同，储物空间容量参数的客观数值，很多时候不能直接反应储物空间的实用性。而主观评价在实用性方面针对性更强，通过实际物品的摆放能够更好地衡量用户满意度。

对于不同的储物空间，它们的使用频率和重要性是不一样的。大多数人购车的需求都是为家庭服务，而多数中国家庭只有一辆车，因此对目标用户的日常使用场景深入了解，应该作为设计储物空间的前提条件。

评价时，首先要考虑必备物品的放置，其次是舒适性的物品，再次是使用频率较低而且重要性也较低的物品。比如，考虑到日常必备的饮用水、手机、驾驶证、保险单、旅行携带物品等，则前排茶杯架、杂物箱、手机存放区、扶手箱储物盒、门板储物空间、行李舱储物能力的权重更高，其表现会更多地影响总体评价结果。同时还需要根据市场调查结果不断更新，做到与时俱进。比如，近年来高速公路的 ETC 收费和停车场智能收费广泛应用，因此卡槽设计的重要性可以降低。

在车辆静止或行驶状态下评价储物空间，从数量、大小、实用性、便利性、组合功能、设计新颖性等出发，包括如下 7 个大的区域：

① 仪表板储物。

②副仪表板储物。

③门板储物。

④座椅储物。

⑤顶篷储物。

⑥行李舱及尾门储物。

⑦其他储物。

储物空间评价离不开需要储存的物品，表 5.6.2 给出了典型物品，在评价过程中通过物品的摆放评价储物能力。需要注意的是很多物品会有不同的规格，在进行选取时，需要能够覆盖更多的常用型号，如大小各不相同的饮用水瓶、手机、笔等。整车开发阶段，工程师需要搭建各种物品的数模，在储物空间的数据模型中进行匹配，可以在数据阶段进行目标确认、数据优化、数据验证。

5.6.2　用户对储物空间常见的评语

评语 1　一家四口人，特别喜欢去郊游。虽然家里已经买了一辆 SUV，考虑到诸多需求，准备再入手一辆家轿，就是不知道这款车的储物空间怎么样？出去玩的话携带的东西特别多，我有点担心它的空间不够大。网上看了评论，行李舱的空间还可以，如果把第二排座椅放倒，那么空间会进一步加大。用过的人来给个建议吧。

评语 2　内膛深度不错，竖着放瓶装矿泉水不成问题。杂物箱没盖，外面看尺寸和同级别一些车型差不多，不算小，但存放物品较多时就感觉十分凌乱。车内的储物空间较多，但大都容积很小，实用性不佳。变速杆前的两个杯架深度有限，放听装饮料没有问题，但对瓶装水就显得有些力不从心了。

评语 3　前门内侧放置水杯的地方没有设计成圆弧形，要是硬塞进一瓶水也是勉强可以。仪表台上部以及下部的两个储物格就更显得捉襟见肘了，感觉想放点什么都有点小。驻车制动杆与变速杆之间还有两个狭小的储物空间，虽然带有防滑垫的设计很人性化，但也只能放置钥匙或护手霜之类的随身物品，很难满足需要。后门内侧储物格是它的一大亮点，空间虽然不大，但却能严丝合缝地放入一听饮料，这个设计是其他微型车很少能顾及的。正常状态下，行李舱放入一个大旅行包基本就已经被填满了，这时，能把后排靠背放倒来扩容。放倒后，行李舱纵深可达 1090mm，容积增加到 400L，可以满足一般需要。

评语 4　前排的储物空间太少，车门放水的地方阻隔太矮，担心水瓶会掉下来滚到脚底下影响踩制动踏板。中央杯架太小了，放一听可乐都得使劲塞才能塞进去。后排座椅靠背放倒后无法和地板齐平，还差得有点多，对实用性有一定影响。行李舱底部开口处宽，取拿大件物品还挺方便，相对于那些只能翻开后窗的车型来说，这车全尺寸行李舱舱门，还是占有一定优势的。

评语 5　不少车友都曾抱怨过，为什么车内的储物空间各种不人性化，甚至找不到一个放手机方便的位置。这个时候很多厂家会出来说，这是为了安全考虑，开车的时候不能玩手机，没毛病啦，就是有点站不住脚。就算不让玩手机，也不能手机连个放的地方都没有吧。

5.6.3 评价方法

1. 仪表板储物

（1）仪表板上部储物盒

对于大多数车辆，受造型和仪表板内部空间的影响，仪表板上部储物盒并不常见。急加速、减速、碰撞时，此处物品可能会移动甚至飞出，影响驾驶安全，因此此处储物空间需要有盖或者特别深（图 5.6.1 中的设计尽管增加了储物空间，但并不合理）。驾驶过程中由于距离较远不方便驾驶员使用，且翻开盖子之后影响前方视野，因此只能作为不常用物品的存储空间（图 5.6.2）。由于车载导航版本更新慢的问题，很多用户习惯使用手机导航，如果能优化其结构，行驶中可以固定手机（图 5.6.3），并且有隐藏的充电接口及数据线导槽便于充电，也可以作为一个亮点。

物品临时摆放，且不宜放置硬物体，防止行驶时飞出伤人

图 5.6.1　仪表板上方储物空间

图 5.6.2　仪表板上方储物盒

图 5.6.3　手机固定支架

（2）仪表板中部储物空间

当前很多车辆的车机屏幕尺寸通常很大，中控中间位置储物空间的应用逐渐减少，仪表板中部储物空间如图 5.6.4 和图 5.6.5 所示。评价中应考虑手机、香烟、钱包等的存储能力，同时也应该考虑打开方式、开口高度、宽度、倾斜角度、盖子、衬垫等。

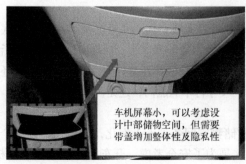

车机屏幕小，可以考虑设计中部储物空间，但需要带盖增加整体性及隐私性

图 5.6.4　仪表板中部储物空间 1

对造型负面影响较大，不适用家用、商务定位车辆

图 5.6.5　仪表板中部储物空间 2

（3）仪表板下部储物空间

仪表板下部储物空间需要考虑手机存放情况，包括可以适应不同的手机尺寸、无线充电、有线充电、数据传输的便利性。随着技术发展，无线充电功能应该在以后中高级车型中必备。

如图 5.6.6 所示，空间内可以无线充电，但是只能放入小尺寸型号的手机，尺寸兼容性不好，有盖可以增加私密性。

如图 5.6.7 所示，内部空间大，可以放置市面上最大尺寸规格的手机；有两个 USB 充电接口，可以同时为前排乘客手机充电；有防滑垫，转弯、制动时，不会滑出；底座两侧凹槽，方便取放；与变速杆距离近，不方便取放。

图 5.6.6　仪表板下部储物空间 1　　　　　图 5.6.7　仪表板下部储物空间 2

（4）仪表板左侧储物盒

当储物空间在上部时，应考虑使用的便利性，例如是否可以放置高速 / 停车场收费卡、票据、零钱、钱包、香烟、打火机等随时取放的物品，考虑此处的储物能力有限，不需要设计防滑垫、植绒包布等（图 5.6.8），为防止滑脱需要有一定的倾斜角度（图 5.6.9）。

当储物空间在下部时，考虑到便利性，除了上述物品之外，也可以考虑非常用物品如瑞士军刀、手电筒等急救时需要的物品的存储能力。

如图 5.6.10 所示，在此处储物空间很有限的情况下，开启机构占了很大的储物空间，有必要考虑优化设计方式。

图 5.6.8　仪表板左侧储物盒 1

图 5.6.9　仪表板左侧储物盒 2　　　　　图 5.6.10　仪表板左侧储物盒 3

（5）茶杯架

少数车辆会在仪表板左右两侧设计茶杯架，增加了存储空间，且方便驾驶员使用操作。如图 5.6.11 和图 5.6.12 所示，其布置在出风口处，使夏天可以制冷，冬天可以加热；布置在仪表板上方，虽无法加热、制冷，但使用方便。为减少对外观的影响，需要设计盖子或者可以收回。

图 5.6.11　仪表板右侧出风口处茶杯架　　　图 5.6.12　仪表板右侧上部茶杯架

（6）仪表板右上部储物盒

当没有盖子的时候，评价临时存储物品的能力。如图 5.6.13 所示，上部储物盒有盖，不影响外观，便于取放，适合前排乘客存放常用物品。由于通常车辆没有此功能，有此功能即可认为是储物空间的亮点。

（7）仪表板下部杂物箱

下部杂物箱由于空间较大，通常可以存放较大的物品，如使用说明书、保险单、杂志等。当杂物箱有更大存储能力、提供更多的功能时，会带来很多的惊喜。如图 5.6.14 所示，杂物箱盖上有放杯子位置，杂物箱后方有冷气可以冷却饮品，有笔架，有卡片夹。由于很多用户会将使用说明书、保险单、行驶证放在杂物箱内，当杂物箱有分层时，可以使物品摆放更有层次，如图 5.6.15 所示。

图 5.6.13　上部储物盒

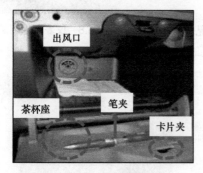

出风口

茶杯座　　　笔夹

卡片夹

图 5.6.14　多种储物设计

图 5.6.15　双层物品分类

（8）卡槽

评价插拔便利性、尺寸兼容性、稳定性、误碰可能性。

卡槽如图 5.6.16 所示，可以放置卡片，但是固定不稳，无法横放，竖放则露出部分过长。但是有此设计强于没有卡槽设计。

如图 5.6.17 所示，卡槽放在仪表板下部，插入时露出尺寸便于取放，可以放置两张卡。如图 5.6.18 所示，卡槽在卡片取出位置有内凹形状，方便取放。

图 5.6.16　卡槽 1

图 5.6.17　卡槽 2

2. 副仪表板储物

（1）副仪表板前部储物盒

由于位置相近、功能相同，只是不同零件的不同部位，此处储物空间的评价方法同"仪表板下部储物空间"的评价方法。

（2）副仪表板两侧储物空间

因为此处受位置和光线的影响不便于取放，且可能会影响腿部空间，在车辆上的应用越来越少。评价存储物品的种类，当没有造成负面影响的情况下，此处仍然是亮点设计。典型的设计为与副仪表板一体的塑料材料部件，或者网兜形式。典型的副仪表板两侧储物空间如图 5.6.19 ~ 图 5.6.21 所示。

图 5.6.18　卡槽 3

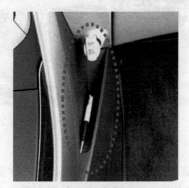

图 5.6.19　副仪表板侧储物空间 1

图 5.6.20　副仪表板侧储物空间 2

（3）副仪表板中部 / 下方储物

副仪表板中部由于传统的设计理念，此处布置的多为换档、驻车制动、驾驶模式、地形管理系统、水杯等驾驶员操作最频繁的功能，因此此处的剩余可用空间较小，通常可以根据本品的特点，设计一些小的物品储存功能，如车钥匙、硬币、笔、口香糖等小的物品，典型设计如

图 5.6.22 ~ 图 5.6.24 所示。

图 5.6.21 副仪表板侧储物空间 3

图 5.6.22 副仪表板储物盒 1

图 5.6.23 副仪表板储物盒 2

图 5.6.24 副仪表板储物盒 3

为了提高操作便利性，以及迎合整体造型运动化的趋势，越来越多 SUV（甚至轿车）将副仪表板抬高，此时副仪表板下方就形成了较大的储物空间。通常可以存放手机、大的钱包甚至小的手包等，如图 5.6.25 和图 5.6.26 所示。

图 5.6.25 副仪表板下方储物盒 1

图 5.6.26 副仪表板下方储物盒 2

（4）副仪表板中部茶杯架

与其他储物空间不同的是，茶杯架是指定功能的储物空间，因此可以进行针对性更强的评价，包括取放便利性、数量、尺寸（直径、深度、倾斜角度）、卡紧方式、是否有盖、空间拓展性、灯光、杯垫、特殊功能等。

评价时需要考虑包括各种型号瓶装水、罐装饮料、杯装饮料、茶杯等功能相关物品。

如图 5.6.27 所示，茶杯架位置靠前，不方便取出，且放置的水杯高度受限。

如图 5.6.28 所示，茶杯架与变速杆位置过近，且位于右侧，不方便驾驶员使用。

如图 5.6.29 所示，两个不同直径茶杯架，可以适应更多种水杯，有灯便于夜间照明，有杯垫便于清理。

图 5.6.27　茶杯架 1

图 5.6.28　茶杯架 2

图 5.6.29　茶杯架 3

如图 5.6.30 所示，卡紧方式整洁美观，有杯垫便于清理。但两个杯架的中心点距离不够，如果放两个咖啡杯、奶茶杯这样的纸杯的话，杯口会干涉，放不稳。

如图 5.6.31 所示，组合方式的空间拓展性好，可以变成一个大的储物盒。

如图 5.6.32 所示，组合方式的空间拓展性好，可以多一层储物盒。

图 5.6.30　茶杯架 4

图 5.6.31　茶杯架 5

图 5.6.32　茶杯架 6

（5）中央扶手箱

评价空间大小、空间组合优化、分层、功能区分、手机充电、开启方式、灯光等，有的车还会考虑此处放置车载冰箱。

如图 5.6.33 ~ 图 5.6.35 所示，扶手箱与茶杯架组合，上下分层，扶手箱盖可以滑动和对开，可以实现十余种储物方式，灵活多变。

图 5.6.33　中央扶手箱 1

图 5.6.34　中央扶手箱 2

图 5.6.35　中央扶手箱 3

如图 5.6.36 所示，中央扶手箱内部空间窄，上部有分层，可以优化储物空间，但对下方储物空间有阻挡。

如图 5.6.37 所示，中央扶手箱有小储物盒，不阻挡下方储物空间，且可以优化储物空间。

如图 5.6.38 所示，中央扶手箱内有 USB 和 AUX 接口，且在前端有数据线导槽，防止线束被挤压。

图 5.6.36　中央扶手箱 4

图 5.6.37　中央扶手箱 5

图 5.6.38　中央扶手箱 6

（6）副仪表板后部储物盒

低成本车型后方可以设计简易储物空间，放置水杯和手机。当设计手机存储空间时，需要考虑手机电源线接口的使用便利性。

如图 5.6.39 所示，储物空间大，设计水杯和杂物的分区，但是没有设计手机存储空间。

如图 5.6.40 所示，储物空间大，上部有手机充电接口，但直筒型空间利用率低。

图 5.6.39　副仪表板后部储物盒 1

图 5.6.40　副仪表板后部储物盒 2

（7）副仪表板卡槽

由于功能相同，只是处于不同零件的不同部位，此处储物空间的评价方法同前面的仪表板卡槽的评价方法。

3. 门内饰板储物

（1）车门内饰板地图袋

最常用的功能是放置水杯、瓶装水、雨伞、杂志等物品。评价内容如下：

① 水杯区域尺寸大小如何；取放便利性如何，与门板周边是否干涉；水杯斜度与杯底斜度是否一致。如图 5.6.41 所示，倾斜设计可以增加水杯存放的尺寸，取放时与扶手不干涉，向前倾斜取放方便。

② 如果有雨伞区域，该区域能否放入折叠伞，是否有漏水孔，拿取时与上方门板扶手是否干涉。此处设计的优劣对比：横放雨伞＋水杯＞竖放雨伞＋水杯＞单独放水杯＞单独放雨伞。

考虑其他可以使储物更加便利的方式。如图 5.6.42 所示，储物空间侧板可以拉开以增大储物尺寸，且平时不用时比较整洁。但由于此处经常会长期存放物品，使用便利性不足。如图 5.6.43 所示，在设计方式所限的情况下，可以使用网兜放置物品，此时应该考虑网兜在没有物品存放时不松旷，尺寸能放入且固定瓶装水。当门板尺寸大时，可以考虑分区设计，减少物品的晃动和混乱。

图 5.6.41　门内板储物 1　　　图 5.6.42　门内板储物 2　　　图 5.6.43　门内板储物 3

（2）车门内饰板拉手盒

评价大小、深度及能容纳的物品，关门时是否影响物品存放。此处设计兼顾了车内关门拉手和储物空间的作用，增加用户的认同感。但此处往往尺寸小且深度不大，设计时可以更多考虑小物品的尺寸，如图 5.6.44 和图 5.6.45 所示。

图 5.6.44　门板拉手盒 1　　　　　　　　图 5.6.45　门板拉手盒 2

4. 座椅储物

（1）前排座椅后部地图袋

从尺寸大小（是否可以放入杂志）、取放便利性、分区合理性等方面评价。

如图 5.6.46 所示，地图袋不用时很整洁，与座椅靠背整体感强，但是采用了硬质材料，储物功能受一定限制。

如图 5.6.47 所示，双层地图袋设计可以减少物品混乱，上层浅可以放小的物品如书籍杂志，方便拿取还不容易遗忘；下层深可以放尺寸大的物品，如 iPad、笔记本电脑等，不会露出来，可以增加隐私性。

如图 5.6.48 所示，考虑拉伸性能，硬质座椅靠背不适合匹配皮质地图袋，网兜式设计比较普遍。但此类设计容易带来廉价感，需要谨慎使用。

图 5.6.46　前排座椅地图袋 1

图 5.6.47　前排座椅地图袋 2

图 5.6.48　前排座椅地图袋 3

（2）前排座椅头枕插管挂钩

评价挂钩对安全的影响、使用便利性、打开和收回方式。挂钩的典型设计如图 5.6.49 所示。

（3）前排座椅后部小桌板

评价尺寸大小、可放置物品、倾斜角度、收放方式、安全隐患。

如图 5.6.50 所示，小桌板收起、打开、使用方便，可以放置笔记本电脑、iPad 等满足办公、娱乐需求，实用性强。

图 5.6.49　前排座椅头枕挂钩

图 5.6.50　前排座椅后部小桌板

（4）前排座椅侧面储物袋

评价可存储物品、取放便利性。由于此处存放物品会影响美观且存储功能不强，应用较少。典型设计如图 5.6.51 所示。

（5）前排座椅下方储物盒

可以放置驾驶时不穿的鞋子，对于女性用户来说，很大地提高了便利性。评价尺寸兼容性、操作便利性。

如图 5.6.52 所示，储物盒较深，可以放入鞋子等不常用物品。

图 5.6.51　前排座椅侧面储物袋

如图 5.6.53 所示，储物盒较浅，不适合放入鞋子，但可以存放其他类型物品，仍然是增加储物空间的亮点。

图 5.6.52　前排座椅下方储物盒 1

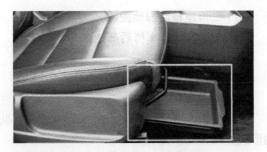

图 5.6.53　前排座椅下方储物盒 2

（6）二排座椅中央扶手处茶杯架及储物盒

通常二排座椅中央扶手处茶杯架及储物盒（如果有的话）设计为一体，评价时考虑取放便利性、数量、尺寸（直径、深度、倾斜角度）、卡紧方式、是否有盖、空间拓展性、灯光、杯垫、特殊功能等。评价时需要考虑包括各种型号瓶装水、罐装饮料、杯装饮料、茶杯等物品。当此处设计手机存放空间时，需要考虑手机尺寸兼容性及充电便利性。

如图 5.6.54 所示，此处茶杯架是最常见形式，成本低，可靠性高。但空间利用率低，当茶杯架没有盖板时作为扶手影响舒适性。

如图 5.6.55 所示，此处茶杯架是弹出的形式，弹出时茶杯架功能与固定式茶杯架相同，收回时扶手表面平整，舒适性好。

当车辆定位为商务型或者二排只有两个座椅时，由于空间大，往往会有更多的储物方式，如冰箱、小桌板等。

图 5.6.54　二排座椅中央扶手处茶杯架

图 5.6.55　二排座椅中央扶手处储物盒

（7）二排座椅下部储物盒

考虑储物尺寸兼容性和使用便利性。由于此处设计灵活性低，因此此处的储物空间通常被认为是惊喜，如图 5.6.56 和图 5.6.57 所示。

图 5.6.56　二排座椅下部储物盒 1

图 5.6.57　二排座椅下部储物盒 2

（8）二排座椅后部地图袋

评价方法同前排座椅后部地图袋

5. 顶篷储物

（1）眼镜盒

评价眼镜尤其是墨镜的尺寸兼容性、内部防磨损的设计、开启 / 关闭方式便利性。最常见的形式如图 5.6.58 所示。

如图 5.6.59 所示，眼镜盒浅，无法放入大的墨镜。

图 5.6.58　顶篷上方眼镜盒

图 5.6.59　顶篷侧方眼镜盒

（2）遮阳板票据夹

评价使用便利性、可靠性等。

如图 5.6.60 所示，带式票据夹夹持力不足，且长时间使用后夹紧力会衰退，路面颠簸时容易掉落。由于使用便利性、存储能力、可靠性等因素，很多车企考虑取消遮阳板票据夹的设计方式。

如图 5.6.61 所示，虽然票据夹夹持力可以得到保证，但每次使用都需要翻动遮阳板，使用不够便利。当票据夹在遮阳板外侧时，会影响美观。

图 5.6.60　遮阳板票据夹 1

图 5.6.61　遮阳板票据夹 2

（3）顶篷衣帽钩

评价物品适应性、使用操作性、挂钩收放便利性。典型的衣帽钩设计如图 5.6.62 和图 5.6.63 所示。

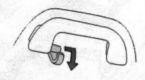

图 5.6.62　顶篷衣帽钩 1

图 5.6.63　顶篷衣帽钩 2

6. 行李舱及尾门储物

（1）行李舱容积

评价内容如下：

① 行李舱的长、宽、高，可以放置的行李数量。

② 行李舱平整度、铰链、轮包等对行李舱有效容积的影响。

③ 行李舱门槛的高度及与行李舱地毯的高度差，对于取放物品尤其是较重物品的便利性。

④ 行李舱开口，尤其是三厢车辆，对于取放大件行李的便利性。

如图 5.6.64 所示，行李舱开口很低，取放重的物品不费力。

如图 5.6.65 所示，行李舱开口窄，不方便取放大件行李。

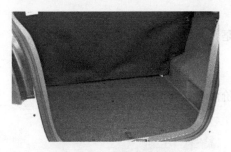 

图 5.6.64　行李舱开口低　　　　　　图 5.6.65　行李舱开口窄

（2）行李舱空间拓展性

评价二排、三排座椅放倒之后空间的大小、平整性、与行李舱地毯间隙对储物的影响。目前的趋势是 SUV 及半数左右的轿车已经设计了后排座椅放倒功能，增加储物空间和休闲便利性，相比固定式后排座椅，此种设计大大地提高了有效空间。

如图 5.6.66 所示，后排座椅放倒可以大幅增加储物空间，但是平整性不够，降低了野外露营的便利性。

图 5.6.66　后排座椅放倒

（3）行李舱储物空间功能区分

评价内容如下：

① 两侧是否有储物盒可以将不同的储物区域区分开。如果有，空间实用性、分区、围挡板布置是否合理。

② 地毯下方是否有多功能储物盒，实用性如何。

③ 是否有物品固定钩 / 环。

④ 是否具有上部储物区（如遮物帘），存储能力如何。由于制动时物品可能会飞入车内，存放物品通常是衣物等软材质物体，而且会影响驾驶员的后方视野，此处设计并不常见。

如图 5.6.67 所示，行李舱两侧设计储物分区，可以放置一些小的、易滚动的物品，减少行李舱物品的混乱。

如图 5.6.68 所示，行李舱地毯下方设计储物格，不常用的小的物品可以放入其内，减少行李舱物品的混乱，增加了行李舱使用空间。对于取消备胎的行李舱来说，可以更充分地考虑此处优化设计，使行李舱上下两部分空间分别针对大件物品和小件物品。

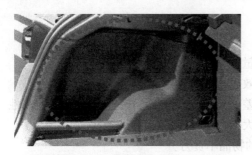 

图 5.6.67　行李舱储物空间区分 1　　　　　图 5.6.68　行李舱储物空间区分 2

（4）尾门门板

评价是否有内储物盒、可存放物品种类、取放是否方便。

7. 其他非常见储物

评价是否有更多的储物方式，实用性如何，评价内容如下：

① 二排地板下储物盒。

② 二排座椅后部储物盒。

③ 三排侧围处茶杯架。

④ 三排侧围处储物盒。

⑤ B 柱挂钩。

典型的非常见储物空间如图 5.6.69 ~ 图 5.6.71 所示。

图 5.6.69　地板下方储物盒　　图 5.6.70　座椅侧下储物盒　　图 5.6.71　三排茶杯架和储物盒

5.6.4　储物空间评价项目及车内常见存储物品尺寸

1. 储物空间评价项目

储物空间评价项目见表 5.6.1。

2. 车内常见存储物品尺寸

车内常见存储物品尺寸见表 5.6.2。

表 5.6.1　储物空间评价项目

评价项目	分数	备　注
储物空间总体性能		
仪表板储物		
仪表板上部储物盒		
仪表板中部储物空间		
仪表板下部储物空间		
仪表板左侧储物盒		
茶杯架		
仪表板右上部储物盒		
仪表板下部杂物箱		
卡槽		
副仪表板储物		
副仪表板前部储物盒		
副仪表板两侧储物空间		
副仪表板中部 / 下方储物		
副仪表板中部茶杯架		
副仪表板扶手箱		
副仪表板后部储物盒		
副仪表板卡槽		
门内饰板储物		
车门内饰板地图袋		
车门内饰板拉手盒		
座椅储物		
前排座椅后部地图袋		
前排座椅头枕插管挂钩		
前排座椅后部小桌板		
前排座椅侧面储物袋		
前排座椅下方储物盒		
二排座椅中央扶手处茶杯架和储物盒		
二排座椅下部储物盒		
二排座椅后部地图袋		
顶篷储物		
眼镜盒		
遮阳板票据夹		
顶篷衣帽钩		
行李舱及尾门储物		
行李舱容积		
行李舱空间拓展性		
行李舱储物空间功能区分		
尾门门板		
其他非常见储物		

表 5.6.2　车内常见存储物品尺寸（选取原则：销量最高物品的尺寸）

序号	物品	尺寸规格 /mm				容积 /mL
		长	宽	高	直径	
1	纸巾盒类					
1.1	盒装纸巾	230	120	83		
1.2	袋装纸（长）	210	110	85		
1.3	袋装纸（短）	150	110	85		
1.4	车用纸巾盒套	160	135	88		
2	饮料类					
2.1	可口可乐（桶装）			330	105	2000
2.2	百事可乐（瓶装）			250	69	600
2.3	百岁山矿泉水			230	62	570
2.4	脉动			210	75	600
2.5	统一茉莉蜜茶			210	65	500
2.6	易拉罐（长）			145	55	340
2.7	易拉罐（中）			123	66	420
2.8	易拉罐（短）			82	66	280
2.9	一次性饮料杯			172	68	700
2.10	盒装牛奶（长）	134	55	37		270
2.11	盒装牛奶（短）	106	63	40		259
3	水杯类					
3.1	保温杯			225	65	450
3.2	水杯（粗）			195	90	470
3.3	水杯（细）			194	70	345
3.4	一次性纸杯			88	53～74	
3.5	奶瓶			175	60	240
4	香烟、打火机类					
4.1	纸质香烟	87	55	23		
4.2	女士长款香烟	100	55	18		
4.3	纸质方盒	90	82	18		
4.4	铁质长盒	90	65	25		
4.5	铁质方盒	95	55	55		
4.6	IQOS 电子烟烟套	110	45	20		
4.7	一次性打火机	80	20	10		
4.8	Zippo 打火机	55	35	12		
4.9	移动式杯托烟灰缸			95	70	

（续）

序号	物品	尺寸规格 /mm				容积 /mL
		长	宽	高	直径	
5	智能设备、手机、相机类					
5.1	iPhone 8 Plus-5.5in	158	78	8		
5.2	华为 Mate 20 Pro	158	72	9		
5.3	小米 MIX 3	158	75	8		
5.4	Kindle 电子阅读器	160	115	9.1		
5.5	iPad mini 4-7.9in	203	135	6		
5.6	iPad Pro-12.9in	281	215	6		
5.7	iPad Pro-11in	248	179	6		
5.8	佳能 6D	144.5	110.5	71.2	镜头 62	
5.9	三脚架			61	130	
6	箱包类					
6.1	20in 行李箱	350	230	540		
6.2	24in 行李箱	420	260	640		
6.3	29in 行李箱	490	280	750		
6.4	32in 行李箱	530	330	830		
6.5	15.6in 电脑包	415	310			
6.6	短款钱包	115	95			
6.7	长款钱包	190	100			
6.8	女士手提包	255	350	110		
7	书本、杂志类					
7.1	杂志（大 16 开）	285	210	8		
7.2	杂志（正 16 开）	260	185	8		
7.3	书（正 32 开）	184	130	15		
7.4	用户手册	210	140	20		
7.5	文件夹	310	230			
7.6	快递袋	320	230			
8	眼镜、墨镜类					
8.1	黑框眼镜	130	35	24		
8.2	金属边眼镜	135	50	20		
8.3	女士墨镜	160	63	35		
8.4	大墨镜	155	60	28		
8.5	普通眼镜盒	150	57	30		
8.6	时尚眼镜包	160	60	40		

（续）

序号	物品	尺寸规格 /mm				容积 /mL
		长	宽	高	直径	
9	其他类					
9.1	五折伞			190	50	
9.2	三折伞			280	50	
9.3	交通卡 / 银行卡 / 会员卡	85	55	1		
9.4	行驶证 / 驾照	102	71	3		
9.5	名片	90	55	0.5		
9.6	中性笔			145	10	
9.7	铅笔			175	7.5	
9.8	口香糖			80	50 ~ 55	
9.9	手电筒	117			27 ~ 34	
9.10	足球				215	
9.11	篮球				246	
9.12	儿童手推车	800	480	230		
9.13	14in 儿童自行车	1020	640	450		
9.14	女士鞋盒	275	180	95		
9.15	女士高跟鞋鞋盒	300	210	122		
9.16	轮胎气泵					
9.17	香水瓶					
9.18	手套					

5.7 视野

5.7.1 概述

视野不好影响驾驶安全。第一次开车上路时，新手驾驶员都是战战兢兢地盯着前方，生怕忽略路上的每一个意外情况，却不经意间错过了好几个路口、路牌。其实不仅是新手，熟练的驾驶员也经常会产生眼睛不够用的感觉。这是由于人眼生理结构、汽车设计等因素造成的，汽车前后左右会有许多盲区，这些会影响驾驶员的视野。

越来越多的用户喜欢 SUV 车辆，其中有一条理由就是视野好，由于坐姿高，看地面更清楚，看远处有优势。而轿车由于车身高度较低，看近距离时盲区更小。

由于结构的原因，汽车有视野盲区，单纯靠驾驶员的肉眼和后视镜观察，这些盲区是无法完全避免的，当在复杂路况行驶，过大的盲区会增加驾驶的风险。因此优化设计减小盲区，使用辅助功能减小或消除盲区是工程师的研发方向。

除驾驶安全性之外，视野对车内乘员的舒适性也有很大影响。就像人们都喜欢宽大明亮而不是狭窄黑暗的房子一样，人在车内也喜欢更大的车窗，可以观察外面更大范围的风景。因此很多用户购车时对全景天幕（即使不能开启）、全景天窗情有独钟。

在视野评价中主要围绕上述的几个方面进行，包含：

① 驾驶相关的车内信息显示。

② 驾驶员视野。

③ 改善视野的电子辅助功能。

④ 乘员视野。

商品性评价通常没有特定的环境要求，但是在开发过程中的评价需要尽可能地涵盖各种复杂环境。例如：白天、黑夜、雨、雪、雾、冰、强光、隧道、路况、车速等。

5.7.2　用户对视野常见的评语

评语 1　这个行车电脑显示相关信息还分屏显示，把仪表盘显示字设计这么小，开车时都看不清仪表盘、屏幕，你就不能把字搞大点，留这么多空白地方，白瞎仪表盘。这个屏希望工程师能在后续软件升级中优化，感觉就搞个测试版软件上市了。

评语 2　提车五天了，新车还未贴膜。虽然全液晶仪表挺酷的，但是前面的塑料板反光很严重，尤其是太阳光比较足的情况下，会有明显的反光。有时候看不太清楚仪表上面的内容。昨天晚上跑高速，在车外光线较暗的情况下，整个仪表盘的光全反射到车窗上了，还特别亮，严重影响观察左后视镜。如果车外完全没有光线，这个问题就更严重了，左侧车窗反光简直亮瞎眼。当时在高速上，没敢拍照。请问大家有没有什么解决方法？仪表盘的亮度可以调暗吗？

评语 3　大尺寸的前风窗玻璃、大的车窗、四方的车内空间及较窄的 A 柱，视野非常好。整车 B 柱、C 柱和人靠得太近，而且有点宽了，不利于路况观察。尽管后侧窗玻璃位置高，对视线有一定影响，但好在后视镜比较大，后方情况尽收眼底。倒车影像的视角太低了不能调整，只能看到车后面 1m 左右，但有总比没有强。

评语 4　刮水器刮的面积怎么那么小，玻璃两边都留有差不多 10cm 刮不到。本来 A 柱盲区就大，加上遮挡部分，特别影响视线！外后视镜是平面镜，存在盲区，而且视野宽度不足，驾车在转弯、变道、超车或被超车时，往往要身体前倾或左右扭转头才能发现障碍，始终存在着影响行车安全的隐患。

5.7.3　评价方法

1. 驾驶相关的车内信息显示

除了车外的交通环境之外，驾驶员也需要关注与驾驶相关的车辆信息，以便更好地控制车辆，因此视野评价也包含驾驶相关信息。需要注意的是，此时的评价不同于 HMI，不会关注系统和用户之间进行交互和信息交换方式。例如车速表，不关注是液晶数字显示还是机械指针，不关注几种显示模式，只关注驾驶员是否容易读取驾驶相关的信息。

（1）车速、转速

在不同的车速 / 转速情况下，在加速、匀速行驶过程中，评价车速 / 转速表的位置、大小、清晰度等，驾驶员是否容易读取内容。

如图 5.7.1 所示，数字信息过多、刻度过多，互相干扰，不易读取内容。

如图 5.7.2 所示，数字刻度密集，刻度单位大小不一影响观察。优势是低速区刻度单位小，高速区刻度单位大，有利于常用车速的观察。

如图 5.7.3 所示，中间显示车速的数字大，直观、清晰。

图 5.7.1　车速、转速仪表

图 5.7.2　车速仪表 1

图 5.7.3　车速仪表 2

（2）指示灯 / 警告灯（安全带 / 油量 / 温度等）

在静止、行驶不同的工况，评价各种指示灯及警告灯的位置、大小、清晰度、易理解程度等，包括安全带、温度、油量、机油压力等。

如图 5.7.4 所示，仪表没有冷却液温度显示，只有冷却液温度升高达到报警温度时才显示冷却液温度警告灯，冷却液温度信息缺失。

如图 5.7.5 所示，安全带未系提醒，可以通过仪表左侧图标显示具体位置，直观、清晰。

图 5.7.4　没有冷却液温度显示仪表

图 5.7.5　安全带未系提醒

（3）行车电脑显示

在不同的工况（静止 / 行驶）下，评价行车电脑的信息（如里程、油耗、辅助驾驶功能等）显示的位置、清晰度、完整性等。

（4）车机、HUD 显示

随着功能越来越多，除仪表外，车机屏也会肩负很多驾驶相关信息显示的功能，如导航、360° 影像，甚至车速、档位等。有的新能源汽车已经不再设计单独的仪表显示，将传统的仪表和车机屏合二为一。此外，可以将图像投射在风窗玻璃上，仪表前单独的抬头显示器（HUD）也越来越受到重视。

在不同的工况（静止 / 行驶）下，评价信息显示的位置、清晰度、完整性等。

如图 5.7.6 所示，这块 OLED 屏足足有 1.25m 长、高 0.25m，分为左、中、右三大功能区，分别显示驾驶信息、导航和娱乐信息、通信信息，能很直观地识别车辆信息。

如图 5.7.7 所示，没有仪表，车辆信息在中间位置的车机屏显示，驾驶员需要侧头去察看，不利于安全驾驶。

图 5.7.6　车机大屏

图 5.7.7　特斯拉 Model 3 车机大屏

如图 5.7.8 所示，HUD 投影清晰、易识别，可以快速读取驾驶信息。但信息量过大，且颜色过于深，对观察外界交通状况会产生一定的干扰。

如图 5.7.9 所示，HUD 投影信息少且投影模糊，不易识别。

图 5.7.8　HUD 投影 1

图 5.7.9　HUD 投影 2

2. 驾驶员视野

盲区不可避免，了解盲区有利于接下来的评价和改进。在正常驾驶时，对安全性影响最大的盲区主要包括：前方、后方和侧方盲区，如图 5.7.10 ~ 图 5.7.14 所示。

图 5.7.10　驾驶员视野盲区

图 5.7.11　车头盲区

图 5.7.12　车尾盲区

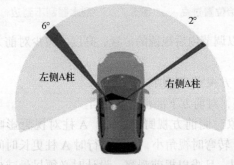

图 5.7.13　汽车前方盲区

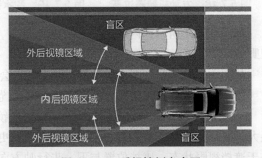

图 5.7.14　后视镜侧方盲区

（1）前方、上方、下方

坐在驾驶员位置，调整座椅至舒适的驾驶位置，向前看，主要评价以下几项：

① 前风窗玻璃面积如何，透过前风窗玻璃观看的范围。

② 遮阳涂层、内后视镜、雨量传感器盖、刮水器、发动机舱盖等是否影响视野。

③ A柱宽度、A柱与外后视镜间隙是否影响侧前方视野。

1）前风窗视野

如图 5.7.15 所示，前风窗玻璃高度合适，上下宽度合适，前方视野较开阔。

如图 5.7.16 所示，前风窗玻璃高度较小，上下宽度不足，前方视野较狭窄。

如图 5.7.17 所示，全景式前风窗玻璃，前方视野开阔。

图 5.7.15　前风窗视野大　　　图 5.7.16　前风窗视野小　　　图 5.7.17　全景式前风窗视野

2）视野干扰。 评价遮阳涂层宽度、内后视镜大小及布置、中控显示屏高度、雨量传感器盖大小、刮水器初始位置高度、刮水器刮水面积、发动机舱盖高度等是否影响视野。

如图 5.7.18 所示，发动机舱盖过高，影响驾驶员的前方视野。

如图 5.7.19 所示，刮水器初始位置过高，影响驾驶员的前方视野。

如图 5.7.20 所示，刮水器刮不到边，与 A 柱之间仍有较宽面积未刮水，下雨天会影响驾驶员的侧前方视野。

图 5.7.18　发动机舱盖过高　　　图 5.7.19　刮水器初始位置过高　　　图 5.7.20　刮水器刮不到边

如图 5.7.21 所示，内后视镜可以 180° 旋转，可以调节内后视镜的位置、高度，减少对前方视野的影响。

如图 5.7.22 所示，车机屏幕的位置偏高，会对前方视野有遮挡。

如图 5.7.23 所示，前风窗玻璃下部涂层位置偏高，对前方下部视野有遮挡。

3）A柱宽度、外后视镜、A柱与外后视镜间隙对侧前方视野的影响。 A柱对视野影响很大，尤其是左侧 A 柱与驾驶员距离近，影响更大。转弯时视角小，相比直行时 A 柱更长时间处于遮挡视野状态，遮挡位置与下一步行驶方向相同，且难以提前观察。设计时必须尽量减少

A 柱和附近区域对视线的遮挡，减小 A 柱盲区带来的影响。

图 5.7.21　内后视镜

图 5.7.22　车机屏幕位置高

图 5.7.23　涂层位置高

如图 5.7.24 所示，人站在 A 柱前方，与驾驶员眼睛成一条直线时，由于 A 柱过于粗大，导致驾驶员完全看不到人。

如图 5.7.25 所示，外后视镜和 A 柱相连，中间无空隙，且外后视镜位置过高，遮挡较多，导致视野较狭窄。

图 5.7.24　A 柱遮挡

图 5.7.25　外后视镜和 A 柱相连

如图 5.7.26 所示，外后视镜设计在车门上，既降低了后视镜高度，也加大了与 A 柱之间的空隙，相比装在三角窗上的设计改善了视野。

如图 5.7.27 所示，外后视镜与 A 柱间增加可视三角窗，增加了视野范围。

图 5.7.26　外后视镜布置在车门上

图 5.7.27　A 柱可视三角窗

（2）后方、侧方视野

坐在驾驶员位置，调整座椅至舒适的驾驶位置，通过内、外后视镜观看，主要评价以下几项：

① 通过外后视镜观察侧后方的视野范围。

② 通过内后视镜观察后方的视野范围。

③ B 柱、C 柱位置和宽度是否影响后方、侧方视野。

1）通过外后视镜观察侧后方的视野。评价后视镜尺寸是否够大，镜片是否为多曲率的，使驾驶员能否有效地观察到后侧方路况；是否有镜片加热等功能，以减少在雨雪天的视野影响；是否有强光防眩目功能。

如图 5.7.28 所示，外后视镜高度方向尺寸大，但宽度不足，且宽度方向形状不平齐，对侧后方视野会有较大影响。

如图 5.7.29 所示，外后视镜宽度方向尺寸大，侧后方视野较宽。

图 5.7.28　外后视镜宽度小　　　　　　　　图 5.7.29　外后视镜宽度大

如图 5.7.30 所示，外后视镜有加热功能，能减小雨雪天对视野的影响。

如图 5.7.31 所示，双曲率后视镜可以增大视野范围。

图 5.7.30　外后视镜可加热　　　　　　　　图 5.7.31　双曲率后视镜

2）通过内后视镜观察后方的视野。评价内后视镜尺寸是否够大，后窗玻璃尺寸是否够大，后窗玻璃是否有加热功能，后刮水器刮水面积是否足够大，是否有其他物体遮挡后窗玻璃，后排座椅头枕是否遮挡视线等。

如图 5.7.32 所示，内后视镜尺寸大，视野范围大。

如图 5.7.33 所示，后窗玻璃可视面积小，后方视野范围小。

图 5.7.32　内后视镜尺寸大　　　　　　　　图 5.7.33　后窗玻璃可视面积小

如图 5.7.34 所示，后排座椅头枕可以收入座椅靠背中，后视镜中完全看不到，不影响视野。

如图 5.7.35 所示，后排座椅头枕高度偏高，遮挡了观察视线，影响了视野。

图 5.7.34　后排座椅头枕高度适中

图 5.7.35　后排座椅头枕高度偏高

如图 5.7.36 所示，后刮水器刮刷面积大，能减小雨雪天对视野的影响。

如图 5.7.37 所示，后悬挂式备胎遮挡了观察视线，影响了视野。

图 5.7.36　后刮水器刮刷面积大

图 5.7.37　后悬挂式备胎

3）B 柱、C 柱位置和宽度是否影响后方、侧方视野。在倒车等情况下需要扭头观察侧后方情况时，评价 B、C 柱的位置和宽度是否阻挡了观察视线，对侧后方视野的影响。

（3）反光 / 眩目

在不同光线场景下，评价仪表台板、仪表、车机屏、内饰镀铬件等的反光特性以及对驾驶员、乘客的视野影响。夜间行驶，内外后视镜是否有防眩目功能。

如图 5.7.38 所示，仪表台板反光到前风窗玻璃上形成虚影，影响视野。

如图 5.7.39 所示，车内空调出风口镀铬装饰件反光、刺眼，影响视野。

图 5.7.38　仪表台板反光

图 5.7.39　空调出风口镀铬条反光

如图 5.7.40 所示，空调出风口镀铬装饰条反光到外后视镜镜片上形成虚影，影响后视镜的视野。

如图 5.7.41 所示，夜间仪表反光到侧窗玻璃上形成虚影，影响后视镜的视野。

如图 5.7.42 所示，白天光线下车机屏反光，看不清楚车机屏的显示信息。

图 5.7.40　空调出风口反光　　　　图 5.7.41　夜间仪表反光　　　　图 5.7.42　车机屏幕反光

如图 5.7.43 和图 5.7.44 所示，内后视镜分别有手动和电动防眩目功能。手动防眩目功能是最基本的功能，在竞争激烈的车系中，电动防眩目内外后视镜应该考虑作为标配。

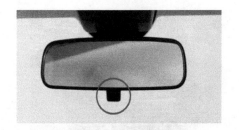 

图 5.7.43　内后视镜手动防眩目　　　　　　　图 5.7.44　内后视镜电动防眩目

3. 改善视野的电子辅助功能

随着电子技术的飞速发展，越来越多的电子设备（如数字后视镜、360° 全景影像、流媒体内后视镜等）能辅助增加视野范围，减小或消除盲区。在无法消除盲区的情况下，盲点监测、行人监测等功能能减少盲区对行驶的影响。

如图 5.7.45 所示，数字后视镜的视野范围更广，同时提升雨雪天的视线清晰度，减小雨雪天对视野的影响。

如图 5.7.46 所示，流媒体内后视镜可以消除座椅头枕、后悬挂式备胎等遮挡物对视野的影响。

图 5.7.45　数字后视镜　　　　　　　　图 5.7.46　流媒体内后视镜

如图 5.7.47 所示，360° 全景影像可以消除车头、车尾和侧方的盲区，在倒车等情况下极大地提高驾驶安全性。在竞争激烈的车系中，应该考虑至少在高配车型里配置 360° 全景影像。

图 5.7.47　360° 全景影像

如图 5.7.48 所示，盲点监测可以消除左右两侧后方的盲区，辅助驾驶员观察侧后方车辆，减少变道的风险。

4. 乘员视野

对于乘客而言，乘坐位置需要能够看到外面环境，视野开阔清晰，进而产生心旷神怡的感觉，减轻乘坐时的不安全感。评价时，坐在前排乘客、第二排、第三排位置上，考虑如下内容：

① 侧窗的高度和大小。

② 车顶是否阻挡头部视野。

③ B 柱 /C 柱 /D 柱的位置和宽度，是否阻挡乘员侧方视线。

④ 前排座椅头枕对前方视野的影响。

⑤ 是否有天窗以及天窗面积大小等。

图 5.7.48　盲点监测

如图 5.7.49 所示，乘员头部位置靠后，往车外看时被 C 柱挡住视线。

如图 5.7.50 所示，C 柱、D 柱之间有额外的宽大的后部窗户，且可以小角度打开，第三排乘员可通过此窗观看车外环境。

图 5.7.49　C 柱遮挡视线

图 5.7.50　宽大的后部窗户

如图 5.7.51 所示，前排头枕高度不可调、宽大，影响后排乘客视野。

如图 5.7.52 所示，全景天幕的可视面积大，视野范围广。

图 5.7.51　头枕高度不可调

图 5.7.52　全景天幕

5.7.4 视野评价项目

视野评价项目见表 5.7.1。

表 5.7.1 视野评价项目

评价项目	分数	备 注
视野		
驾驶相关的车内信息显示		
车速、转速		位置、大小、清晰度等，是否容易辨认
指示灯 / 警告灯		位置、大小、清晰度、易理解程度
行车电脑显示		行车电脑的位置、驾驶信息的完整性和易读性
车机显示		车机的驾驶信息显示位置、清晰度、易读性
驾驶员视野		
前方、上方、下方		前风窗、A 柱、外后视镜、遮阳涂层、内后视镜、刮水器、发动机舱盖等对视野的影响
后方、侧方、后视镜功能		内外后视镜、B 柱 /C 柱 /D 柱对后方 / 侧方视野的影响
反光 / 眩目		仪表台板、屏幕、内饰件等反光特性对驾驶的影响
改善视野的电子辅助功能		辅助增加视野范围，减小或消除盲区
乘员视野		
前方、上方、后方、侧方		侧窗高度和大小、B 柱 /C 柱 /D 柱的位置和宽度、头枕高度、天窗面积大小等对视野的影响

第**6**章

感知品质

6.1 感知品质概述

6.1.1 什么是感知品质

用户在第一次看到产品后，不经过思考所产生的第一印象，对产品的总体水平认知有很大影响。美国最大的化学工业公司杜邦公司的一项调查表明：63% 的消费者是根据商品的包装来选购商品的。而汽车的造型水平、感知品质就相当于商品的包装，对消费者的选购起着非常重要的作用，因此各主机厂也将此二者作为工作的重点。尤其是各自主品牌将感知品质作为突破口，整体水平已经超过了合资品牌水平，呈现了越级的趋势。

"感知品质（Perceived Quality）"，指的是用户感受到的车辆设计和制造的精心、精细程度，产品特性能够带给用户以高品质的感受。好的"感知品质"是造型设计与工程的完美结合，并配以优质材料的产物，给用户一个好的形象。虽然无法通过感知品质使消费者直接判断质量水平，但能通过感官知觉让产品"看起来"是一个高质量的产品，提高用户满意度，从而直接影响消费者的购买欲望。

6.1.2 感知品质的发展路径

在感知品质概念出现之前，汽车的品质更多从精致工艺角度考虑，如控制产品的尺寸匹配、表面处理、零部件规整性等。随着技术进步及消费者对品质需求的提升，精致工艺已经成了基本型需求，而品质提升成为了期望型需求，各主机厂也逐渐将重点从产品的精致工艺向体现高级感、品质感的新型材料、新的加工工艺、更多的软材料等方面倾斜，如图 6.1.1 ~ 图 6.1.3 所示。

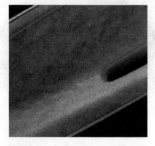

图 6.1.1　材料突出质感　　　图 6.1.2　软材料突出品质　　　图 6.1.3　缝线突出定位

总体而言，当下感知品质需要具备以下的特征：

1）所有的用户敏感区域精心设计，非用户敏感区域无明显缺陷。按照常见、常用优先的原则，整车的各个区域的重要性也不同，每个主机厂的定义也不同。

① 车内敏感区域的优先次序为：驾驶员侧（方向盘、仪表板、副仪表板、座椅、前门）、前排乘客侧（仪表板、副仪表板、座椅、前门）、后排（座椅、后门、中央扶手）、顶篷、行李舱。

② 车外敏感区域的优先次序为：钥匙、车门、前保险杠、前照灯、后视镜、发动机舱盖、尾门、翼子板、车顶等。

2）生产制造符合设计意图，并且做工品质良好，没有明显缺陷。

3）整洁、大方、美观的外观感受，造型、颜色、纹理协调统一，和谐自然，材料纹理、质感可以体现品质感，符合其市场定位。

4）开闭件、内饰件、开关触觉和听觉有品质感，避免廉价感受。

5）软材料使用合理，符合定位，从视觉上减少塑料感。

6）整车气味小。

在研发机构中通常设置感知品质团队，在每个项目开发过程中，根据感知品质的几千条要求，在不同的阶段展开针对性的开发工作。这几千条要求涉及每个外观零件的各个维度，本书中不会逐条阐述，本书的重点在于评价过程中应该把握的原则和方法。对于感知品质提升而言，通常需要增加使用更好的材质、工艺，需要成本的投入。因此，在前期目标设定的时候锁定感知品质的方案细节和成本尤为重要。

6.1.3　感知品质的范围

感知品质应该从视觉、听觉、触觉、嗅觉几个角度评价。

6.1.4　用户对感知品质常见的评语

评语 1　车身线条从前向后分成几段，但是浑然一体，没有任何段差，上下高度和间隙差也处理得非常好，非常协调。车内饰材料多处用了软材质，看起来用料很实在。材质手感不错，纹理也很新颖，和内饰的颜色搭配也很合理，整体效果非常好。

评语 2　尾灯这里间隙太大了，足以伸进去一根手指。而且左右还不一样，一边大一边小。这制造工艺真的很差，我现在有些担心密封性了，不知道会不会漏水。

评语 3　门板全是塑料板，没有一块软材料。还好纹理上看像是软材料。关门时听着门的整体性挺好的，"砰砰"的，没有杂音。

评语 4 买车时没注意，现在看来漆面问题挺多。到处是桔皮，只要注意看就会特别明显。发动机舱盖上居然还有喷漆的颗粒，有些不显眼的地方还有流挂。

评语 5 昨天回家路上经过一辆宝马 5 系，一个美女车主上车后把门一带，"砰"的一声，非常实啊！那声音真是太动听了！我想高档车都这样吧，结果吃完饭在阳台上休息，看到楼下一辆皇冠车关门时发出的声音居然和宝马的一样，再对比下我的"小 7"关门时那"咔嚓"的一声，实在差距太大了！所以发帖问问做隔音或车门密封的朋友，哪个改进能明显提升这个关门声音的质感啊？

评语 6 豪华的木纹内饰，图片看着还行，实车显老气，个人感受。因为选装了 4 项配置，反正要等，干脆木饰面板改成高光胡桃木啦。请问大家高光木饰的中控台配色是钢琴烤漆吗？说实话，豪华运动的高光木饰像 S 级的，无奈接受不了"风火轮"。车门板虽然是软材料，但是手感很差啊。顶篷按起来好软，松松垮垮的。

评语 7 关门声干净利索，不拖沓，还要低沉、厚重，而这是开关车门后实际听到的声音。据厂家工程师介绍，从关门撞击声测试曲线来对比，这车型只有一次撞击的声音，干净利索，声音厚重。其他合资主流品牌则是两次撞击声，并且声音较响，甚至会有回声。

评语 8 求问大家，车喇叭声音是什么样的，我怎么感觉自己车的喇叭像电瓶车的喇叭声音，过路口我都不好意思按喇叭。

6.2 视觉

视觉方面的评价，需要考虑不同光线强度的影响，包括日光下、奥迪特室内灯光下评价的场景。

6.2.1 尺寸工程

汽车尺寸工程水平受设计的影响，但更多取决于生产工艺水平，当尺寸工程水平较低时，很多用户会认为生产企业的制造技术能力不足，进而对产品的性能、耐久性等产生怀疑。好的尺寸工程通常有以下共性的特点：

① 尽可能整合外观零件，减少零件个数，减少零件之间的连接，使结构更精简。

② 如不影响造型，型面应尽可能简洁，避免局部多个部件共同搭接的设计。当有多个部件搭接时尽量避免弧线，以防增加匹配难度。

③ 使连接位置处于不显眼的位置，或者加以隐藏。如使用上下覆盖形式，减少前照灯和保险杠、仪表板上下两个部分之间的间隙外露、型面搭接孔洞，保证结构简单、整体感强。

④ 整车间隙、段差相同，并且尽可能地小。整车相近位置的风格、外形、尺寸控制应该类似。对称位置应该相同，形成明显的呼应，避免肉眼可以分辨的差别。

⑤ 规避视觉放大效果，如间隙可以看穿、不对称、不一致、间隙背景色与环境色反差、连接部件结构差异等，这些都会导致间隙、段差显得比真实尺寸更大。

1. 间隙

间隙是指整车在完整的装配状态下，视觉可观察到的，相邻两个具有装配关系的零部件之间的缝隙。评价间隙考虑：符合设计尺寸要求、整个间隙均匀一致、左右对称的部件间隙保持一致、相邻部件间隙大小接近，设计时充分利用结构减弱配合间隙带来的视觉影响。

如图 6.2.1 所示，前保险杠和翼子板配合几乎无可视间隙。

如图 6.2.2 所示，前保险杠和翼子板配合间隙适当，上下均匀一致性好。

如图 6.2.3 所示，前保险杠和翼子板配合间隙适当，但上下不均匀，上宽下窄。

图 6.2.1 无间隙

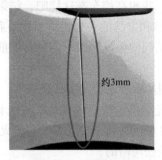

图 6.2.2 间隙均匀

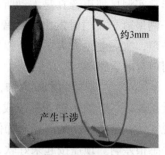

图 6.2.3 间隙不均匀

如图 6.2.4 所示，发动机舱盖与左、右翼子板的配合间隙大小的对称性和一致性好，给人舒服感。

图 6.2.4 间隙大小的对称性和一致性好

如图 6.2.5 所示，上下零部件之间的配合采用覆盖式搭接，避免零件之间的对接，间隙向下，减少视觉间隙，减小制造难度。

如图 6.2.6 ～图 6.2.8 所示，发动机舱盖和车灯有无遮挡和搭接，对间隙的视觉影响有很大区别。

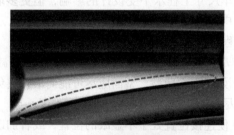

图 6.2.5 覆盖式搭接

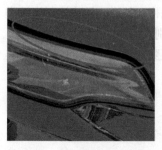

图 6.2.6 前照灯间隙无覆盖　图 6.2.7 镀铬条覆盖前照灯间隙　图 6.2.8 发动机舱盖覆盖前照灯间隙

2. 面差（段差）

面差是指相邻两个零部件平面之间的高度差。评价时重点关注整车外观、内饰件面差大小，以及同一零部件 / 相邻部件 / 左右对称的部件的面差一致性。

典型段差问题如图 6.2.9 所示，后视镜底座与相邻装饰件之间段差过大。

图 6.2.9　段差

3. 弧线

评价弧线 / 弧面本身的平滑性、大小合理性、与周边零件匹配、整体形状的和谐性。弧线过大，则容易使间隙、段差的视觉效果更为明显；弧线过小，则整体效果过于直板；弧线不平顺，容易产生视觉坍塌的效果。

典型弧线问题如图 6.2.10 和图 6.2.11 所示。

图 6.2.10　倒角使间隙显大

图 6.2.11　圆弧使车门缝隙显得不齐

4. 平齐度

造型特征线条、匹配零件等，所属不同零件之间需要对齐。

典型的平齐度问题如图 6.2.12 和图 6.2.13 所示。

图 6.2.12　车窗水切未对齐

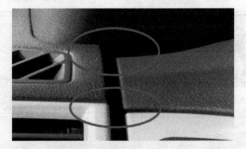

图 6.2.13　仪表板和车门装饰件未对齐

5. 一致性、和谐性

前、侧、后与整车所要传达的主题风格一致、造型面处理手法一致、整车 / 零部件比例协调、分割线协调、分割线之间有延续性，并且与造型线相呼应。协调统一，没有违和感。

6.2.2 外观质量

外观质量是指用户日常使用车辆时可以直接看到的零部件表面的缺陷。

1. 漆面表面质量

评价车身、零部件的表面喷漆质量，考虑以下几项：

① 漆面是否有起皱、桔皮、流挂、颗粒、雾化等缺陷。

② 同色的不同零件（尤其是不同材质、厚度、供应商）光泽度如何，不同零件之间是否有色差。

③ 漆面薄厚、耐刮擦性如何。

2. 遮蔽性

好的遮蔽性使设计更加整洁，评价遮蔽性考虑以下几项：

① 发动机舱、下车体、外饰零件等应该减少裸露，必要的遮盖使整体布局更加整洁。当有裸露时，确保布局整齐无杂乱感。

② 内外饰件没有明显的匹配孔洞、看穿内部缺陷。

③ 紧固件、焊点、密封胶、工艺孔、泡棉、密封条、底层零件等车内和车外均无外露，或经常接触、注视区域有遮挡。

④ 减少管线路裸露，当无法避免裸露时确保走向整齐，采取必要的固定方法。

典型的遮蔽性问题如图 6.2.14 所示。

图 6.2.14 典型遮蔽性问题

3. 材料表面质量

评价车身、零部件、装饰件的金属、镀铬、塑料、橡胶材质表面质量，考虑以下几项：

① 表面平整无变形、翘起、凹坑、缩痕、熔接痕、起皱、桔皮等。

② 针对织物、缝线、皮质等材料，无脱毛、起球、掉色、褶皱、布料抽纱、布料线粗、粗细不一、起"竹节"、穿孔、色差、变形、歪斜、褶皱、破损等缺陷。

③ 金属、镀铬、塑料、橡胶等装饰件不易变色、不易老化、耐刮擦。

④ 分模线尽量避免直接外露，如果外露则应使其弱化不明显。

⑤ 零件表面不应该有毛刺、锐边，尤其是用户可能直接接触的区域。

典型的材料表面质量问题如图 6.2.15 所示。

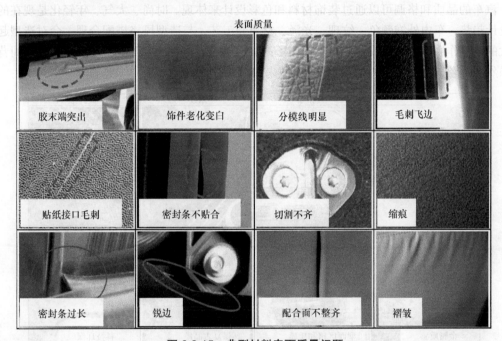

图 6.2.15　典型材料表面质量问题

6.2.3　色彩

色彩不仅是车身漆面颜色，还包括内饰材料的颜色，操作部件的颜色，以及各种装饰条的颜色。美国流行色彩研究中心的一项调查表明，人们在挑选商品的时候存在一个"七秒钟定律"：面对琳琅满目的商品，人们只需 7s 就可以确定对这些商品是否感兴趣。在这短暂而关键的 7s 内，色彩的作用占到 67%，成为决定人们对商品好恶的重要因素。色彩评价时关注：

① 漆面色彩多样性，多样的色彩使用户选择方式更多。

② 漆面类型：普通漆、金属漆、珠光漆、亚光漆。

③ 从基调上看，色彩需要和车型定位匹配。如以年轻化为主题的汽车内饰颜色，需要增加暖色调、浅色内饰的使用，而以商务型和豪华型为主题的汽车则仍然要重点使用黑色。

④ 在各种定位的汽车上，双色内饰已经得到广泛应用，以使整体视觉减少单调的感觉。具体颜色的选择需要基于车型的市场定位考虑。

⑤ 以年轻化为主题的汽车可以有多种主题颜色，以突出青春活泼气息。但是需要避免冲突而造成的凌乱感觉，搭配协调统一。

⑥ 主要零部件之间的色调呼应。

⑦ 色彩比例和尺寸合适，如避免过大的单色面板。

⑧ 高光、亚光的内饰和装饰件之间匹配合理，不突兀。

⑨ 颜色选择需要与造型、纹理、材质互相匹配。

⑩ 驾驶员区域色彩应该有柔和、舒适、整体协调的感受，色彩无强烈的反光和对比。

6.2.4 材质纹理

汽车的品质和格调可以通过装饰材料和色彩设计来体现。时尚、大气、年轻化是现在的造型设计趋势，车内外饰颜色、纹理、光泽、材质和工艺，与造型风格搭配合理，会对造型起到很大的渲染作用。有些不成功的案例使用了高级的材料，但是色彩沉闷、设计老式，反而营造了强烈的"老气"感觉。典型的材质纹理效果如图 6.2.16 所示。

图 6.2.16 主要硬质装饰材料及纹理

1. 材质纹理类型

材质必须与造型匹配。不同的材质和纹理会带来不同的感受，根据车型定位使用适当的装饰材料，以体现车型定位，如：高级感、舒适感、运动感等。目前主要的材质纹理包括：

① 天然材料：木质、真皮、织物、玻璃、陶瓷、金属等。

② 合成材料：仿皮、织物、塑料、橡胶、碳纤维、树脂等。

③ 纹理：皮纹、木纹、拉丝、打孔、磨砂、几何图形、缝线等。

2. 材质纹理应用

针对目标市场用户进行针对性的设计可以提升用户的认同感，如木形条纹属于清高、雅致的类型，适用于中级以上车辆；软材质和镀铬条使用突出性价比，适用于普通家用车型；超感触控面板材料凸显科技感，适用于新能源车。

如图 6.2.17 所示，吉利车内大量应用了"回纹"装饰，与 Geely 的 G 字母吻合，与苏州园林特征契合，"回纹"寓意连绵不断，在形成自己独特风格的同时提高了质感。

图 6.2.17 吉利在设计中采用了大量的中国元素

用户希望尽可能多地使用软材料，但在实际开发中难以控制成本。从提高用户满意度的角度看，软材料 > 看起来是软材料的塑料 > 看起来是塑料的软材料 > 塑料。

材质和纹理使用的基本原则如下：

① 尺寸大的零件用大的纹理，尺寸小的用小的纹理。

② 皮肤接触部位用细腻的纹理或材质。

③ 纹理和材质种类不宜过多。

④ 材料的纹理避免塑料感，即使本身是塑料的。

3. 材质纹理评价注意事项

① 人体接触区域需要使用软材质，包括门板扶手、座垫、靠背、方向盘、副仪表板中央扶手。这些位置材料的视觉效果也需要柔软、舒适。

② 各种材质的匹配是否合理，与临近部件的匹配及较远位置零件的呼应。

③ 造型、材质、光泽度、纹理、颜色是否匹配。

④ 软材质使用范围是否符合车型定位，过多的硬质材料会带来很强的塑料感。

⑤ 在低端车上使用硬材质但是具有软材质的视觉效果，相比硬质材料的视觉效果，可以提高用户满意度。

⑥ 使用软材质但是具有硬材质的视觉效果，会降低用户的满意度。

⑦ 木纹、镀铬条、logo 等装饰材料风格是否符合车型定位。

⑧ 从材料质地、纹理等看是否体现了高级感，是否看起来比较廉价。

⑨ 特征纹理是否本身独有。

⑩ 是否有新颖亮眼的加工工艺。

⑪ 为与车型定位匹配，纹理可以有曲线、图形、仿生等效果，但是整体走势不宜过于向下或者向上。

⑫ 大尺寸零件表面分割合理性会影响材质纹理的表现。

⑬ 打孔真皮表面分块要简洁。

6.2.5 缝线

汽车内饰缝线使用率很高，起到缝合材料、装饰、增加摩擦力等作用，主要设计在座椅、仪表板、门内饰板、方向盘、副仪表板等较大尺寸内饰件上，通常缝线类型分为单缝线、双缝线、三叉形缝线、假缝线等。由于色彩鲜明和 3D 的形式，可以起到很强的视觉提升效果，在运动型和年轻风格的车上可以更多使用色彩鲜艳缝线、双缝线突出力量感。

评价缝线时考虑如下内容：

① 缝线形式是否符合车型定位。

② 缝线与基材和内饰的颜色、纹理、材质呼应是否合理。

③ 工艺是否合理、有亮点。

④ 是否存在缝线缺陷。

典型缝线缺陷如图 6.2.18 所示。

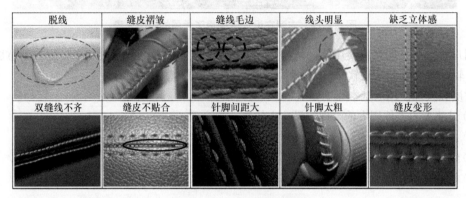

图 6.2.18　典型缝线缺陷

6.2.6　灯光

车内灯光除了为驾乘人员提供照明外，黑夜时内部装饰灯一定程度上会影响驾驶员的心情，内部装饰灯颜色要简单平和，能让人放松并改善心情。昏沉的颜色给人一种压抑的感觉，较亮的颜色使人如释重负。红色、蓝色及绿色的氛围灯分别塑造出动感、未来感和科技感，紫色处于冷暖色调之间，给人以神秘、尊贵、奢华的感受，暖色调红橙色光表现出温馨、愉悦、热烈的氛围，中性色调的白光给人简洁、清爽的感觉。

1. 室内照明灯

考虑灯具操作便利性、照明效果、美观程度、高级感、光线形式、照射区域、亮度、柔和性、均匀性、亮度可调、漏光、一致性等。由于 LED 光源体积小、寿命长、效率高，目前已经取代卤素光源成为各种车灯的主流光源，尤其是前后室内顶灯。

1）前后室内顶灯：当打开室内顶灯时应该光线充足，可以寻找掉落在地板上的物品、操作车上的某些功能，如打开发动机舱盖开关；在座椅位置可以自由阅读和书写。

由于使用频次多、功能更重要，有些车企设计了与传统设计不同的前室内顶灯开启方式和灯光形式，如触摸式开关、模拟飞机舱的点光源、逐渐关闭灯光等，增加其科技感。而后室内顶灯由于重要度低，可以考虑低成本设计方式，但需要避免前后室内顶灯集成为一个灯，导致光线受遮挡。

2）杂物箱灯：模拟取放物品过程，评价亮度如何、光线形式如何、照射位置是否合理。

3）行李舱灯：模拟取放物品过程，评价亮度如何、光线形式如何、照射位置是否合理。自上而下的照射角度通常比侧面照射效果更好。

4）门开照脚灯：门打开的时候是否有合适的灯光照射脚部位置。

5）地板区域照明：是否有专门的照脚灯，光线是否足够。

6）上车照脚灯：在外面打开车门之后是否有灯光照射上车踏板、门槛位置。

7）遮阳板化妆镜灯：化妆镜灯数量、亮度、开启方式。

8）门板后方提示灯：在打开车门之后，门上的灯会提示后方来车。

2. 装饰灯

（1）迎宾灯

当遥控车锁或靠近车辆时，车辆某些灯会开启，起到迎宾作用，也增强了科技感。评价是否有迎宾灯、迎宾灯个数、迎宾灯光图案美观程度、动画效果等。

如林肯领航员车型的迎宾灯功能，可以逐次点亮车标、示宽灯、两侧迎宾灯、门把手灯、内饰氛围灯，并展开后视镜、打开电动踏板，给用户很强的仪式感，如图 6.2.19 所示。

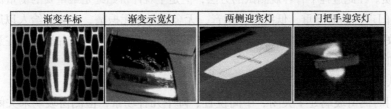

图 6.2.19　迎宾灯

（2）氛围灯

通过多种多样的造型及丰富的冷暖色彩变幻，氛围灯能够营造出科技、未来、梦幻、奢华等视觉效果，有的车甚至会使氛围灯的亮度、颜色随音乐律动。氛围灯色彩调节能力目前也逐渐成为了基本要求，通常作为中级车辆需要具备 32 种以上的调色能力。

评价氛围灯的色彩柔和度、色彩调节范围、亮度调节范围、位置、形式、照亮的区域等。通常车型在仪表板、车门内饰板上设计氛围灯，在门内把手、副仪表板、顶篷开关座、前后排脚部区域、前后杯架、扶手箱、储物空间上会根据车型定位考虑是否使用。

3. 背光

电气部件通常会具有背光，使零件在夜间操作方便、实用。评价背光时考虑如下内容：

① 组合仪表及车机：亮度调整范围、色彩舒适度、清晰度、一致性，以及能否随着环境自动调整亮度。

② 按键背光：亮度调整范围、色彩舒适度、清晰度、一致性。在所有的功能部件，尤其是关键功能件上，应该有背光功能。

6.3 听觉

在感知品质方面，听觉侧重于声音品质。声音品质（Sound Quality）分析中包含多种参数，如响度（Loudness）、尖锐度（Sharpness）、粗糙度（Roughness）、波动度（Fluctuation Strength）和烦恼度（Psychoacoustic Annoyance）等，其中响度最为常用，并且它的计算方法已经具有相应的 ISO 532 国际标准。

当前声音品质分析应用已经逐渐广泛，但是由于它的主观性特点，目前虽然有大批学者在进行深入研究，但是除响度外很难有标准化的统一计算手段。因此，利用大量样本进行用户主观评价的调查，以及对评价人员进行深度培训，是声音品质分析非常重要的手段。

听觉评价侧重在开关各种开闭件、机械/电控部件、提示警告时的声音品质。对于那些用户日常开关的部件，都要进行听觉评价。

6.3.1 开闭件的声音品质

1. 车门开关声音品质

很多用户在买车的时候喜欢试关门声音，以此来判断整车的做工好坏，因此各大车企将开关门声音品质作为重点攻关项目。在开发过程中去根据各自车型的结构特点，寻找影响声音品质的根本原因，如车门刚度和模态、密封条压缩和泄压、车锁结构、尺寸控制精度、车内压力调节方法等，以提高声音品质。在此过程中有客观测试的方法，但是主观评价始终是最重要的衡量标准。

好的开关门声音品质厚重、低沉、无杂音、无金属音、无振颤、干脆，给人以厚实、用料实在、整体装配好的感觉，且前、后门开关门声音品质接近。车门开关声音品质评价注意事项如下：

① 前门和后门分开评价。

② 包括从车内和车外开关门两种场景。

③ 开关门时侧窗玻璃处于关闭、中间位置、降下几种场景，但侧窗玻璃未关闭时的问题权重较低。

④ 用小力、普通力和大力开关门。

⑤ 若是电动门，关注在整个门运动过程中的声音品质。

在车门开关声音品质评价过程中，还需要评价门内把手、外把手和车门限位器的声音品质。包括拉开车门之前操作把手、拉开车门之后松开门把手，评价整个过程中门把手声音品质。关注拉开把手过程中的摩擦声音、松开把手的回弹撞击声音大小和品质，车门开启、关闭过程中关注限位器是否有摩擦声。

2. 其他闭合件声音品质

（1）发动机舱盖

通常发动机舱盖锁开关需要手动操作，评价发动机舱盖头道锁开启声音品质、发动机舱盖关闭时锁机构撞击的声音品质。如果发动机舱盖重量大，下落过程中通常会有较大的冲击声音和整车振动，如果使用气弹簧，则通常声音品质会较无气弹簧形式好很多。发动机舱盖使用频次低，用户通常对品质要求较低，因此更多关注其是否有异常的、使人不舒适的声音。

（2）行李舱盖（尾门）

行李舱盖在关闭时声音品质要求与开关车门相同，评价时关注锁机构的解锁、行李舱盖弹开、关闭过程中声音品质。需要关注的是，若设计不合理，由于自上而下的惯性大，当行李舱盖重量大、下落速度快时，可能会带来更多的整车、零部件振颤和杂音。

（3）油箱盖

当材料为金属时，需要更多关注开、关过程的摩擦、振颤、撞击声音。

（4）杂物箱、中央扶手箱、后中央扶手储物盒等

除正常开关之外，也需要评价在日常使用中会出现的快速开关、用力开关、自由落体开闭等方式。需要关注摩擦感、阻尼、冲击等是否过大。

（5）眼镜盒盖、茶杯架等储物盒盖

这些盖在打开、关闭过程中，无摩擦、撞击、杂音，声音不尖利，没有生涩感。

6.3.2　机械部件操控声音品质

典型的机械部件声音品质评价方法举例如下：

① 踏板：行程范围内前后调整踏板时声音品质如何。

② 机械驻车制动：评价手动 / 脚动驻车制动以不同速度拉起、解除时的声音品质，避免松散、单薄、清脆、给人信心差。

③ 手动座椅调节：评价声音品质，关注座椅在导轨上滑动，以及松开调节机构回弹的声音。

④ 安全带：评价高度调节过程、插拔安全带时的声音品质。

⑤ 手动方向盘调整：评价调节声音品质，关注伸缩调整到底时的撞击声。

⑥ 遮阳板：评价整个过程中的声音，包括在回弹击打顶篷时的撞击声。

⑦ 顶篷扶手：评价顶篷扶手回弹撞击顶篷和扶手转动过程中的声音。

6.3.3　电控部件操控声音品质

在评价电控部件声音品质时，需要关注电动机、继电器和运动件的声音品质。

电动机工作时难免有声音产生，完全消除并不现实，用户期望声音稳定、无异常感受。电动机评价通常会涉及座椅、侧窗、天窗、遮阳帘、后视镜、刮水器、尾门等。评价时必须考虑：声音大小、啸叫频率、杂音。

声音品质评价内容如下：

1）车门锁：中控锁上锁和解锁时锁机构的撞击声通常会较明显，不好的中控锁声音品质包括声音大、有杂音、撞击声音重、回位弹簧声音大等。同时，也要评价单独控制每个车门、车内车外上锁和解锁等几种场景，评价过程中还要关注继电器的声音。

2）电控侧窗：评价所有侧窗在上升 / 下降过程中是否有摩擦声、电动机声音品质如何、继电器的声音大小、上升到顶和下降到底时的撞击声音品质。

3）天窗和天窗遮阳帘：开度、倾斜角度调整过程中的声音品质，考虑电动机本身和部件运动摩擦两种声音品质。

4）电动后视镜：侧窗开 / 关的情况下，电控折叠、倾斜角度等调整，关注电动机的声音，以及机构在调整过程中是否有摩擦和干涉声音。

5）遮阳帘：后风窗、侧窗遮阳帘在手动 / 电动调整过程中的声音品质。

6）电子驻车制动：评价电子驻车制动在启动、解除过程中电动机的声音品质，评价位置包括前排和后排座椅不同位置。

7）刮水器 / 喷水器：前后风窗刮水器及喷水器工作时的声音品质，考虑刮水片与玻璃摩擦声、刮水片翻转撞击声、电动机声音、洗涤剂在管路中流动的声音。

8）电动座椅调整：各种座椅位置、腰托各个位置、按摩功能、通风加热、头枕调节时电动机的声音品质，在座椅位置调整时必须考虑不同体重的乘员。

9）变速杆：拉线式换档器解锁电磁阀声音大小，以及不同速度换档过程中变速杆和防尘套的摩擦、撞击声音品质。

10）电动方向盘调整：电动方向盘调整时电动机的声音品质，包括整个行程内的伸缩、上下调整方向盘位置。

6.3.4 开关和提示音声音品质

1. 开关（按键、旋钮、拨片等）的声音品质

在开关的操作中会有声音的反馈，一类是操作开关（图6.3.1）时机械接触产生的声音，一类是系统发出的电子合成的声音。

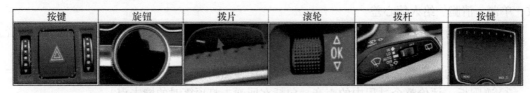

| 按键 | 旋钮 | 拨片 | 滚轮 | 拨杆 | 按键 |

图 6.3.1　开关类型

为提高产品的一致性，有些车企会统一制订开关的声音品质要求，使车内的大多数开关的声音品质保持一致，并且在家族产品系列中保持一致，成为车型家族特征的一部分。在企业开发过程中，需要积累审批的声音数据库，并对设计工程师、质量工程师、评价工程师进行培训，使开发、评价的标准统一。

用户期望厚重、低频、单次的声音品质，避免单薄、尖锐、多次、松散的声音。关注不同功能的电子合成声音一致性，以及电子合成声音与机械提示音的一致性。

2. 提示音、警告音

当驾驶员进行一些操作之后，或者交通环境产生变化时，汽车有时会发出一些提示和警告的声音，以引起驾驶员的注意。通常提示音舒缓平和，使驾驶员能够听到但是不会紧张，而警告音则急促、声音大，以提醒驾驶员格外注意。评价时关注声音的大小、频率以及声音品质等，有些提示音、警告音还要考虑和警告灯图像匹配。

如同开关声音品质，为提高产品的一致性，有些车企也会统一制订提示音和警告音的声音品质要求，使车内的大多数提示音和警告音的声音品质保持一致，并且在家族产品系列中保持一致，成为产品特征的一部分。在企业开发过程中，需要积累审批的声音数据库，并对设计工程师、质量工程师、评价工程师进行培训，使开发、评价的标准统一。

主要声音类别包括：

1）提示音：转向灯声音、驾驶员进入车内欢迎界面、遥控锁车、燃油预警等。

2）警告音：喇叭、安全带未使用警告、超速警告、不在P位门开警告、倒车雷达警告、后方来车预警、前方碰撞预警等。

6.4 触觉

触觉品质是指对于一个零部件而言，用户在接触、操作零部件时，体会到的品质。对于驾驶员和乘客来说，手指是与汽车接触最多的身体部位，同时也是最敏感的身体部位，因此对应的汽车零部件需要更加精心设计。

6.4.1　材质表面质感

如同感受服装的面料等一样，用户通过感受表面材料的质感，得出产品品质的印象。在评价中侧重于身体经常接触的区域，主要从材质表面的软硬、质感、冷暖、黏性、平滑度和粗糙度等方面进行评价。

① 门内饰板、仪表板、副仪表板（如图 6.4.1 和图 6.4.2 所示）通常使用软材质，应评价材料的柔软程度、质感、厚度、面积。在手臂经常接触的门饰板扶手区域通常需要使用一定厚度的软材质，中央扶手箱盖使用类似的软材质，仪表板上部区域和门饰板上部使用类似的软材质。在人体经常接触的区域，需要避免材质过硬的感受。

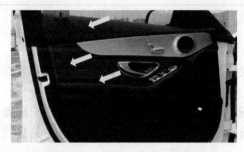

图 6.4.1　门内饰板上软材质区域

图 6.4.2　仪表板上软材质区域

② 座椅和方向盘通常使用真皮、仿皮或者织物材料。评价材料及工艺带来的细腻、柔顺、韧性、厚薄、弹性、透气性、吸湿性、黏涩感、压迫感、热传递等特性。

③ 除软材质之外，不经常接触的区域会使用大量的硬质塑料，如仪表板下部、门饰板下部、副仪表板操作台、A/B/C 柱装饰板等。评价材料的硬度、光滑度、生涩感、油腻感、质感。

④ 汽车上还有很多装饰性材料，如镀铬条、磨砂表面、铝材质、木纹、特殊漆面等。评价材料表面的细腻、光洁、凉爽、质感、纹理等特性。

6.4.2　操作件手感

在操作运动件的过程中，手感如何，是否会带来品质感。

1. 运动部件手感

操作四门、两盖、杂物箱、出风口、驻车制动、扶手等运动件，感受操作力大小、整个开关过程力的变化、摩擦力大小、阻尼感、整体刚度如何。好的操作力不应该有松旷、生涩、卡滞，应具有一定的吸入感，开关过程操作力顺滑不突兀，可预期。

典型问题有车门开启力大、关闭车门时铰链摩擦力大、后排扶手摩擦力过大、出风口操作力过小，没有阻尼、显得松垮等。

2. 开关手感

操作按键、旋钮、拨杆等开关时，评价操作力的大小、力的建立过程、操作行程、响应时间、反馈精确性、生涩感。

为提高产品的一致性，有些车企会统一制订开关的操作力要求，使车内的大多数开关的操作力保持一致，并且在家族产品系列中保持一致，成为产品特征的一部分。

常见操作件手感问题见表 6.4.1。

表 6.4.1　常见操作件手感问题

序号	零部件	典型问题描述	序号	零部件	典型问题描述
1	车门	关闭力大，关闭过程力不均匀、有卡顿	5	遮阳板	拔出／回位松旷
2	门外把手	回弹力大	6	顶灯开关	底座松垮，整体松动
3	出风口	调整过程摩擦力大	7	车窗开关	两次力的峰值过大
4	中央扶手箱	开、关无缓冲，撞击明显	8	空调旋钮	松垮，没有质感

6.4.3　刚度

用户希望车身及零部件有一定的刚度而不是较软，否则会带来不够安全的感受。通常在两种方式下评价刚度：

① 操作零部件的时候，感受是否有松旷、晃动、振颤、抖动。例如，操作驻车制动时会有横向晃动，感觉驻车制动很单薄；关行李舱盖时，整车会受到冲击而抖动；关车门时有振颤。

② 身体接触时，感受是否有较大变形。例如，腿部接触副仪表板、车门内饰板时，是否有变形、吱嘎异响；按压保险杠、车身时，是否轻易产生变形。由于身体倚靠的频次较多，及担心碰撞时车损严重，用户通常对四门、两盖、保险杠和翼子板区域更敏感。

6.5　嗅觉

汽车的异味主要来自于车内饰、黏合剂、密封胶等非金属材料挥发的气味。由于个体对气味的敏感性差异较大，而生活习惯带来的气味敏感性变化更大，气味的签收必须由目标市场的评价团队完成。除主观评价团队之外，在汽车企业中有整车、零部件材料取样的气味评价方法，这种系统、完整的评价通常由专职的气味评价团队完成。气味评价团队成员需要经过专业培训并取得证书，可以精确分辨微量气体的成分，日常生活中不能抽烟、抹香水、嚼口香糖等，以防影响气味的判断。

6.5.1　气味团队评价

气味团队的评价中，整车气味评价通常在环境仓内进行，零部件材料取样的气味评价通常在实验室进行，必须考虑评价时的湿度、风速等。注意评价样车或者材料的取样通常不是刚下生产线的产品，而是需要根据产品的库存周转时间确定。

各个公司的评价方法会有所不同，参照 VDA 270 标准：在气味团队的评价中，评估人数至少在 3 人以上，每个人之间的差距不能大于 2 分。如果大于 2 分，则需要重新评估，此时人数为 5 人。气味等级见表 6.5.1，每 1 级为 1 分。

表 6.5.1　气味等级划分标准

等级	一级	二级	三级	四级	五级	六级
描述	无异味	稍有异味，但不让人觉得不舒服	有异味，但不刺激	有刺激性气味，让人感觉不舒服	有强烈的刺激性气味，让人很难受	无法忍受的味道

6.5.2　主观评价团队评价

主观评价团队进行整车气味评价时，更多的是在日常使用过程中进行，会受到更多的环境因素影响，但是由于温度低，有时与环境仓气味评价结果之间不完全相同。通常从下面这些维度对气味进行评价：

① 整车的气味大小，气味是否刺激性大、难以忍受。可参考表 6.5.1 中的气味等级划分，进行异味的严重程度描述。

② 整车的气味来源，来自于车内材料的味道（如座椅材质、地板沥青、阻尼材料、顶篷材料等），或者来自于车外的味道（如汽油味、尾气味、外界受到污染的空气味等）。

③ 气味的一致性，评价行李舱、后排空间、前排空间、发动机舱等的气味大小、气味来源是否一致。

④ 每次驾驶时，当通风之后气味是否容易消除，评价在不同环境因素（低温、常温、高温，暴晒、阴凉等）下，从有气味到无气味的时间长短。

⑤ 每次驾驶时，当通风消除气味之后，气味是否容易再生，气味再次产生的时间间隔长短。

⑥ 长时间使用情况下，气味彻底消散的时间长短，评价什么条件（开窗通风、开门通风、空调通风等）下、汽车使用多久之后，气味会完全消失。

⑦ 是否有辅助的设备功能（活性炭、负离子空气净化、光催化剂空气净化灯）吸收气味，气味是否容易被吸收。

⑧ 是否所有评价人员都敏感。

⑨ 在什么样的工况下会容易出现异味，如原地停车、行驶、开启天窗、开启空调、开启暖风、暴晒等。

⑩ 是否具备一键换气功能，可以在车内空气质量差的时候一键操作更换车内空气，在新车异味大的时候可以快速改善车内空气质量。

⑪ 气味的隔绝能力如何，汽车密封性能如何，外界气味是否容易进入车辆，如汽油味、尾气味、外界受到污染的空气味等。

⑫ 是否有主动监测和改善刺激性气味的功能（空调自动内 / 外循环功能等），可以始终保持车内无异味。

⑬ 是否有辅助的设备功能（香氛装置等），产生特殊的、令人愉悦的气味。

6.6　感知品质评价项目

感知品质评价项目见表 6.6.1。

表 6.6.1 感知品质评价项目

评价项目	分数	备注
感知品质总体性能		
视觉		
尺寸工程		间隙、段差、弧线、平齐度、一致性、和谐性
外观质量		漆面质量、遮蔽性、材料表面质量
色彩		多样性、种类、车型定位等
材质纹理		类型、应用、注意事项
缝线		形式、与基材和内饰呼应、工艺亮点、缺陷
灯光		车内照明、装饰灯、背光
听觉		
开闭件的声音品质		各种开闭件声音厚重、低沉、无杂音、整体性好
机械部件操控声音品质		踏板、驻车制动、座椅、安全带、方向盘、遮阳板等调节过程中的声音品质
电控部件操控声音品质		中控锁、侧窗、天窗、天窗遮阳帘等部件电动机、继电器和运动件的声音品质
开关和提示音声音品质		开关（按键、旋钮、拨片等）和提示音、警告音的声音品质
触觉		
材质表面质感		表面硬度、摩擦、触感等
操作件手感		力的大小、力的建立（线性度/峰值）、行程/位移、响应时间、精确性、刚度、终点
刚度		
嗅觉		气味大小、刺激性、是否容易消散
气味团队评价		特定环境、条件下的整车和零部件评价
主观评价团队评价		整车评价

第7章

其他属性

7.1 其他属性概述

在整车属性中，很多属性都具有一定的相关性，因此将其中关联性强的属性合并在一起，成为独立各章，如本书中第2章～第6章。剩下的一些属性由于关联性小，在本书中将其合并而成为本章。这些属性包括信息娱乐系统、空调系统、车外灯光和用户维护保养。

从开发角度讲，有些车企将这些属性与别的属性合并在一起，给以不同的命名，如信息娱乐系统合并在智能化里面，空调系统与座椅、空间等合并在舒适性里面，车外灯光合并在安全性里面，用户维护保养合并在人机工程或其他的属性里面。对于工程师而言，因为本书侧重于评价方法的介绍，不同的分类方法不会影响工程师在开发过程中的应用。工程师们依然可以按照各自车企的属性分类方法，合理安排每个属性对上一级分类的重要度/权重，结合本书中的具体评价方法，完成整车所有属性的评价工作。

7.2 信息娱乐系统

7.2.1 概述

随着技术发展，近年来车机系统发展迅猛，已经远远超出了传统车机功能的范围。车机系统是采用车载专用中央处理器，基于车身总线（CAN、LIN、车载以太网等形式）系统、3G/4G移动网络、无线通信和卫星导航技术、互联网服务等，形成的车载综合信息处理系统终端，为用户提供专业的多媒体娱乐服务、导航、车辆使用控制、生活服务，从而提升驾驶的安全性和舒适性，如图7.2.1所示。此方面未来还会有更多的应用，包括自动驾驶、车间通信等。

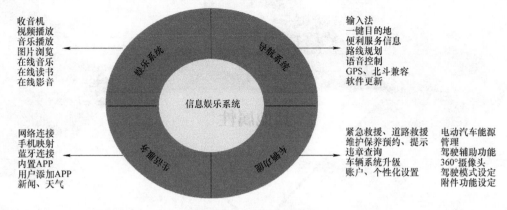

图 7.2.1　信息娱乐系统

7.2.2　用户对娱乐系统常见的评语

评语 1　刚入手的新车各方面性能实在是太满意啦！当然，除了它的音响系统……当时想着和朋友出去兜风显摆，一开音响就被开长城车的朋友笑到不行。前两天改装了，一改没改装之前的干瘪，现在整体声音细节错落有致，声音的清晰度、质感以及超低频的辅助都有改善，高音清澈纤细而不刺耳，中音丰满充实而不生硬，低音厚实而无鼻音。

评语 2　昨天坐了一辆同事的车。后排居然挂了两个耳机，还有两个屏幕。同事看出来我们很好奇，就开了这个系统，他说这个叫后排尊享系统。然后立刻发现，音响好厉害，车窗一关，就是电影院了。屏幕上放的是最近上演的《敢死队 3》，那个枪战、那个爆炸，一路上都在"Bomb!Bomb!Bomb!"，一直到下车，到睡觉，耳朵里还是爆炸的声音。这完全是被震撼到了，真是高大上的后排娱乐系统，第一次坐个车印象那么深刻，真是"醉了"。

评语 3　作为车主的我们吐槽最多的就是车机导航啦。虽然是会给你导到目的地，但是经常会放着好好的路不走，给你绕一个大圈子，"醉了、醉了"。

评语 4　请让车机可以记忆上一次的音乐或收音机的播放状态！我习惯用手机上的 APP 放歌，连接蓝牙后听歌，请让每次点火后车机还用蓝牙播放音乐。现在倒好，每次点火之后，都默认在"车载"，都要手动去改，非常不方便。收音机播放的状态，也请记忆。如果我之前是关闭的，请不要点火后自动播放。

7.2.3　评价方法

1. 娱乐系统

随着技术更新，诸如 CD/DVD、AUX、SD 卡、iPod 等连接功能已经从汽车上逐渐消失了，取而代之的是更多的在线影音功能、高保真音响系统，如图 7.2.2 所示。

（1）声音品质

在音响技术中，它包含了三方面的内容：音量、音高和音色。

① 声音的音量（volume），即音频的强度和幅度。

② 声音的音调，也称为音高（pitch），即音频的频率或每秒变化的次数。

③ 声音的音色（timbre），即音频泛音或谐波成分。

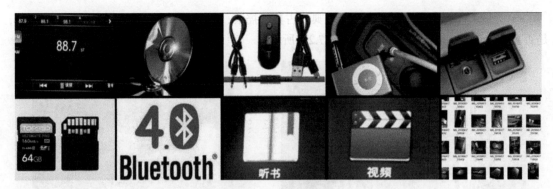

图 7.2.2　娱乐系统

声音品质好坏，主要是衡量声音的上述三方面是否达到一定的水准，即相对于某一频率或频段的音高是否具有一定的强度；在特定频率范围内、同一音量下，各频点的幅度是否均匀、均衡、饱满，频率响应曲线是否平直，声音的音准是否准确。

声音的类别特点不同，音质要求也不一样。通常语音类声音品质保真度要求较低，要求主要体现在清晰、不失真、可再现声象，主要侧重于音量和音调；乐音类声音品质保真度要求较高，营造空间声象主要体现在用多声道模拟立体环绕声，或虚拟双声道 3D 环绕声等方法，可以再现原本声源，在保证音量和音调的基础上，重点确保体现声音的音色。

乐音音质的优劣取决于多种因素，最主要取决于声源特性、音响器材的信号特性、声场特性、听觉特性等。所以，声音文件质量、高低音喇叭的数量和位置、声场优化往往是开发调校的重点。评价过程中关注以下几项：

1）清晰度。层次清晰，透明度好，每个字都能听得清，音调准确且全频段平衡。随着音量变化不会失真，质感变化平滑，每个频率变化一致。

2）丰满度。声音是否丰满动听，主要与混响时间及其频率特性有关。当中高频混响不足时，将感到缺乏共鸣或者活跃度差；当高频不足时，则感到声音不明亮；当低频不足时，则感到声音不温暖。感受来自各个方向的混响声幅度，应该相等。

3）声音质感。高音谐音丰富，清澈纤细而不刺耳；中音明亮突出，丰满充实而不生硬；低音不松散，厚实而无鼻音。

4）立体感。声音需要具有立体空间感，感受被充满空间的声音所包围，而不是感觉声音从某个点发出，好的声音应具有环绕立体声的效果。

5）平衡感。前、后、左、右的扬声器之间的声音大小比例协调，相位匹配，高音和低音之间的匹配合理。整车的声场协调无偏移，在车内各个位置听到的声音没有大的差别。

评价操作可以考虑：

① 选用熟悉的具有高音、中音、低音的音乐，关注声音的品质是否与原本声源相同，特别关注声音转折、高低变化、频率变化时的清晰度、丰满度、声音质感、立体感、平衡感的音乐特性。

② 在常用音量范围内调整，当音量提高的时候，声音品质是否会有变差现象，如低音发闷、高音发散等，此时是否会有杂音、共振。

③ 当行驶车速较高时，能否正常听清音乐。

④ 尝试前、后、左、右不同的平衡设置（图 7.2.3），音乐效果是否可以有明显区分。

⑤ 尝试不同的音效设置（流行、经典、古典、摇滚、爵士/高、中、低音/不同频率设定），是否容易找到最合适的音效组合，如图7.2.4所示。

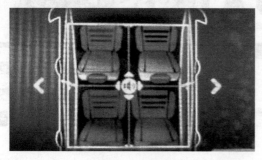

图7.2.3 平衡设置

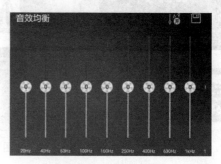

图7.2.4 音效设置

（2）画面品质

评价放映DVD、在线阅读、浏览网页、图片等操作时的画面质量：

① 图像的处理能力如何，分辨率是否够高。

② 图像显示是否连贯、真实。

③ 画面是否有亮点、暗点、黑点。

④ 车机屏幕亮度在各种天气情况下是否能够调整到合适，是否具有自动调整亮度功能，自动调整后亮度是否满意。

⑤ 小角度易产生反光，尤其是驾驶员的视角，显示屏角度是否可以调整以减少反光和增大可视角度等。

⑥ 低温状态下，是否有响应明显滞后、影像残影、暗点等异常现象。

（3）功能

1）收音机

① 信号接收能力强，同样环境下接收的频段个数不弱于竞争对手。

② 在整个音量范围内没有干扰噪声。

③ 特定工况下抗电磁干扰能力强。

④ 环境变化（如经过建筑、隧道等）时影响小、恢复快、无高频噪声。

⑤ 临近频段换台的时候没有串台或者回音。

⑥ 在低音、平衡、高音的时候感受声音品质，清晰、不失真、可再现声象，不同频段声音大小一致，没有升高或降低。

⑦ 每一个搜索到的AM/FM频段，切换过程中的声音品质没有突变，切换速度快。

2）其他内接、外接媒体及设备。评价内接多媒体功能、外接媒体设备的数量，包括蓝牙音乐、USB、CD、在线音乐、视频、读书等功能，与竞品比是否有竞争力，实用性如何。实用性评价原则包括以下几项：

① 策略合理，如每次启动后可以保持上次使用的媒体项目。

② 位置统一、操作便捷、显示易懂，使用过程不容易出错，最好可以盲操。

③ 音量匹配合理，如在蓝牙、USB、收音机、CD等之间切换时，声音大小不会产生突变。

④ 配置丰富度，如车机自身APP、外部APP的种类丰富度。

⑤ 使用性能高效、顺畅、稳定，如网络音乐资源连接速度快，无卡滞等问题。

举例：蓝牙音乐

① 能够快速搜索到蓝牙设备。

② 连接过程简单、快速，避免手动输入 PIN 码，只需确认步骤即可完成操作，整个过程不宜超过半分钟；在启动车辆时，系统自动搜索并匹配已连接过的蓝牙设备。

③ 可以记忆多个连接过的蓝牙设备，应不小于 5 个。

④ 蓝牙播放方式简单，菜单可以快速找到，并与其他多种音乐来源处于同一菜单层级；如图 7.2.5 所示，音源分类清楚，而图 7.2.6 中除音乐之外还有其他功能，界面复杂。

⑤ 蓝牙音乐播放时，可以便捷地切换其他音乐类型，切换过程音量大小过渡自然，无突变。

⑥ 蓝牙音乐播放简单，如连接后自动开始播放；记忆熄火前播放蓝牙音乐的状态，启动时自动恢复播放蓝牙音乐，并且此功能可以设置、取消。

⑦ 蓝牙连接稳定，音乐播放流畅，不易被干扰。

图 7.2.5　音乐来源分类清楚　　　　图 7.2.6　操作方式复杂

2. 导航

在城市、市郊、乡村各种路况评价导航性能。

（1）目的地设定

① 输入法是否操作便利，是否有关键字搜索方式。

② 是否有位置记忆，可以快速一键调出。

③ 是否有附近位置加油站、充电桩、酒店、餐饮、旅游景点等常用信息。

④ 是否有就近热点地区推荐。

⑤ 是否可以记忆并根据个人习惯推荐目的地。

（2）导航性能

① 导航开机、功能切换，操作顺畅、响应迅速。

② 捕捉卫星信号能力强，在停车、直线行驶、转弯等过程中，车辆定位更新快、定位精准，复杂路况如高架桥、多路口交叉点等，不会出现选择错误路线、错过路口等情况，如图 7.2.7 和图 7.2.8 所示。

③ 距离、时间、平均车速、瞬时车速等信息显示准确。

④ 具有设置路线偏好，如躲避拥堵、避免收费、不走高速、高速优先、避开限行路段等功能。

⑤ 重新规划路线准确、及时，如实时更新最佳路线，可起到规避拥堵、减少驾驶时间的作用；偏离行驶路线后，可以迅速识别到偏航并重新规划新路线。

⑥ 地图中，路况信息更新及时、准确，避免断路、错路、修路误报。

⑦ 失去信号时，可以有一定的模糊计算路线能力，保持持续导航。

⑧ 丢失信号后重新搜索信号能力强、速度快。

图 7.2.7　定位及时、精准

图 7.2.8　在复杂地形可以识别路线

（3）显示方式

① 有局部路线与整体路线显示方式，在临近路口时，有局部放大。

② 有车头向上、北向上、横屏、竖屏等显示方式。

③ 有白天、黑夜、自动调整等亮度显示模式。

④ 字体、图标、图像等的颜色、对比度、位置、大小等是否便于观察。

（4）语音播报

① 声音大小可以单独调整。

② 可以有详细、简洁、静音等不同的播报模式选择。

③ 声音类型可以有多项选择，如公众人物、方言等风格。

④ 监控、路况播报时，可以自动关闭、降低媒体音量。

⑤ 播报准确、及时，仅在语音指导下进行驾驶，也不会错过路口、出口。

（5）其他功能

① 评价导航版本更新是否及时，更新是否便捷。

② 导航使用操作是否方便，应不影响正常驾驶。

③ 可自定义快捷菜单，如全览、语音、路况等。

④ 有辅助功能，如出行组队、违章查询、ETC 服务等。

⑤ GPS、北斗兼容性好。

⑥ 有多种控制方式，如语音控制、手势控制、触屏控制、物理按键等。

⑦ 在多界面上同步显示导航信息，如仪表、HUD。

3. 车辆相关的功能

由于功能众多，无法详细阐述，可根据功能的丰富程度、先进性、实用性等原则进行评价。

（1）驾驶相关

驾驶相关的功能，其操作界面显示在车机屏幕上，在使用过程中，有些车型会有人机的交互过程，包括驾驶的剩余电量、驾驶辅助、ESC、360° 全景影像、自动启停等功能。

（2）舒适、安全等功能

与驾驶无关的功能，影响乘客的舒适、安全等，包括胎压、灯光、空调、座椅、中控锁、用户端 / 手机 APP 远程监视、控制车辆状态等，如图 7.2.9 和图 7.2.10 所示。

图 7.2.9　车辆安全功能设定

图 7.2.10　空调调整

（3）使用功能

评价以下功能与竞品相比是否有竞争力，体验如何：

① 紧急救援及道路救援功能。

② 车辆维护保养预约、提示信息。

③ 车辆系统升级等。

④ 车主账户（个性化设置、云端服务）。

⑤ 个性化设置。

4. 生活服务

评价以下内置功能、第三方 APP 与竞品相比是否丰富，实用性如何，内容包括：

① 网络连接（如 3G、4G、Wi-Fi）信号状态，通信流量查询等。

② 手机映射，如 CarLife、CarPlay 等。

③ 在线音乐 APP，如 QQ 音乐、网易云音乐等。

④ 信息查询 APP，如新闻、天气、车辆违章等。

⑤ 交友娱乐 APP，如拍照、卡拉 OK、抖音等。

⑥ 实用功能，如车内会议、蓝牙电话等。

7.2.4　信息娱乐性能评价项目

信息娱乐性能评价项目见表 7.2.1。

表 7.2.1　信息娱乐性能评价项目

评价项目	分数	备　　注
信息娱乐系统总体性能		
娱乐系统		
声音品质		清晰度、丰满度、声音质感、立体感、平衡感
画面品质		分辨率、连贯、亮点、暗点、黑点、亮度调整等
功能		收音机接收能力、干扰 / 噪声等

（续）

评价项目	分数	备　注
导航		
目的地设定		输入法、关键字、位置记忆、个人习惯推荐等
导航性能		定位、信息显示、规划路线等
显示方式		显示方式、亮度、字体、颜色、对比度、位置等
语音播报		设置、音量、准确性等
其他功能		更新、GPS/北斗兼容性、辅助功能、操作等
车辆相关的功能		
驾驶相关		驾驶相关剩余电量、驾驶辅助功能、ESC、360°摄像头等
舒适、安全等功能		胎压、灯光、空调、座椅、中控锁等
使用功能		救援、保养、系统升级、车主账户等
生活服务		网络连接、手机映射、蓝牙连接、违章查询等

7.3 空调系统

7.3.1 概述

人的舒适度随着外界环境变化而变化，热平衡机能、体温调节等受到多种气象要素的综合影响，如环境温度、湿度、气压、光照、风等。为提高乘员的舒适性，空调系统应运而生，通过制冷、制热、通风、除湿、净化空气等功能对车内空气进行调节，使乘员在不同的车外环境下都能具有舒适的车内环境。

气温适中时，湿度对人体舒适度的影响并不显著，当气温较高或较低时，其波动对人体的热平衡和温热感就变得非常重要。舒适湿度，是根据皮肤感觉、生理反应和热效应获得的"标准有效温度指数"，它表明在当前环境下人体感觉最舒适的湿度条件。通过大量实验得出的最适宜人的温湿度是夏天温度 23~26℃，湿度为 35%~75%；冬天温度 20~24℃，湿度为30%~70%。

人体的主要散热部位是皮肤，当无风时，在人体皮肤和周围空气之间，有一个比较稳定的空气层，由于空气是热的不良导体，可以起到保温作用；当刮风时，稳定的空气保温层不断被新来的冷空气所代替，并把热量带走。风速越大，人体热量散失得越快、越多，人也就感觉越寒冷。

因此，在自动模式下保持舒适温度能力，不仅需要设定合适的温度，也需要合适的风速组合。另外，必须考虑湿度的大小，以使乘员保持舒适。

在评价过程中，按照制冷、暖风、通风、除湿、空调 NVH、净化空气能力、控制操作、空调系统常见问题几个维度进行。

7.3.2 用户对空调常见的评语

评语 1　制冷效果好，能远程控制空调，上车之前提前制冷，比较智能，制冷很快。就这么说吧，前两周都 35℃ 左右的天气，我的车在外边晒半天，上车之前远程控制开 10min 空调，进车 25℃ 很舒服。

评语 2　我的车是 2016 年 9 月买的，当时就觉得空调制冷效果不是很好，后来天转凉后就没有在意这事。今天气温高，但比真正夏天温度还差得远，打开空调效果不理想。记得之前的面包车空调打开都觉得冷，开启空调后 2min，车内基本就凉快下来了。现在没有这感觉，总感觉温度还不够低。这情况有没有办法解决？

评语 3　我的车空调号称可以三区调节温度，但是经本人测试，除了前排两个座位之外，后排区域空调风速是不能单独调整的，导致后排空调制冷效果不佳（后排空调出风本身就小）。不知道其他车主是否有同感？另外，其他车型的所谓分区空调，后排出风也不能自动改变吗？

评语 4　冬天前车窗起雾，按下 MAX 除雾，但是没有风出来，只有"哄哄哄"的声音，像出风口被蒙住一样，看论坛上说有一个挡风板电动机推不开，就把气闷住了。

评语 5　天凉了，暖风无法单独吹脚的问题还没解决么？你们都不冻脚、冻腿么？出风模式设置吹车窗模式加脚下模式，还有脚下单独出风模式，都是吹车窗出风口风大，脚下风小。脸热了，脚还是凉的，总之，脚下的风跟没有一样。

7.3.3　评价方法

1. 制冷

炎热的夏季，最容易感受凉爽的部位是面部。由于面部皮肤比身上的大部分皮肤都要更敏感，面部流失水分速度快，当降温时，面部感受会更加明显。同时，由于冷气密度大，冷气从上方向下方运动，因此制冷时，出风口设置为面部出风模式。

（1）制冷能力

1）极端温度制冷能力。将车辆置于 40℃ 的环境温度、太阳直射的环境下，暴晒 2h 之后，启动空调，评估多长时间可以将车内温度降低到舒适的温度。评价时，开启压缩机，将空调温度调整为最低，开启内循环，调至最大风速、吹面模式，将所有出风口调至最大风速，以 D 位或合适手动档位在 40km/h 匀速下，评价多久可以使车内达到舒适的温度。极端温度制冷能力评价过程如图 7.3.1 所示。

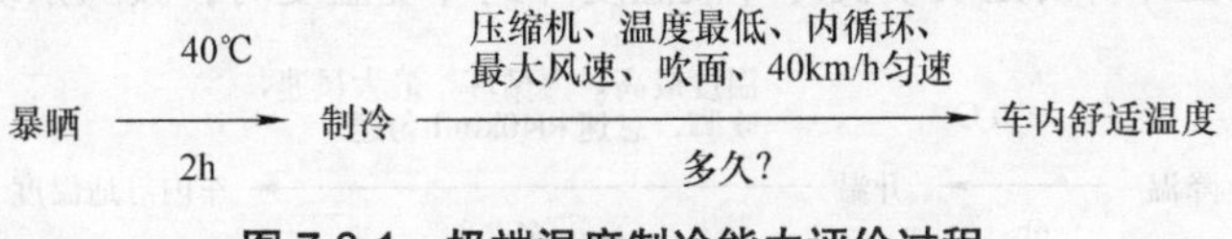

图 7.3.1　极端温度制冷能力评价过程

2）日常温度制冷能力。在夏季日常环境温度下暴晒 2h 之后，按照普通用户使用习惯降温。先打开门窗通风，降低车内温度，再开启压缩机，将空调温度调整为最低，开启外循环，调至最大风速、吹面模式，将所有出风口调至最大开度，评价多久可以使车内达到舒适的温度。

也需要评价在暴晒时间不长，室内温度较高的情况下，将空调温度调整为最低或者舒适温度 22～24℃，自动空调控制风速大小以及出风温度是否合理。车内温度降低到舒适温度的快慢，风速和温度调整是否合理。手动空调是否容易找到舒适的温度、风速组合方式。

在上述两种情况下，分别以原地怠速和日常城市行驶工况评价制冷能力。

（2）保持舒适温度的能力

在车内温度降低到舒适温度之后，调整至外循环、吹面模式，在原地怠速和日常城市行驶工况下，评价能够保持舒适温度的能力。注意考虑：

① 对于手动空调，是否能够找到合适的温度、风速组合，是否需要频繁调整。

② 对于自动空调，自动设置的保持温度是否合理。有的车设置为 22℃，有的车设置为 23℃，取决于出风口温度、风速条件。

③ 评价随着日光强度变化，自动空调温度、风速设定调整是否合理。

④ 车在长时间运行时，能否保持设定的温度。

⑤ 出风口温度是否够低。

⑥ 是否需要比竞品车更高的风速以维持舒适的体感。

⑦ 出风是否均匀舒适，身体各部分的温度差应较小。

⑧ 不同位置，包括驾驶员侧、前排乘客侧、后排，是否可以单独调整风速和温度。

⑨ 不同乘坐位置降温是否均匀，避免出现前排制冷快，后排制冷慢的情况。

⑩ 长时间使用，制冷能力是否会衰减，或者突然失去制冷能力。

2. 暖风

在寒冷的季节，感受最凉的部位就是脚。双脚的血液供氧能力比较差，而且缺乏脂肪进行保护，只有一层薄薄的皮肤，所以脚部的保温能力也比较差，脚的温度明显低于身体的其他部位。同时，由于热气密度低，热气从下方向上方升，因此制热时，出风口设置为脚部出风模式。

通常的暖风通过发动机冷却液的热量给驾驶室升温，需要发动机处于热机状态才可以制热，所以暖风的效果取决于发动机热机的快慢。由于冬季发动机热机的过程通常要在 10min 以上，当有一套独立的暖风系统可以实现快速升温时，会被认为是一种惊喜。

（1）升温能力

1）极端温度升温能力。将车辆置于 −40℃ 的环境温度下 6h 之后，启动暖风，在原地怠速和行驶工况下（以 D 位或合适手动档位在 40km/h 匀速下），评估多长时间可以将车内温度升高到舒适的温度。评价时，将暖风温度调整为最高，开启内循环，调至最大风速、吹脚模式，在原地怠速和行驶工况下，评价多久可以使车内达到舒适的温度。极端温度升温能力评价过程如图 7.3.2 所示。此过程评价的是发动机冷却液温度降到环境温度时，暖风系统的升温能力。

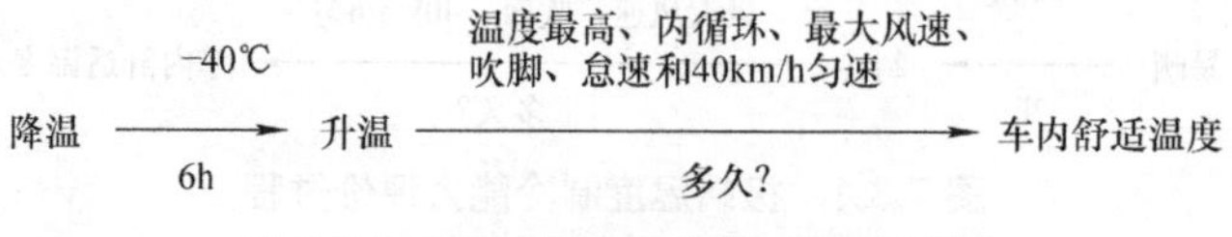

图 7.3.2　极端温度升温能力评价过程

2）日常温度升温能力。将车辆置于冬季日常零下环境温度 6h 之后，将暖风温度调整为最高，开启内循环，调至最大风速、吹脚模式，评价多久可以使车内达到舒适的温度。此过程评价的是发动机冷却液温度降到环境温度时，暖风系统的升温能力。

也需要评价将车辆置于冬季日常环境温度时间不长，室内温度较低，但是发动机仍然保持热机状态的工况。自动空调控制风速大小以及出风温度是否合理，车内温度升高到舒适温度的快慢、风速和温度调整是否合理。手动空调是否容易找到舒适的温度、风速组合方式。

在上述两种工况下，在原地怠速和行驶工况下（以 D 位或合适手动档位在 40km/h 匀速下）进行评价。

（2）保持舒适温度的能力

在温度达到舒适温度之后，调整至外循环、吹面模式，在原地怠速和行驶工况下（以 D 位或合适手动档位在 40km/h 匀速下），评价能够保持舒适温度的能力。注意考虑：

① 是否难以找到合适的温度、风速组合，需要频繁调整温度设定。

② 对于自动空调，自动设置的保持温度是否合理。有的车设置为 22℃，有的车设置为 23℃，取决于出风口温度、风速。

③ 评价随着日光强度变化，自动空调温度、风速设定调整是否合理。

④ 长时间运行时，能否保持设定的温度。

⑤ 出风口温度是否足够高。

⑥ 是否需要比竞品车更高的风速以维持舒适的体感。

⑦ 出风是否均匀舒适，避免强烈加热的感受，身体各部分的温度差应较小。

⑧ 不同位置，包括驾驶员侧、前排乘客侧、后排，是否可以单独调整风速和温度。

⑨ 不同乘坐位置升温是否均匀，避免出现前排加热快，后排加热慢的情况。

3. 通风能力

（1）出风模式

通常的空调系统都有吹面、吹脚和吹风窗三种模式，以及不同模式的组合。当前排左右两侧可以分别控制出风模式的时候，前排乘客位置舒适度更高，可以作为一种惊喜。

（2）出风口

评价出风口考虑：

① 前排出风口数量、后排（包括第三排）出风口数量。

② 出风口的横向和纵向调整角度大小如何。如吹面出风口既可以对着面部吹，也可以从旁边 / 头顶吹过，也可以减小开度甚至完全关闭，如图 7.3.3 和图 7.3.4 所示。

图 7.3.3　出风口横向调整能力

图 7.3.4　出风口纵向调整能力

（3）风速调整能力

评价各档位下，风窗、前后排脚部、面部出风口风速是否满足需求：

① 风速调整范围如何，需要注意的是最小风速不宜过大，应有微风拂面的感受。

② 风速调整档位数量足够多。

③ 各档位之间的出风速度间隔是否合理，风速变化是否线性。

④ 对称位置的不同出风口风速是否接近。

⑤ 不同出风模式下，风速可以有一定的区别。

⑥ 高级或者偏商务用途车辆应该具备后排独立调整风速能力。

4. 除湿能力

（1）除霜

霜是指在车外的冰晶，在寒冷的季节，汽车前后风窗、侧车窗上容易形成霜，若无法清除则会影响视野。在日常冬季环境下，在前风窗、侧车窗上结冰的情况下，也可以参照客观测试方法，评价除霜时间长短，除霜区域大小，尤其是视野相关区域。在风窗除霜过程中，可以用刮水器辅助除霜。单纯依赖发动机冷却液温度除霜时，此过程往往很慢，如果有辅助风窗加热功能则快很多，可以认为是惊喜。

（2）除雾

雾是指在车内形成的水汽，在湿度大时，由于内外温度差而形成小水滴。在秋冬季等环境温度低、湿度大、车内有雾气生成的环境下，也可以参照客观测试方法，评价除雾速度快慢，是否有一键快速除雾功能。开启一键除雾功能时，空调压缩机会自动开启以除湿，加大风速吹风窗，并开启外循环。很多车辆在设定一键除雾功能时，会将风速设定为最大，如果其他档位也可以实现多数情况下的除雾功能，且可以手动设置为最大风速，则没有必要在一键除雾时设定为最大风速。

由于此时的温度较低，为保持车内舒适，有些车也会将吹风窗风设置为暖风，评价此时体感温度是否过高或者过低。

5. 空调系统 NVH

（1）通风噪声

评价在各种出风模式、风速设定下通风噪声的大小和不期望的特殊噪声，其中保持舒适温度时的风速（如1档、2档）重要度最高，典型特殊噪声如下：

① 正常模式下出风口哨音。

② 出风模式切换时，声音变化过大。

③ 风速变化时噪声突变。

④ 关闭一个或几个出风口，导致其他出风口产生啸叫、噪声突变。

⑤ 空气在通风管道内的气流冲击噪声。

⑥ 风机工作电流噪声。

⑦ 风机运转不平衡噪声

（2）制冷系统的噪声、振动

在启动、关闭压缩机，以及日常压缩机启动的各种工况下空调系统噪声大小如何，是否有特殊的噪声、振动。典型的特殊噪声、振动如下：

① 空调压缩机吸合声音和引起的振动。

② 空调压缩机短时间内频繁吸合、切断噪声。

③ 正常工作时，空调系统引起的整车共振。

④ 散热系统冷却风扇噪声、振动。

⑤ 空调管路制冷剂流动噪声。

（3）其他类型的振动、噪声

① 室内温度传感器噪声

② 暖风冷却液流动噪声

③ 风门机构工作开启、关闭噪声

6. 净化空气能力

净化空气能力是指通过典型的配置，如活性炭过滤器、负离子空气净化器、车内空气质量监控系统等，去除车内、车外的异味，包括与人相关的汗臭、烟味及其他异味，与车相关的有害气体和刺激性气味，与外部环境相关的 PM2.5 等污染性物质或气体。

评价车辆空气净化配置和能力，粉尘过滤装置是中国市场汽车必须具备的基础配置，可过滤空气，排除灰尘、花粉等颗粒。有的车还有快速排空车内空气功能，在特定场合也非常实用。

7. 控制操作

（1）前排空调控制操作

评价前排乘员操作空调时，空调的调节方式、调节逻辑是否便于驾驶时完成。

① 评价空调开关的位置、大小和形状是否便于操作，常用功能是否可以盲操。

② 随着汽车功能日渐增多，开关逐渐增加，物理按键也越来越难以布置。有的车会减少空调的物理按键，通过车机屏幕虚拟按键操作部分功能，此时的原则是至少有一个物理按键可以调出车机屏幕的空调操作界面。

③ 车机屏幕上的调整界面简明易懂、逻辑清晰，调整时有清晰的声音反馈。

④ 当设置为自动空调时，出风口温度、风速调整是否合理；是否具备根据外界空气质量自动切换内外循环的功能；当车内温度达到理想状态时，设定的温度、风速是否合理。通常自动空调优于手动空调。

（2）后排空调控制操作

后排空调控制操作优劣取决于配置高低及调整能力。

① 有些后排空调有出风口风向调整能力，如图 7.3.5 所示。

② 有些空调在①的基础上，可以通过前排控制面板控制后排空调设定。

③ 有些后排出风口可以单独控制风速和温度，如图 7.3.6 所示。

图 7.3.5　后排出风口风向调整能力

图 7.3.6　后排出风口单独调整能力

（3）分区空调

由于体质的区别，不同乘员对冷热的感受不同，有分区的空调系统会同时满足不同乘员的舒适要求。两区、三区空调比无分区空调好。

8. 空调系统常见问题

① 长时间使用之后，汽车空调有类似霉变的气味。
② 出风模式转换时间长。
③ 模式转换有异味。
④ 开启制冷时开始阶段出热风，或者开启暖风时开始阶段出冷风。
⑤ 压缩机开启、关闭过于频繁。
⑥ 制冷过程中突然不制冷。

7.3.4 空调系统性能评价项目

空调系统性能评价项目见表7.3.1。

表 7.3.1 空调系统性能评价项目

评价项目	分数	备 注
空调系统总体性能		
制冷		
制冷能力		极端温度降温能力、日常温度降温能力
保持舒适温度的能力		温度、风速和出风模式调整以保持舒适的能力
暖风		
升温能力		极端温度下的升温能力、日常温度升温能力
保持舒适温度的能力		温度、风速和出风模式调整以保持舒适的能力
通风		
出风模式		吹面、吹脚和吹风窗组合，前排乘客侧位置单独调整
出风口		前后排出风口数量、横向和纵向调整能力
风速调整能力		调整范围、档位数量、调整线性度等
除湿		
除霜		快速除霜能力
除雾		快速除雾能力
空调系统 NVH		
通风噪声		模式切换、风速变化、风机运转不平衡等噪声
制冷系统噪声、振动		压缩机吸合、整车共振、冷却风扇、管路等噪声、振动
其他振动、噪声		温度传感器、冷却液流动、系统机构等噪声、振动
净化空气能力		去除、隔离异味、粉尘的配置和性能
控制操作		
前排		物理开关、虚拟按键是否便于操作
后排		配置高低、调整能力
分区		无分区、两区、三区空调
空调系统常见问题		不制冷、异味、响应慢、冷热风切换不及时等

7.4　车外灯光

7.4.1　概述

夜间开车时，车灯可以确保驾驶员视野清晰，同时也能被别人看清，是安全驾驶的重要保障。不合理的亮度、照射距离、照射高度都可能使驾驶员无法看清路面和交通状况，甚至还会影响对面车辆的驾驶安全。

车灯的性能主要受灯泡形式以及聚光形式的影响，灯泡形式包括卤素灯、氙气（HID）灯、LED 灯、激光灯，如表 7.4.1 所示。聚光形式主要包括多面反射镜和透镜，如图 7.4.1 和图 7.4.2 所示。同样使用卤素灯泡，多面反射镜不如透镜好，透镜光线分布均匀，不易发散。反射镜经常出现暗影，很难避免光线发散，光线强度不足。

表 7.4.1　灯泡形式优缺点对比

	卤素前照灯	氙气前照灯	LED 前照灯	激光前照灯
照明效果	差	中	好	极好
体积大小	中	大	小	小
优点总结	光穿透性强、价格低	高亮度、寿命长、节能	亮度可调、寿命长、节能	具有 LED 灯所有优点、体积小、照射更远
缺点总结	亮度不足、寿命短	光穿透性弱、价格贵	价格贵	价格很贵

图 7.4.1　多面反射镜

图 7.4.2　透镜

7.4.2　用户对车外灯光性能常见的评语

评语 1　我经常跑夜路，这款车的车灯是真不亮，一度以为是灯泡坏了，后来在地下车库的黑暗环境中看，还是亮着的。有点无语了，可能是别人的灯太亮了吧。最近感觉车灯越来越不亮了，晚上有路灯的路段还好，没路灯的路段，几乎看不清了，前几天下雨，晚上根本不敢开，完全看不清路面状况。再加上我下班回家的几公里小路，老是有开着远光灯的车，眼睛被刺得生疼，这个罪实在是遭够了！

评语 2　前照灯有高度调节功能，可是没啥用。最低位置只能照到眼前十几米，哪怕调到最远，也不够 30m。不知道厂家怎么想的，这样的调节功能是干啥用的？

评语 3　我的车是豪华款，带有灯光转向辅助功能，可是在实际开车过程中发现，右转的时候灯光角度变化很明显，照亮的范围变大了，但是左转基本就没有变化，你们的呢？望大家解惑，谢谢！

评语 4　我的车有自动前照灯功能，感觉很好用，平时打在自动灯这档，熄火后自动关闭灯光，很省心。最近小舅子总借我车用，让我郁闷的是，每次还车总是把自动前照灯给关了，闹得我每次都是白天进个地库、隧道才突然发现没有灯光，然后再重新打开，感觉很危险。有点想不通，为何有人一定要把自动前照灯关了？

7.4.3　评价方法

1. 灯光操纵

评价灯光操作的便利性，包括灯光开关是否容易操作、开关操作方式是否容易理解、高度调节功能操作是否便利、是手动高度调节还是自动高度调节等（灯光包括：示宽灯、近光灯、远光灯、位置灯、转向灯、雾灯、危险警告灯、自动前照灯和自动远光灯等）。操作便利性上看，单独的灯光开关（见图 7.4.3）好于集成在拨杆上的灯光开关（见图 7.4.4）。

图 7.4.3　单独的灯光开关　　　　　　图 7.4.4　拨杆上的灯光开关

有些车辆灯光开关和车辆中控锁结合在一起，当启用锁时车辆灯光会自动关闭，避免忘关车灯导致的蓄电池亏电现象，同时也减少了用户的操作环节。

2. 灯光性能

静态时车外所有车灯不应有漏光、亮度不均匀等异常现象。

（1）近光灯性能

1）前方照射距离。车辆行驶速度较低时，驾驶员看清前方目标后可反应的时间较长，尽管近光灯照射距离近，但是影响较小；当行驶车速较高时，驾驶员的可反应时间就会变得很短，尤其是在有弯路的情况下，因此照射距离的远近尤为重要。

若近光灯照射距离足够远，可以确保在行驶中看清远处行人、车辆、道路等路况。近光灯有效照射距离一般要在 50～60m 左右，在此范围内是驾驶员直接看到的距离，也是驾驶时经常观察的位置，但照射距离过远会影响对面车辆的行车安全。

目前，很多车企在设计灯光照射距离时比较保守，普遍存在的问题是照射距离过近，尤其是合资企业生产的车型，有的只能达到 30m 左右。

通常当照射角度变化时，近光灯的照射距离也会随着变化，有的通过机械调整车灯角度的方式实现；有的设计在车内，驾驶员通过开关调整车灯角度；有的车辆有自适应高度调整功能，灯光照射角度也随着路况起伏而改变，始终保持适当的照射距离。调整方式优劣的排序为：自

适应高度调整 > 车内手动调整车灯角度 > 机械调整车灯角度。

2）前方照射光线强度。近光灯有效照射距离范围内，光线强度应该能够使驾驶员清晰地看到交通状况，在有效照射距离内，至少能够看清地面上直径约 20cm 物体的轮廓，以确保可以看清楚行人、动物、石块、减速带、坑洼地面等，如图 7.4.5 和图 7.4.6 所示。

但是照射强度也不宜过大，过大的光线强度会影响对面来车的视线，同时在雨天时会产生强烈的反光，导致驾驶员疲劳，如图 7.4.7 所示。有的车具有全天候灯光功能，可以自动调整光线强度，以减少反光的影响。

图 7.4.5　光线强度合适，　　　　图 7.4.6　光线强度合适，　　　　图 7.4.7　近处光线过强，
　　　　　照射距离近　　　　　　　　　　　照射距离远　　　　　　　　　　照射距离近

3）光线均匀性。评价近光灯照射区域光线的均匀性。不均匀的光线容易使驾驶员疲劳，也会由于光线强度差异而造成路况信息被忽略，典型的光线不均匀现象如图 7.4.8 ~ 图 7.4.10 所示。

图 7.4.8　强烈光斑　　　　　　　图 7.4.9　亮度不一致　　　　　　图 7.4.10　不规则光线

① 没有特别明显的亮点。强光会导致驾驶员过于关注某一区域，同时由于光线强度对比的影响，强烈的反光也会使驾驶员长期驾驶更容易疲劳。

② 没有明显的暗点。大的暗点可能会导致看不清楚路面，如散落的砖头、井盖等，影响驾驶安全。

③ 亮度一致。亮度不一致会干扰驾驶员视线，使驾驶员视觉疲劳。

④ 没有不规则的光线。不规则的光线会使驾驶员分心，或者干扰驾驶员视线。

4）侧面照明区域。正常驾驶时不只关注前方，也要关注侧面的路况，尤其是转弯和起伏路面的情况下，能够辨认出道路两旁的路标和行人，同时左侧光线不能过高、过宽、过亮，相比右侧要略低、略窄，减少会车时的风险。当有转向辅助灯光时可以提高侧面照明的能力，如图 7.4.11 所示。

光线发散时，照射的角度会变大，影响其他车辆的同时，也会降低自身车辆近光灯照射区域的亮度。

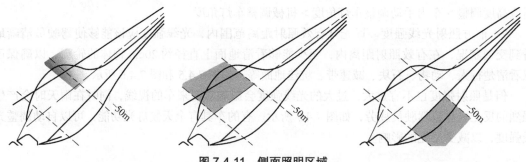

图 7.4.11　侧面照明区域

5）防眩目性能。灯光并不是越亮越好，车辆在行驶中需要考虑对向车辆及行人是否眩目。当有强光照射时，视力从亮处到暗处中恢复过来需要 6s，从暗处到亮处恢复需要 3s，恢复时间的长短与刺激光的亮度、持续时间、年龄有关。近几年氙气甚至 LED 前照灯比较流行，亮度都很强，所以对于防眩目性能应该更为重视。防眩目点的评估位置一般是在车灯前 50m，车辆中心左侧 2m 左右，确保不会影响对向的行人和驾驶员。

6）近距离灯光性能

① 车头附近。车头附近是指车头附近的位置，由于照射角度的影响，此处通常亮度不足。评价方法是只看车辆中心右侧 3m，前方 2 ~ 6m 处的亮度。这一评价考虑的是向右转向时对于车头前方障碍物的识别。

② 近距离亮度。近距离亮度一般是在距离车灯 20m 处，车辆中心左右各 10m 的可视亮度。左右两侧路面清晰，尤其是弯路和起伏路行驶时，可以辨认出路标和行人。同时左侧光线不能过高、过亮，减少会车时的风险，如图 7.4.12 所示。

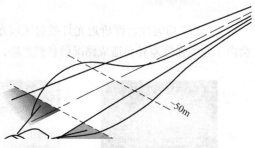

图 7.4.12　近距离照射位置和角度

（2）远光灯性能

1）照射距离和高度。远光灯照射距离一般要在 100m 以上。高速公路开远光是一种典型的工况，此时车速较高，一般都在 100km/h 以上，对于前方路况的可反应时间也会相对较短，所以对于车灯在远距离处的照射效果自然要求也就更高。由于远光是在高速公路或者前方没有车辆的情况使用，远光的照射距离越远越好。

当使用远光时，其照射高度应该可以使驾驶员能够清楚地看到 50m 外的路牌内容。

2）光线强度。通常为保证照射距离内的光线强度，远光灯会比近光灯光线强。评价方法同 "2.（1）小节内前方照射光线强度" 中的内容。

3）光线均匀性

评价方法同 "2.（1）小节内光线均匀性" 中的内容。

（3）其他信号灯性能

1）制动灯。在白天和夜晚两种情况下，在后方车辆驾驶员的位置高度上评价制动灯，包括两侧和高位的制动灯。制动灯的位置和大小应便于后方车辆观察，光源具有穿透性，在能见度低的时候容易被后方车辆发现。亮度过高以及亮度不足都是不合理的，主要作用是引起后方车辆的注意，目前常见的问题是过亮。

2）倒车灯。以后方车辆驾驶员的位置评价倒车灯照射位置和亮度，亮度需要很高，主要作用是提醒后方车辆注意。同时在周围环境黑暗的情况下，驾驶员倒车时，倒车灯照射亮度可以辅助进行倒车影像的观察，增强后方视野，辅助驾驶员的倒车。

3）前后雾灯。在雾天评价前后雾灯灯光亮度、光线穿透性。雾天能见度低，驾驶员视线受到限制，雾灯可增大可视距离，特别是黄色雾灯的光穿透力强，不会因雾气而产生漫反射，它便于周围交通参与者在较远处发现对方。

4）日间行车灯。白天评价其亮度大小和均匀性。日间行车灯的功效是为了使行人和其他车辆驾驶员观察到本车，它不是照明灯，而是一种信号灯。亮度过高影响其他车辆驾驶安全，对于电动车还会耗电过多。亮度过低则在阳光强烈时不容易被看清楚。日间行车灯应该光线均匀，无明显的光斑。

5）转向灯。需要日间及夜间对转向灯亮度、均匀性做出评价。亮度过大影响其他车辆驾驶安全，亮度过低则阳光强烈时看不清楚；应光线均匀，无明显的光斑。

评价转向灯时也需要关注转向灯的闪烁频率是否合理，通常转向灯的频率大约为每秒钟闪烁一次，如果过快则容易使用户误以为灯泡损坏，同时也容易导致用户心态急躁。

一触快闪（轻触转向灯控制手柄，转向灯光连续闪烁三次）的功能在多数车上已经实现，但由于此功能通常只闪烁三次，持续时间不够长，可以考虑更多闪烁次数的方式。

6）紧急制动信号灯。当紧急重度制动时，车辆两侧的转向灯会亮起，评价是否容易触发，是否过于敏感。

3. 智能灯光

本文只列出了几种典型的智能灯光，未涉及其他使用频率偏低的灯光，如伴我回家灯等。

1）自动前照灯。随着光线变暗，可以自动打开前照灯，使驾驶员在第一时间看清楚前方路况；当光线变亮，可以自动关闭前照灯。自动前照灯减少了驾驶员寻找、操作灯光开关的过程，提高了驾驶安全性。评价方法如下：

① 早晨（太阳升起前）、进入地下车库、进入隧道时自动前照灯打开是否及时。

② 晚上（太阳落山后）、离开地下车库、离开隧道时自动前照灯关闭是否及时。

③ 快速穿过高架桥及树荫环境等情况下，自动前照灯是否会误打开。

2）自动远近光。夜间行车时，当环境光线不足，对向及前方没有车辆，或者车辆距离较远时，车辆可以自动打开远光；在环境灯光变亮与对面及正前方车辆的距离较近时，车辆会自动将远光灯切换为近光灯，提高驾驶安全性。

关注远近光切换时与对向车辆、前方车辆的距离，远近光切换的时间延迟，路牌、路灯、牌匾等光线的误判，评价方法：

① 高速公路、省道、市郊公路等情况下，远近光切换是否合理、是否有误判。

② 山路行驶，在高低起伏及弯路时，远近光切换是否过早、过晚，是否影响自身及其他车辆的安全。

3）转向辅助灯光性能。评价转向时，灯光是否及时打开、照射范围是否足够、光线的均匀性和亮度是否合适，如图 7.4.13 所示。

辅助照明灯光通过增加侧面照明，或者使车灯照射角度随着方向盘转角改变，使驾驶员转弯时能更容易看清楚道路变化，也使其他车辆、行人等更容易观察车辆。评价条件一般为弯曲的平路、山路。需要注意的是，此功能随着方向盘转角启动，而不是跟随车头改变方向而启动。

图 7.4.13　转向辅助灯

7.4.4　车外灯光评价项目及评价注意事项

1. 车外灯光评价项目

车外灯光评价项目见表 7.4.2。

表 7.4.2　车外灯光评价项目

项目	分数	备注
车外灯光总体性能		
灯光操纵		是否容易操作、是否容易理解、高度调节方式
灯光性能		
近光灯性能		照射距离、光线强度、光线均匀性、近距离性能、眩目等
远光灯性能		照射距离、光线强度、光线均匀性
其他信号灯性能		
制动灯		位置、大小、穿透性、亮度
倒车灯		位置、亮度
前后雾灯		光线亮度、穿透性
日间行车灯		亮度、均匀性
转向灯		亮度、均匀性、一触快闪功能
紧急制动信号灯		
智能灯光		
自动前照灯		是否有延迟、误判等
自动远近光		远近光切换时间是否合理，是否误判
转向辅助		灯光开启视觉，照射范围、光线均匀性、亮度

2. 评价注意事项

① 灯光评价的路况很重要，单一路况的评价结果并不能证明灯光性能良好。

② 车灯亮度的大小在不同路面，给人的视觉感受是不一样的。

③ 横向对比不同车辆灯光性能时，需在无灯光下进行，避免在外部光线干扰下对比。

7.5 用户维护保养

7.5.1 概述

中国大多数车主居住在城市，随着城市化的发展，城市用户的比例还会进一步提高。便捷迅速的城市汽车服务使中国用户将更多的维护保养工作交给了 4S 店，但日常的例行检查和基本的应急处理，往往还需要用户自己完成。

7.5.2 用户对维护保养常见的评语

评语 1 2011 年的车，晚上走山路轮胎侧面被石子割伤了，取千斤顶的时候天黑没注意看原来的位置，换完备胎之后，千斤顶怎么都放不回原来的位置了，请各位网友发一张放千斤顶位置的照片让我参考一下，谢谢！

评语 2 散热器加了风窗玻璃清洗液该咋办呢？洗涤器没水了，我加风窗玻璃清洗液，结果我加散热器里面去了，现在散热器里面有少量的洗涤液。会有问题吗？

评语 3 我车小灯熔丝烧了，谁知道熔丝在哪里？我找了半天找不到。

7.5.3 评价方法

1. 油液检查和加注

用户需要在长途旅行之前，以及日常定期检查或加注油液。评价时需要关注油液的布置位置、刻度标识的辨识度和实用性。通常用户需要操作的包括：

检查：发动机油、风窗玻璃清洗液、防冻液、制动液。

加注：风窗玻璃清洗液、防冻液、发动机油。

（1）布置

理想状态下，所有油液的检查、加注位置处于发动机舱的边缘，以便于查看和加注。如图 7.5.1 所示，风窗玻璃清洗液、冷却液、制动液的位置方便查看，但是机油尺的位置略远，用户在检查机油液位时，难免会接触车身弄脏衣服；如图 7.5.2 所示，机油尺位置靠近前端，且位置较低，检查很方便操作。

图 7.5.1 发动机舱油液检查布置图

图 7.5.2 机油尺位置方便检查

当有发动机舱装饰盖时，若遮盖油液检查、加注位置，应该在不使用工具的情况下便于徒手拆卸、安装。

（2）油液的标识

标识指油液的种类和油液的液位，如图 7.5.3 所示。

① 储液罐上有清晰、易懂的油液种类标识，从文字、图形很容易看出油液种类。

② 液位应该有刻度线，最高/最低液位标识清晰易懂。

③ 由于油液检查通常在日光下进行，光线较强，液位和刻度之间对比需要明显。

④ 如有必要，注明油液型号、安全注意事项、使用方法等。

各种油液标识如图 7.5.3 所示，评价内容如下：

① 风窗玻璃清洗液种类标识，图像清晰不容易被灰尘覆盖。

② 防冻液油液刻度，高低液位刻度清晰、颜色对比明显，便于识别。

③ 发动机油液位。机油尺刻度线清晰，容易理解。

④ 制动液油液，标识、刻度在阳光下容易识别。

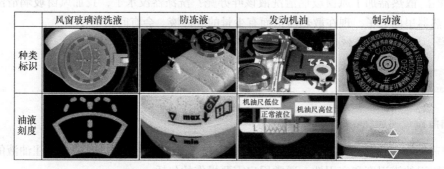

图 7.5.3　各种油液的种类标识和刻度

（3）实用性

评价设计是否便于用户使用。

1）油液加注口径应够大，便于操作，减少洒漏、溢出。很多车的风窗玻璃清洗液壶形状受周围零件影响不规整，且颈部细长，所以在顶部设计成喇叭口便于加注。

2）对于在野外行驶较多的车辆，由于灰尘大需要经常清洗前后风窗，玻璃清洗液壶的容量需要比城市内行驶为主的车辆大。

3）机油尺需要具有一定的硬度，便于检查和复位。有的机油尺过于柔软，导致检查之后插回机油尺需要多次反复操作。

4）如图 7.5.3 所示，风窗玻璃清洗液盖子上有突出的手柄，便于开启。

2. 轮胎更换

在野外等不够便利的条件下，轮胎破损时用户需要独立更换备胎，评价用户自己能够独立完成更换备胎的容易程度。

1）千斤顶支撑点：找到千斤顶支撑点的容易程度，需要避免误导用户将侧装饰板当成支撑点，造成不必要的损失甚至安全隐患，因此在不影响造型的位置设计支撑点标识为佳。支撑点需要离外侧较近，易于操作。

2）千斤顶取出和存放：千斤顶存放的位置是否容易取出以及放回。

3）千斤顶使用：使用操作是否简单易懂，底座支撑是否牢固，举升过程是否轻便。

4）车轮安装螺母：拆卸、安装车轮螺母的容易程度，考虑轮胎扳手和螺母的设计。

5）备胎：考虑备胎总成取出的容易程度，以及放回破损车轮总成的容易程度。

6）行李舱地毯：是否有行李舱地毯悬挂设计，使之不影响操作。

7）轮胎充气泵：是否有适当的充电接口，电源线是否够长，充气速度是否够快。

8）补胎组件：是否有说明，是否便于理解和操作。

3．其他

① 发动机舱盖头道锁开启的便利性：是否具有防止误操作设计，手柄尺寸、操作力、位置是否便于使用。

② 发动机舱盖二道锁的开启便利性：是否容易找到锁的位置、发动机舱盖锁弹起高度、在狭窄的空间手指是否方便操作。

③ 发动机舱盖开启角度：将发动机舱盖支撑之后，空间是否足够大，便于维护保养操作。

④ 发动机舱盖开启：单手托起发动机舱盖时是否易于操作（是否过重），热机状态时支撑杆是否烫手，支撑杆是否有隔热设计，是否有气撑。

⑤ 熔丝：评价熔丝盒位置和操作便利性、是否有针对熔丝和继电器的图解、图解是否容易辨识、是否有镊子和备用熔丝。

⑥ 蓄电池：正负极柱及标识是否容易找到、连接，覆盖件是否容易拆除与安装。

7.5.4　用户维护保养评价项目

用户维护保养评价项目见表 7.5.1。

表 7.5.1　用户维护保养评价项目

评价项目	分数	备　注
用户维护保养总体性能		
油液检查和加注		
布置		检查、加注位置
油液的标识		文字、图形、刻度、型号、注意事项等
实用性		油液加注操作、容量
轮胎更换		千斤顶（支撑点、取出/存放、使用）、车轮安装螺母、备胎、充气、补胎
其他		发动机舱盖（锁开启、开启力、开启角度、支撑杆）、熔丝、蓄电池

参考文献

[1] 田菊霞. 人体器官结构 [M]. 杭州：浙江大学出版社，2008.

[2] 赵江平. 安全人机工程学 [M]. 2 版. 西安：西安电子科技大学出版社，2019.

[3] 杨宜谦. 人体全身振动的感知阈值 [J/OL]. 土木建筑与环境工程，2012，34：54-60 [2019-11-13].
    https：//www.ixueshu.com/document/2db95b36b7deaea9318947a18e7f9386.html.

[4] 朱宝荣，肖永春，马前锋. 应用心理学 [M]. 2 版. 北京：清华大学出版社，2009.

[5] 陈立. 工业心理学简述 [M]. 杭州：浙江人民出版社，1983.

[6] 朱祖祥. 工业心理学 [M]. 杭州：浙江教育出版社，2001.

[7] 吴礼军，管欣. 汽车整车性能主观评价 [M]. 北京：北京理工大学出版社，2016.

[8] 郭孔辉. 汽车操纵稳定性 [M]. 长春：吉林人民出版社，1983.

[9] 彼得·普费尔，曼弗雷德·哈尔. 汽车转向：原书第 2 版 [M]. 李旭东，译. 北京：机械工业出版社，
    2019.

[10] 周长城. 汽车平顺性与悬架系统设计 [M]. 北京：机械工业出版社，2011.

[11] 彭莫，刁增祥，党潇正. 汽车悬架构件的设计计算 [M]. 2 版. 北京：机械工业出版社，2016.

[12] 贝尔恩德·海森英，汉斯·于尔根·布兰德耳. 汽车行驶动力学性能的主观评价 [M]. 石晓明，陈祯福，
    译. 北京：人民交通出版社，2010.

[13] 庞剑. 汽车车身噪声与振动控制 [M]. 北京：机械工业出版社，2015.

[14] 庞剑，谌刚，何华. 汽车噪声与振动——理论与应用 [M]. 北京：北京理工大学出版社，2006.

[15] 刘显臣. 汽车 NVH 性能开发 [M]. 北京：机械工业出版社，2017.

[16] 谭祥军. 从这里学 NVH：噪声、振动、模态分析的入门与进阶 [M]. 北京：机械工业出版社，2018.

[17] 刘延柱，陈立群，陈文良. 振动力学 [M]. 3 版. 北京：高等教育出版社，2019.

[18] 何仁. 汽车动力性燃料经济性模拟计算方法及应用 [M]. 北京：机械工业出版社，1996.

[19] 章曲，谷林. 人体工程学 [M]. 2 版. 北京：北京理工大学出版社，2019.

[20] 柴春雷，汪颖，孙守迁. 人体工程学 [M]. 2 版. 北京：中国建筑工业出版社，2009.

[21] 尹彦，杨洁，马春生，等. 东西方人体测量学尺寸差异分析 [J]. 标准科学，2015（7）：10-14.

[22] 杜子学. 汽车人机工程学 [M]. 北京：机械工业出版社，2018.

[23] 任金东. 汽车人机工程学 [M]. 北京：北京大学出版社，2010.

[24] 谭浩，谭纪宇，景春晖，等. 汽车人机交互界面设计 [M]. 北京：电子工业出版社，2015.

[25] 王保国，王新泉，刘淑艳，等. 安全人机工程学 [M]. 2 版. 北京：机械工业出版社，2016.

[26] 毛恩荣，张红，宋正河. 车辆人机工程学 [M]. 2 版. 北京：北京理工大学出版社，2007.

[27] 泛亚内饰教材编写组. 汽车内饰设计概论 [M]. 2 版. 北京：人民交通出版社，2012.

[28] 曹渡. 汽车静态感知质量设计与评价 [M]. 北京：机械工业出版社，2018.

[29] 孟子厚. 音质主观评价的实验心理学方法 [M]. 北京：国防工业出版社，2008.

[30] 吴翰奋，翁昶竑. 汽车音响原理及改装使用技术 [M]. 北京：机械工业出版社，2005.

[31] 林世生. 汽车音响 [M]. 北京：中央广播电视大学出版社，2007.

[32] 郝军. 汽车空调 [M]. 2 版. 北京：机械工业出版社，2015.